BEITRÄGE ZUR ÄLTEREN LITERATURGESCHICHTE

ANGELIKA GROSS

„LA FOLIE“

Wahnsinn und Narrheit im spätmittelalterlichen Text und Bild

HEIDELBERG 1990

CARL WINTER · UNIVERSITÄTSVERLAG

Die vorliegende Arbeit wurde von der Philosophischen Fakultät I der Universität Zürich im Sommersemester 1989 auf Antrag von PD Dr. phil. Christoph Eggenberger als Dissertation angenommen

CIP-Titelaufnahme der Deutschen Bibliothek

Groß, Angelika:

„La folie“: Wahnsinn und Narrheit im spätmittelalterlichen Text und Bild / Angelika Gross. – Heidelberg: Winter, 1990.

(Beiträge zur älteren Literaturgeschichte)

Zugl.: Zürich, Univ., Diss., 1989

ISBN 3-533-04143-3

UMSCHLAGBILD

Psalm 52, Historienbibel, 14. Jh.

Paris, Bibliothèque Nationale, ms. fr. 159, fol. CCLXIX

ISBN 3-533-04143-3 kart.

Imprimé en Allemagne. Printed in Germany

Satzherstellung: Satzstudio Alfes, Siegen

Druck: Carl Winter Universitätsverlag, Abteilung Druckerei, Heidelberg

Inhalt

Problemstellung

In der nachfolgenden Untersuchung soll das Phänomen der *folie* im Verhältnis zu den Vorstellungen von *Narrheit* und *Wahnsinn* gemäß der bildlichen und textlichen Überlieferung des Spätmittelalters beschrieben werden.

Anregung zu dieser Untersuchung hat die Studie von Michel Foucault, die *Histoire de la Folie à l'âge classique* gegeben[1]. Im ersten Kapitel *stultifera navis* stellt Michel Foucault die These auf, daß es sich beim *Narrenschiff*, in dem er „eine der wesentlichsten Gestalten des Wahnsinns"[2] am Ende des 15. Jh. erblickt, und den *Narrentürmen* in Deutschland und Frankreich, um ideelle und praktische Vorläufer der psychiatrischen Anstalt des 19. Jh. gehandelt hat[3].

Gegen eine solche Auffassung spricht der Umstand, daß es sich beim *Narrenschiff* zunächst um den Titel eines moralisierenden Lehrgedichts handelt, das der Basler Jurist Sebastian Brant 1494 veröffentlicht hat. Erst 1914 und im Anschluß an die dem Werk Brants beigefügten Holzschnitte wurde auch das von ihm erwähnte Gemälde des Hieronymus Bosch *Narrenschiff* genannt. Mit *Narrentürmen* sind aber im 15. Jh. Gefängnisse für kleinere Vergehen aller Art gemeint[4].

1 Paris: Gallimard, 1972; dt. *Wahnsinn und Gesellschaft*, Frankfurt: Suhrkamp, 1981;

2 Foucault, Wahnsinn und Gesellschaft, S. 25;

3 ibidem, S. 26;

4 nach Gustav L. Kriegk *Deutsches Bürgertum im Mittelalter*. Frankfurt, 1871, Bd.2, S. 55 handelt es sich bei dem Hamburger *Narrenturm* um ein 1375 in einem Befestigungsturm eingebautes enges Gefängnis, das im 14. Jh. mit *doorhen kiste* oder *cista stolidorum* bezeichnet wurde, die Kriegk mit dem Begriff *Tollkiste* übersetzt. Tatsächlich wird nach Grimm, DWB, Bd.11/I, 1935, Sp.642 das Wort Tollkiste aber erstmals 1652 urkundlich erwähnt. Bei diesen „Kisten" handelt es sich um eine Art polizeilichen Gewahrsam für kleine Vergehen wie Nachtschwärmen, Ruhestören u.a. Auf eine solche Funktion weist auch der Eintrag im Baumeisterbuch des Endres Tucher zwischem dem 2. Nov. 1464 und dem 2. Nov. 1470 hin »anno 1473 hat der (...) burgermeister hie (von Augsburg, Anm. d. V.) das *narrenhäuslein* auf dem fischmarkt lauszen machen, das man darein legen, wer grosze unfur und geschrei auf der gassen triebe« (vergl. Grimm, DWB, Bd.7, Sp.373); auf ein weiteres Narrenhäuslein in Nürnberg weist Theodor Kirchoff *Geschichte der Psychiatrie*, Leipzig, 1912, S.14 hin: »pey der Spitallbruck das *narnhewslein* gegen dem Karll Holschner uber; das hatt ein ratt (Rat) machen lassen und nit der new spitall; was aber armer lewt darein

Auch wenn es wahrscheinlich ist, daß es Pilgerschiffe und Gefängnisse gegeben hat, die der Absonderung von „Verrückten" gedient haben, ist es fraglich, ob im spätmittelalterlichen Sprachgebrauch die Begriffe *Narr* oder *Narrheit*, die sich, in einem eher komisch gemeinten Sinn, zunächst mit dem Phänomen des *Hofnarrentums* verbinden, wie die Begriffe *fou* und *folie* auch in der mehr tragischen Bedeutung von Wahnsinn mit der Vorstellung von „Geisteskrankheit" in Zusammenhang stehen.

In Bezug auf die Narrenthematik um 1500 stellt Barbara Könneker in ihrer Studie *Wesen und Wandlung der Narrenidee im Zeitalter des Humanismus* von 1966[5] fest, daß die Narrenidee ihre Entstehung einem Begriffswandel und Umsetzungsprozeß verdankt, der geistig-seelische Unerleuchtetheit und sittlich-religiösen Erkenntnismangel, letzten Endes auf den Sündenfall zurückführbar, „mit der Vorstellung der Narrheit als eines Zustandes angeborener oder willkürlich angenommener Verrücktheit" in Verbindung bringt. Dem gegenüber betont jedoch Joel Lefebvre in seiner Untersuchung *Les fols et la folie* von 1968[6], daß das Wort „Narr" als Entsprechung zum französischen *fol* noch im 15. Jh. dem lateinischen „stultus" entspricht, und keineswegs als semantisches Äquivalent von „toll", „wahnsinnig" oder „verrückt" gewertet werden dürfe. In seinem Beitrag *Erasme et la conception dialectique de la folie* von 1971 weist Pierre Mesnard[7] darauf hin, daß aber bereits das Mittelalter eine dialektische Beziehung zwischen der «vie raisonnable» und der «démence» betont habe, die im Begriff *folie* zum Ausdruck kommt.

Die Frage ist also nicht nur, herauszufinden, was im spätmittelalterlichen Sprachgebrauch, sondern auch, was im spätmittelalterlichen Bild unter *folie* zu verstehen ist. Die Begriffe, die im Spätmittelalter mit der Vorstellung von

gelegt werden, den gibt man von dem newen spital die kost". Nach Kirchoff, S.13 verfügte das erwähnte Nürnberger Spital seit der Mitte des 15. Jh. über Einrichtungen zur Beherbergung „Geisteskranker". Aus dem Eintrag des Nürnberger Ratsbuchs LIb. 399a zum 3. Febr. 1461 geht aber nur hervor, daß das Spital »*etlichen lewten, die geprechlichen sein an iren sinnen, etliche gebewe und gefengnis, dorynnen die gehalten werden*« gemacht haben, offenbar für Altersschwache also, die nicht mehr von ihrer Familie verpflegt werden konnten. s.a. Jesko von Steynitz *Mittelalterliche Hospitäler der Orden und Städte als Einrichtung der Sozialen Sicherung*. (= Sozialpolitische Schriften, Heft 26) Berlin: Duncker und Humblot, 1970, S.22f u. S.74f; nach Joseph Baader *Nürnberger Polizeiordnungen aus dem 13. – 15. Jh.* (= Bibliothek des Litt. Vereins in Stuttgart, Bd.63) Stuttgart, 1861, S. 15 wurden Verbrecher in den *Turm* gesperrt.

5 Barbara *Könneker Wesen und Wandlung der Narrenidee im Zeitalter des Humanismus.* Wiesbaden, 1966, S. 10;

6 Jacques Lefebvre *Les fols et la folie*. Paris, 1968, S. 17;

7 Pierre Mesnard *Erasme et la conception dialectique de la folie*. In: *L'umanesimo e «la follia»*. Roma: Abete, 1971, S. 46;

folie im Zusammenhang stehen, sind medizinische Fachausdrücke wie *Wahnsinn*[8], religiöse wie *Dämonenbesessenheit*[9], oder moralische wie *Narrheit*[10].

Als Gründe für die am Ende des 15. Jh. hervortretende Thematisierung der *folie* in der Bedeutung von Wahnsinn werden in der Forschung Hungersnot, Kriege und Epidemien geltend gemacht[11], sowie die Zerstörung des geistigen Gleichgewichts der Epoche[12] durch die religiösen Krisen der Zeit.

Daraus läßt sich folgern, daß das Phänomen der *folie*, deren doppelter Aspekt von Narrheit *und* Wahnsinn allerdings nur im Deutschen besonders ins Auge fällt, als Folge des Zusammenwirkens wirtschaftlicher, gesellschaftlicher und geistiger Notlagen auftritt.

Obwohl besonders von medizin- und literaturhistorischer Seite zahlreiche Arbeiten zu Einzelaspekten der *folie* im Spätmittelalter vorliegen, ist der

8 vergl. Isidori Hispalensis *Ethymologiarum Lib. IV De medicina, cap. VIII De chronicis morbis* (= Migne, P. L., Bd.82, S. 188) zählt Epilepsie, Manie und Melancholie zu den chronischen Krankheiten, die den Kopf betreffen; seine Definitionen, die bei der Epilepsie von dem „Fallen" hergeleitet werden, bei der Melancholie von der „Schwarzen Galle" und bei der Manie von dem Griechischen „manein" (weissagen), enden mit der Feststellung des Ortes der Krankheiten, der aber ein *psychischer* ist: «*Epilepsia autem in phantasia fit, melancholia in ratione, mania in memoria.*»
Einen Überblick über die Geschichte der Geistesstörungen gibt das Werk von Jacques Postel et al. *Nouvelle histoire de la psychiatrie*. Toulouse, 1983 (Dr. Postel bin ich für ein ausführliches Gespräch über die mittelalterliche Medizin zu Dank verpflichtet). Zur Melancholie vgl. die Arbeiten von Erwin Panofsky, Raymond Klibansky und Fritz Saxl *Saturn and Melancholy*. London, 1964; Liechtenstein, 1979; Hellmut Flashar Melancholie und *Melancholiker in den medizinischen Theorien der Antike*. Berlin, 1966; zur Epilepsie vgl. Oursei Temkin *The falling sickness. A history of epilepsy from the Greeks to the beginnings of modern neurology*. Baltimore, 1945; zur Manie vgl. E. D. Baumann *Die pseudohippokratische Schrift Peri Manies* In: Janus, Bd.42, 1938;

9 Sander L. Gilman *Seeing the insane*. New York, 1982; s.a. *Disease and Representation*. New York, 1988; dies. *Den Geisteskranken sehen*. In: Confinia psichiatrica, 1979, Bd. 22, nr.3, S. 127 – 144; Jean Martin Charcot und Paul Richer *Les démoniaques dans l'art*. Paris, (1887) 1984;

10 Ernesto Grassi und Maristella Lorch *Folly and insanity in renaissance literature*. (= Medieval and Renaissance texts and studies, Bd.42) Binghamton (N.Y.): Center for medieval and early Renaissance studies, 1986; Vanna Gentili *La recita della follia*. Torino: Einaudi, 1978; Pierre Jacerme *La folie: de Sophocle à l'antipsychiatrie*, Paris-Bruxelles-Montreal: Bordas, 1975; Barbara *Swain Fools and Folly during the Middle Ages and the Renaissance*. New York, 1932;

11 Gunnar Heinsohn und Otto Steiger *Die Vernichtung der Weisen Frauen*. Herbstein, 1985, S. 95 – 113;

12 Danielle Jacquart *Le regard d' un médecin sur son temps: Jacques Despars (1380? – 1458)* In: Bibliothèque de l'Ecole des Chartes, Bd..CXXXVIII, 1980, S. 68f; (Der Verfasserin möchte ich an dieser Stelle für die anregenden Gespräche und die Verfügungsstellung ihrer Arbeit herzlich danken).

Versuch, diese Thematik nicht nur vom Text, sondern auch vom *Bild* her zu erfassen, bisher nur vereinzelt unternommen worden[13]. Da die Thematik der *folie* im Spätmittelalter so heterogene Bereiche wie die Geschichte der Medizin, der Religion, der Astrologie, der Moral, des Rechts und der Kunst berührt, erhebt die nachfolgende Untersuchung keineswegs den Anspruch, dieses Thema ausgeschöpft zu behandeln. Vielmehr soll im Folgenden auf textlichem und ikonographischem Weg der Blick auf das gegenseitige Verhältnis von Wahnsinn und Narrheit freigelegt werden, das im Spätmittelalter im Begriff der *folie* verschmolzen ist.

13 Hadumoth Hanckel(-Meier) *Narrendarstellungen in der Kunst des Spätmittelalters*. Diss. (masch.) Freiburg, 1952; H. H. Beek *Waanzin in de middeleeuwsen*. Haarlem: De Toorts, 1969 (für den Hinweis auf dieses Werk bin ich Frau Dr. Claudine Chavannes-Mazel zu größtem Dank verpflichtet); Francois Garnier *Les conceptions de la folie d'après l'iconographie médiévale du psaume 52*. In: 102è Congrès national des Sociétés Savantes. Philologie et Historie, Bd.II, Limoges, 1977, S. 215 – 222;

I. Beispiele religiöser Vorstellungen von Wahnsinn

Die ersten Vorstellungen von Wahnsinn im religiösen Schrifttum und in der religiösen Kunst sind Personifikationen negativer Affekte wie Wut oder Zorn, unter deren Einfluß ein Mensch von Sinnen kommt.

A. Die „mania" als Göttergestalt in der griechischen Mythologie.

In der griechischen Mythologie wird die Personifikation des Wahnsinns *„mania"* genannt[1]. Nach Körte[2] bezeichnet sie den psychologischen Affekt der Wut, der „als etwas von außen in den Menschen Hineingetragenes erscheint, das ihm feindlich gegenübersteht, als eine dämonische Gewalt, die sich seiner bemächtigt."

Auf einer Vase aus Paestum hat sie der griechische Maler Assteas[3] in der Geschichte von Herakles, der unter dem Einfluß der Mania seine Kinder tötet, festgehalten. Die Mania erscheint als eine weibliche Gestalt in reichgesticktem Chiton und Mantel mit kurzem gelockten Haar. Ihr Blick ist starr und scharf und auf Herakles gerichtet, die Hände hält sie gespreizt gegen den Busen gedrückt. Der beigeschriebene Name „mania" läßt keinen Zweifel darüber entstehen, daß es sich bei dieser Figur um die Personifikation der rasenden Wut, des Wahnsinns, handelt. Die Mania ist aber nicht die einzige

1 *Pauly's Realenzyklopädie d.class. Altertumswissenschaften,* Stuttgart, 1928, Bd.28, Sp.1107 – 11; K. Dilthey *Tod des Pentheus: calenische Trinkschale.* In: Archäologische Zeitung, Bd.31, Berlin 1874, S. 88 beschreibt die *Mania* als eines der individualisierenden Prädikate der *Erinys*; Jackie Pigeaud *La maladie de l'âme.* Paris, 1981, S. 102 weist darauf hin, daß der Begriff Manie ursprünglich kein spezifisch medizinischer Ausdruck ist. Platon betrachtet die *mania* als eine religiöse bzw. psychische Eigenschaft: vgl. Gentili, op.cit., S. 5f; Isidor von Sevilla definiert den Begriff auf mehrfache Weise: »Mania ab insania vel furore vocata. Nam Graecorum vestustas *furorem mantichin* appellabat, sive *ab inanitate*, quam Graeci *maniam* vocaverunt, sive a *divinatione*, quia *divinare* Graece *manein* dicitur. Vgl. Isidori Hispalensis *Etymologiarum Lib.IV De medicina Cap. VII, De chronicis morbis* (= Migne, P.L., Bd.82, Sp.187; 8);

2 G. Körte *Über Personifikationen psychologischer Affekte in der späteren Vasenmalerei.* Berlin, 1874, S. 6;

3 Wolfgang Helbig *Scavi di Pesto, Capua, Nola e Sora.* In: Bulletino dell'Instituto di corrisp. archeologica, nr. I/II, Roma, 1864, S. 134 – 38, S. 135 und Körte, op.cit., S. 18;

Gottheit, die Wahnsinn auszulösen imstande ist. So wird Lykurg für seinen Frevel von Dionysos bestraft, der ihm die *Lyssa* (Tollwut) schickt. Auf der Vase aus Anzi di Basilicata[4] schwebt sie als geflügeltes weibliches Wesen über Lykurg. Sie ist in einen langen, gestickten Chiton gekleidet und ihren Oberkörper umgibt ein weiter Strahlenkranz. Mit der Rechten zückt sie einen zugespitzten Stab, den giftigen Stachel, gegen Lykurgs Haupt, in der linken schwingt sie eine Fackel. Aufgrund ihres Strahlenkranzes rechnet sie Wilhelm Roscher[5] zu den Mondgottheiten der griechischen Mythologie, denen, wie Selene selbst, ein Einfluß auf Gesundheit und Krankheit der Menschen zugeschrieben wurde.

B. Wahnsinn als Strafe Yahwes im Alten Testament

Wie im griechischen religiösen Denken liegt im Alten Testament der Ursprung des Wahnsinns oder der Geistesverwirrung nicht in der Person selbst, sondern in der Gottheit. Die vielleicht älteste Kunde von Wahnsinn im Alten Testament steht im Zusammenhang mit den Strafen, die Jahwe dem Volk Israel androht, für den Fall, es übertrete die durch Moses offenbarten Gebote und Gesetze. In die lange Reihe von Flüchen, die das Volk Israel in diesem Fall treffen soll, ist auch das „Schlagen mit Delirium, Erblindung und Geistesverwirrung" (Dt. 28,28 – 29) aufgenommen, das die Menschen in den Zustand eines geistig Blinden versetzt. Als Strafe für seine Überheblichkeit wird *Nebuchadnezar* nach der Weissagung des Propheten Daniel „fern von den Menschen unter den Tieren leben und sich wie die Ochsen von den Pflanzen ernähren" (Dn. 4,22). Sein Verstand wird erst dann zurückkehren, wenn er seines Frevels einsichtig wird und „seine Augen zum Himmel erhebt". Diesen Zustand Nebuchadnezars als zum Tier verwandelten Menschen veranschaulicht eine lateinische Bibel (Abb. 1) aus dem 10./11. Jh., die *Biblia Sancti Petri Rodensis* auf fol. 65v[6]. Die Federzeichnung zeigt

4 nach Körte, op.cit., S. 23 befindet sich die Vase heute im Museo Nazionale di Napoli, Inv.nr. 3273; zum Attribut der *lyssa*, dem Tollwut auslösenden Insektenstachel vgl. H. Heydemann *Die Wut des Lykurgos auf einer Vase aus Ruvo*. In: Archäolog. Ztg., Bd.30, 1873, S. 66 – 68 und Dilthey, op.cit., S. 85; zu *lyssa* als Bezeichnung der Tollwut aufgrund eines Hundebisses vgl. E. D. Baumann *Die pseudohippokratische Schrift peri manies*. In: Janus, Bd.42, 1938, S. 132;

5 Wilhelm Roscher *Über Selene und Verwandtes*. (= Studien zur griechischen Mythologie und Kulturgeschichte, Heft 4) Leipzig, 1890, S. 67 – 75;

6 Paris, Bibliothèque Nationale, ms.lat.6, Bd.3, fol. 65v; eine verwandte Darstellung enthalten die *Petites Heures* des Jean de Berry, die von Jean Le Noir im 14. Jh. illustriert wurden

Nebuchadnezar als nackten, auf allen Vieren gehenden „Tiermenschen“ mit langem, verwildertem Haar und zu Krallen ausgewachsenen Nägeln. An dieser Stelle scheint auch die Darstellung des „Wundermenschen“ in der Enzyklopädie des Gauthier von Metz aus dem 13. Jh. (Abb. 2) zu fußen. Nicht als Strafe sondern als warnendes Beispiel muß der Prophet *Jesaia* drei Jahre lang „nackt und unbeschuht“ den Verrückten spielen, um die Strafe zu symbolisieren, die das Volk Israel im Falle eines Frevels treffen wird (Jes. 20,1 – 5), ähnlich wie der Prophet *Osea*, von dem nur gesagt wird „er ist verrückt geworden, der heilige Mann“ (Os. 9,7). Ist im Alten Testament der Ursprung des Wahnsinns eine Strafe Yahwes für einen religiösen Frevel[7], der an der äußeren Erscheinung des Frevelnden sichtbar wird, so wird der Ursprung des Wahnsinns im Neuen Testament weder einer Gottheit noch Gott selbst, sondern einem Geistwesen zugeschrieben.

C. Wahnsinn als Dämonenbesetzung im Neuen Testament

Im Neuen Testament ist der Wahnsinn nicht die Folge einer Verletzung des Göttlichen, eines religiösen Frevels, sondern Folge der Verunreinigung des Geistes durch ein *Geistwesen*, das den Menschen von außen befällt und verunreinigt. Dieses Wesen ist entweder als *Dämon* (Lk. 11,14; Mt. 9,33) oder als *unreiner Geist* (Mt. 12,43; Mk. 2,23) bezeichnet, dessen Herr *Beelzebub* (Mt.12,43; Mk. 3,22; Lk. 11,15) sei. Diesem wirkt die Macht Gottes in der Form des Heiligen Geistes entgegen, die auf Jesus im Moment der Jordantaufe übergegangen ist (Mt. 3,16 – 17). Als Heiland ist er jetzt nicht

(Paris, B.N., ms.lat.18014, fol. 9v); diese sind vom Faksimile-Verlag in Luzern 1988 herausgegeben worden; im Beispiel der *Petites Heures* ist Nebuchadnezar ebenfalls als ein vierbeiniger, nackter und verwilderter Tiermensch dargestellt, nur trägt er hier zusätzlich eine Krone. Eine entsprechende Darstellung kennen die beiden Bilderhandschriften von *Jansen Enikels Weltchronik* in München und Regensburg aus dem 14. Jh. zu V.17884f, wo die Geschichte Nebuchadnezars berichtet wird: »Owe! Wie hab wir verlorn/ unsern herrn Nabuchodonosor!/ diser herr ist ein *tor*/ und wil uns brechin unsrin reht (...)« V.17895: »...und wil uns verderben gar/ wir süln in in der *narren* schar/ schaffen schier mit sinem muot/ wan er uns michel leit tuot. Vgl. die Ausgabe der Weltchronik von Philipp Strauch (= Monum. Germ. Hist., Bd.3/I) Hannover: Hahn, 1891, S. 340; die Darstellung Nebuchadnezars als Tiermensch, der auf vier Beinen geht, hat eine Parallele in den Darstellungen der *Wundermenschen* des Orients, wie es die frz. Sammelhandschrift der Pariser Bibl. St. Geneviève, ms.2200 aus dem 13. Jh. zeigt, wo das Beispiel eines solchen Tiermenschen Teil der Miniaturen des *Image du Monde* des Gauthier von Metz von 1277 ab fol. 68v ist; s. a. Beek, *Waanzin*, S. 19;

7 zur Geistesverwirrung als eine der Strafen Jahwes vgl. I Sam. 1, 10 – 11; als Bibelausgabe wurde die deutsche Ausgabe der *Jerusalemer Bibel* mit Erläuterungen Freiburg-Basel-Wien: Herder, 1968 benutzt.

nur dazu befähigt, Krankheiten aller Art zu heilen (Mt. 4,23 – 24; Mk. 2 – 32), sondern inbesondere auch, die Reinheit des Geistes wiederherzustellen.

Jesus Wunderheilungen an Besessenen gelten als äußerer Beweis für die Wahrhaftigkeit seiner Gottessohnschaft (Lk. 11,16 – 20). Das Vorhandensein dieser Heilkraft gilt in der Geschichte des Christentums auch als Merkmal seiner vorbildlichsten Vertreter, der Heiligen. Es ist daher nicht ungewöhnlich, wenn sich die Darstellungen der *Wunderheilungen Christi* zuerst an den spezifischen Orten und in den Texten finden, die mit der Verbreitung und der Befestigung des christlichen Glaubens in Zusammenhang stehen, den Klosterkirchen und Evangeliaren, während diejenigen der *Heiligen* in ihren entsprechenden Viten niedergeschrieben sind[8].

1. Die Reinigung des Geistes: Dämonvertreibung in der Bildkunst des Spätmittelalters

Wenn man bedenkt, daß sich die Fähigkeit zu lesen und zu schreiben bis ins späte Mittelalter auf einen kleinen Kreis geistlich Gebildeter beschränkt, bietet sich, abgesehen von der Predigt, vor allem das Bild als Vermittler religiöser Inhalte an.

Eine ihrer frühesten monumentalen Formulierungen in Deutschland hat die *Besessenenheilung* in dem Wunderheilungszyklus der Kirche St. Georg in Oberzell auf der Insel Reichenau gefunden. Das Fresko, dem den neuesten Forschungen[9] gemäß ein byzantinischer Bildtypus zugrundeliegt, basiert auf dem Bericht des Markus- und des Lukasevangeliums, nach dessen Text Jesus und die Apostel vor der Stadt Gerasa einem Mann begegnen, der den Dämon hatte. (Markus 5,1 – 20 und Lukas 8,27 – 37). Dasselbe Ereignis wird auch von Matthäus (8,28 – 34) überliefert, doch ist in seinem Bericht von zwei Männern die Rede[10]. Wie aus dem Evangelienbericht weiterhervorgeht, hatte der Besessene seit beträchtlicher Zeit keine Kleider am Leib, wohnte nicht in einem Haus, sondern in den Gräbern. Der *unreine Geist* hatte wiederholt

8 zu den Heiligenviten vgl. die *Acta Sanctorum* Hrsg. Joannes Bollandus (begonnen) Antwerpen: apud Joannem Meursium 1643 – ; *Vie des Saints Janvier-Decembre.* Hrsg. V. RR.PP. Benedictins de Paris Paris: Letourzey et Ané, 1935 – 1956;

9 Koichi Koshi *Studien zu den Wandmalereien der St. Georgskirche von Oberzell auf der Insel Reichenau (VII): Die Beschreibung und Ikonographie des Bildes von der Heilung des Besessenen von Gerasa.* In: Bulletin of the Faculty of Fine Arts, Tokyo University of Arts, nr. 8, 1983, S. 31 – 78;

10 für ein Besipiel nach dem Bericht des Matthäus vgl. den Psalter Paris, B.N., ms.lat.8846, fol. 3v aus dem 13. Jh.; für eine Darstellung aus dem 15. Jh. vgl. das Pseudo-Matthäus-evangelium Paris, B.N. ms.lat.2688, fol. 41v;

von ihm Besitz ergriffen, weswegen der Mann gefesselt und in Ketten gelegt worden war. Er zerriß die Fesseln aber und der Dämon trieb ihn in die Wüste. Als er Christus ansichtig wird, stößt er Schreie aus, wirft sich zu seinen Füßen und fragt ihn mit lauter Stimme, was er von ihm wolle. Christus fragt ihn nach seinem Namen und der Besessene antwortet: „Legion“, da viele Dämonen in ihn eingedrungen waren. Als Christus dem unreinen Geist gebietet, von dem Menschen abzulassen, fleht ihn die „Legion“ der Dämonen an, sie nicht in den Abgrund zu schicken, sondern ihnen zu gestatten, in die Schweine am Berghang zu fahren. Die von den Dämonen besessene Herde rast daraufhin den Hang hinab und ertrinkt im See von Galiläa. Die Hirten, die das Geschehen mitverfolgt hatten, liefen davon und erzählten in Stadt und Land, was sich zu getragen hatte. Die Geschichte endet damit, daß der vordem von der „Legion“ Dämonen besessene Mann nun bekleidet und bei Sinnen bei Christus sitzt.

Das Oberzeller Fresko zeigt von der Schilderung des Evangeliums nur den dramatischen Moment der Austreibung und das Einfahren der Dämonen in die Schweine. Links betreten Christus und die Apostel die Szene. Zum Zeichen der Worte »Exi, spiritus immunde ab homine« (Mk. 5,8) streckt Christus die Rechte segnend aus. Der Besessene nimmt die Mitte des Bildfeldes ein. Seine steif rückwärts gestreckten Arme sind Ausdruck krampfhafter Verzerrung des Leidenden. Sie sind nicht gefesselt, als Zeichen der Freiwilligkeit, mit der er Christus entgegenkommt. Darauf verweisen auch die vor Christus bittend gebeugten Knie und der vorgeneigte Oberkörper. Dem Text entsprechend ist der Besessene ohne Kleider, d.h. bis auf einen hosenähnlichen Lendenschurz nackt. Aus seinem Mund sind bereits mehrere geflügelte Wesen entwichen und im Begriff, „in die Schweine zu fahren“. Sie stellen die Schar der Dämonen dar, die in den Besessenen eingedrungen waren. Sie werden nicht in Tiergestalt, sondern als kleine, menschliche Wesen mit Flügeln wie ein antikes *Eidolon*[11] dargestellt.

Bei der ältesten bekannten Darstellung dieser Szene, dem fünfteiligen Elfenbein-Diptychon aus dem Anfang des 5. Jh. des Louvre[12] fehlt das Eidolon jedoch noch. Dargestellt ist Christus mit der segnend erhobenen Hand, ihm gegenüber der Besessene. Der Zusammenhang mit dem Evangelienbericht ergibt sich hier aus der symbolischen Darstellung von drei

11 zum *Eidolon* vgl. den Artikel in Pauly's Realencyklopädie, Bd.V/2, 1905, S. 2048f. und Otto Erich *Die Darstellung des Teufels in der christlichen Kunst*. Berlin, 1931, S. 43f;

12 Paris, Louvre;

Schweinen[13]. Mittelalterliche Miniaturen aus dem Umkreis der Reichenauer Malerschule wie im Codex Egberti (fol. 26v) von ca. 980[14], dem Aachener Otto Evangeliar (fol. 176) von um 990, dem Münchener Evangeliar Ottos III. (fol. 103v) vom Ende des 10. Jh.[15] oder dem Utrechter Bernulfus-Evangelistar (fol. 33v) aus der Mitte des 11. Jh.[16] als spätestem Beispiel, zeigen den Besessenen stets mit Eidolon und mit vorne gekreuzten bzw. nach hinten gestreckten Armen, die in den meisten Fällen jedoch entgegen dem Bibeltext gefesselt sind. Von dem Mann, der auf der sogenannten Magdeburger Elfenbeintafel aus dem 3. Viertel des 10. Jh.[17] den Besessenen an den Armen auf dem Rücken festhält, ist in dem Evangelientext ebenfalls nirgends die Rede.

Auf die Gestalt des Besessenen beschränkt sind die Darstellungen im „Hortus Deliciarum" der Herrad von Landsperg aus der Zeit um 1176/96, die durch den Verlust des Originals nur noch in Nachzeichnungen vorhanden sind[18]. Fol. 123 zeigt die Darstellung der Besessenenheilung nach Matthäus, bei welchem von zwei Männern (Abb. 3) die Rede ist, während fol. 126 einen Besessenen (Abb. 4) enthält, gemäß der Überlieferung nach Markus und Lukas. Die Besessenen sind sämtlich gefesselt, die Arme auf dem Rücken. Von den beiden Besessenen auf fol. 123 entweicht nur ein Dämon aus dem Mund, in Gestalt eines schwarzen, geflügelten Wesens in Menschengestalt. Dem zweiten hängt das lang herabfallende Haar so ins Gesicht, daß dieses dadurch vollständig verdeckt wird. Ungeklärt bleibt, von welchem Modell sich Herrad bei dieser Darstellung inspirieren ließ. An die Darstellung in dem bereits erwähnten Utrechter Bernulfus-Evangelistar lehnt sich darüberhinaus die Haartracht des Besessenen auf fol. 126v an, die in beiden Fällen durch „züngelnde" Haarspitzen gekennzeichnet sind.

Selten geblieben sind im Rahmen von Wunderheilungsdarstellungen die Heilung des *stummen Besessenen* nach Lukas 11,14 – 28. Die Darstellung

13 In der lat. Bibel ms.11534 – 35 der Pariser B.N. vom Ende des 12. Jh. ist auf fol. 203v die „Legion" durch vier ins Wasser stürzende Dämonen angedeutet.

14 Trier, Stadtbibliothek, cod.24; Koshi, Abb.2;

15 Aachen, Münsterschatz, Hs. ohne Nummer; Koshi, Abb.4; München, Bayerische Staatsbibliothek, clm.4453; Koshi, Abb.5;

16 Utrecht, Erzbischöfliches Museum, ms.1503; Koshi, Abb.6;

17 Darmstadt, Hessisches Landesmuseum, Inv.nr.Kg.52: 101; Koshi, Abb.6; s.a. Adolph Goldschmidt *Die Elfenbeinskulpturen der karolingischen und sächsischen Kaiser. VIII – XI. Jh.* Berlin: Cassirer, 1914; Oxford, 1969

18 Hrsg. von Otto Gillen Neustadt: Pfälzische Verlagsanstalt, (1931) 1979; Rosalie Green Herrad of Landsperg. Hortus Deliciarum. (= Studies of the Warburg Institute, Bd.36) London: Warburg Institute, 1979; s. a. die Ausgabe von Joseph Walter Straßburg-Paris: Le Roux, 1952;

auf fol. 166 in den *Très Riches Heures*[19], der dieser Text zugrunde liegt, zeigt links Christus in Begleitung der Apostel vor der Eingangshalle eines gotischen Kirchengebäudes (Abb.5). Christus blickt auf den vor ihm zusammenbrechenden Besessenen, dessen Sturz gerade noch von einem Helfer aufgehalten werden kann. Durch die segnend erhobene Rechte Christi entweicht der Dämon aus dem Mund des Besessenen als ein kleines, feldermausgeflügeltes, schwarzes Wesen. Rechts gegen den Eingang gedrängt verfolgt die Menge das Geschehen. Ihre zweifelnden Mienen geben sie als die Pharisäer zu erkennen, die dem Bericht des Evangeliums zufolge Christus vorwerfen, er treibe den Teufel durch den Beelzebub aus.

Wenn der Text über den Besessenen nur soviel aussagt, daß er vor der Austreibung des Dämons stumm war, nachher aber redete, läßt die bildliche Gestaltung hierzu keine Anhaltspunkte erkennen. Die zerrissene Kleidung des Besessenen, die blossen Füße und die kraftlos aufgestreckten Arme geben den Eindruck der Erschöpfung nach einer langen und ermüdenden Anstrengung wieder, die sich auch in der Miene des Besessenen wiederspiegelt. Im Unterschied zu den bisher besprochenen Beispielen hat sich der Akzent von der Unruhe und der wilden Erregtheit, die mit der Vorstellung von Besessenheit verbunden ist und die den Zustand des Besessenseins charakterisiert, auf den Zustand *nach* der erfolgten Austreibung verlagert, der in der Interpretation Herman von Limbourgs, dem die Miniatur zugeschrieben wird[20], durch Ermattung gekennzeichnet ist.

Ebenso selten wie die Darstellung des stummen Besessenen ist die Darstellung der Heilung des *epileptischen Besessenen* nach Mt. 17, 14. In einer Handschrift der *Vita Christi* des Ludolf von Sachsen (gest. 1378) aus dem 15. Jh.[21] liegt der Epileptische am Boden, die Arme weit ausgestreckt. Wie ein *Wasserstrahl* entweicht der Dämon aus seinem Mund. Die Szene

19 Chantilly, Musée Condé, ms.65, von den Brüdern Limbourg 1413 auszumalen begonnen worden; hrsg. v. Raymond Cazelles und Johannes Rathofer Luzern: Faksimile-Verlag, 1984;

20 Cazelles, op.cit., S. 193;

21 Paris, B.N., ms.fr. 177, fol. 169 aus dem 15. Jh.; die Heilung einer ganzen Gruppe von Besessenen zeigt die Miniatur aus der *Vita Dionysii Areopagiti* des Abts Ägidius aus dem Dionysos-Orden Paris, B.N., ms.lat.5286 aus dem 14. Jh. auf fol. 128; besonders reich an Besessenenheilungsszenen ist die Handschrift *Vie de Sainte Radegonde*. Poitiers, Bibl.mun., ms.fr.250 aus dem 11. Jh. Fol. 34v (Teufelsaustreibung an einer Frau namens Freifrede) zeigt den Dämon nicht als Eidolon, sondern in Gestalt eines schwarzen Mannes mit gesträubten Haaren. Fol. 35 illustriert die Austreibung an einer Frau namens Leubile, fol. 37 an der Frau eines Zimmermanns. Die genannten Miniaturen sind von Emile Grinot In: Bulletin de la Société franc. de reprod. des Mss. à Peinture, Paris, 1914, Tf.IX, X, und XIV veröffentlicht worden.

spielt sich in einem Kirchenraum ab, links stehen wieder Christus und die Apostel, rechts eine Zuschauermenge.

Keinerlei Anzeichen des Leidens eines Besessenen enthalten Wunderheilungsdarstellungen gemäß den *Heiligenviten*. Der Besessene wird meist als Gefangener gezeigt, mit kahlgeschorenem Kopf und gefesselten Händen. Die Miniatur zum Leben des Saint Vrain aus dem *Stundenbuch des Etienne Chevalier*[22], um 1452/60 von Jean Fouquet ausgemalt[23], zeigt den Bischof im Begriff, besessenen Männern und Frauen den Teufel auszutreiben. Das Geschehen (Abb. 6) findet hier in einem gotischen Kirchenraum statt, dem Hauptschiff von Notre Dame in Paris, im Beisein einer beträchtlichen Zuschauermenge, die rechts im Hintergrund zusammengedrängt ist. Der Besessene rechts im Vordergrund wird von zwei Helfern dem Bischof vorgeführt. Er ist nur mit einem kurzen Hemd bekleidet, die Arme sind über die Brust gekreuzt und gefesselt. Der Kopf ist kahlgeschoren. Am rechten Bildrand wird eine Frau herbeigeführt, in einem langen Kleid mit geschnürtem Mieder. Sie ist ebenfalls an den Händen gefesselt, aber nicht kahlgeschoren.

Der Holzschnitt zur Vita des Hl. Remigius auf fol. 14v aus der *Legenda Aurea* von 1471[24], bezieht sich auf die Episode, wonach der Heilige bei einem (besessenen) Blinden das Augenlicht wiederherstellt. Die in höchstem Mass schematisierte Szene (Abb. 7) besteht allerdings nur aus den beiden wichtigsten Figuren, dem Bischof, sowie dem Besessenen. Er ist an den Händen gefesselt und wird von einem Helfer dem Bischof vorgeführt. Sein Kopf ist kahlgeschoren und aus seinem Mund entweicht auf das Segenszeichen des Bischofs hin ein Dämon. Ein Hinweis auf die Blindheit des Besessenen ist nicht zu erkennen.

Bis auf den Fall des Epileptischen, bei dem ein Wasserstrahl hinzukommt, zeigen die Besessenendarstellungen gewöhnlich nur den „unreinen Geist" in Gestalt eines tierähnlichen, dunklen und geflügelten Wesens. Der Hinweis

22 sie befindet sich im Pariser Musée Marmottan, Slg. Wildenstein vgl. *La collection Wildenstein*. Paris: Musée Marmottan, s.d., Nr. 153;

23 nach Claude Schaefer *Recherches sur l'iconologie et la stylistique de l'art de Jean Fouquet*. Lille: Service de reprod. des thèses de l'université, 1971 3 Bde. Bd.3, Abb. 60 u. Bd.2, S. 199 – 200 zeigt Fouquet das Ereignis gegenüber dem Bericht der Bollandisten (Acta Sanct., October VIII, S. 467) um eine weitere Zahl von Besessenen vermehrt, denen sogar eine Frau beigefügt ist.

24 Augsburg: Günter Zainer, 25. Okt. 1471 Winterteil. Paris, Bibl. Nationale, Rés. H.266 vgl. Walter L. Strauß (Hrsg.) *The illustrated Bartsch. German Book Illustration before 1500*. Bd.80, New York, 1981, S. 62, nr. 3; s.a. Richard Benz *Die Legenda Aurea des Jacobus de Voragine*. Heidelberg, 1979 und Konrad Kunze *Jacobus de Voragine* In: Die deutsche Literatur des Mittelalters. Verfasserlexikon, Bd.4, Berlin-New York, 1983, Sp. 448 – 466;

auf ein besonderes Leiden entfällt. Hingegen scheint dieser „unreine Geist" oder Dämon den von ihm Besessenen selbst in eine gefährliches und unreines Wesen zu verwandeln, da die Besessenen meist gefesselt und halb entblösst dargestellt werden. Die Blöße könnte also einen Zustand der Unreinheit ausdrücken, obwohl von Blöße als Zeichen von Unreinheit oder Gefährlichkeit in den Texten keine Zeile zu finden ist[25].

Da die Gestalt eines Besessenen im Text nirgends beschrieben ist, kann also auch nicht der Text als direkte Vorlage für die Illustration angenommen werden, sondern vielmehr die im Zusammenhang mit den älteren Evangelienberichten entstandene abstrakte Vorstellung von Besessenen als geistig oder körperlich unter einem Dämon Leidenden.

2. Wahnsinn als „Geisteskrankheit": zwei Fallbeispiele aus der Vita Sancti Hugonis

Neben der religiösen Vorstellung von Wahnsinn als Besessenheit durch einen „unreinen Geist" (possessio) begegnen in spätmittelalterlichen hagiographischen Texten auch Begriffe, die mit Wahnsinn nicht ein geistlich-religiöses Phänomen meinen, sondern das auffällige Verhalten eines Kranken.

Anders als das Bild, das den Vorgang des Austreibens in Anwesenheit eines Heiligen zeigt, berichten die *Heiligenviten* von Wunderheilungen auch nach dessen *Ableben*. So beschreibt Gerald von Wales (um 1146 – 1223) in der *Vita Sancti Hugonis*[26], des Bischofs von Lincoln zwischen 1186 und 1200, zwei Fälle von Wunderheilungen am *Grab* des Heiligen. Der erstere betrifft einen Jungen aus Ancaster, der, tobsüchtig geworden und von Sinnen gekommen (in frenesis versus et amens effectus), von seinen Eltern und

25 eine Erklärung von Unreinheit gibt Jesus bei Mk.7, 19 – 23: nichts was von außen in den Menschen gelangt, kann den Menschen besudeln, denn es gelangt nicht ins Herz, sondern in den Magen. Was den Menschen verläßt, das besudelt hingegen den Menschen. „Denn es ist vom Herzen der Menschen, von wo die bösen Gedanken ausgehen: Ausschweifungen, Diebstahl, Morde, Ehebrüche, Gelüste, Bosheiten, List, Schamlosigkeit, Verlangen, Verleumdung, Stolz, Schalkheit. Alle diese üblen Dinge gehen vom Innern aus und besudeln den Menschen." In der *Bible moralisée* (Paris, B.N., ms.fr.166, fol. 76v) wird dagegen das Eindringen der bösen Gedanken als Eindringen eines *Dämons* durch die Augen als *Fenster der Seele* am Beispiel Davids und seines Verlangens nach der badenden Bethseba dargestellt. Zur *Bible moralisée* vgl. Francois Avril *Un chef-d' œuvre de l' enluminure sous le règne de Jean le Bon: la Bible moralisée (ms.fr. 167 de la B.N.)* Paris, s.d.; Reiner Hausherr *Über die Auswahl des Bibeltextes in der Bible moralisée*. In: Zs. f. Kunstgeschichte, Bd.51, 1988, Heft 1, S. 126 – 146;

26 R. M. Loomis (Hrsg.) *Gerald of Wales. The Life of St. Hugh of Avalon, Bischof of Lincoln 1186 – 1200* (= Garland Library of Medieval Literatur, Bd. 31, Series A) New York-London: Garland, 1985.

Freunden vergeblich an viele heilige Orte geführt worden war. Endlich wurde er, gefesselt (ligatus) und mit Ketten gebunden zum Grab des Hl. Hugo von Lincoln gebracht. Nachdem er sieben Tage am Grab verbracht hatte, begann sich sein Zustand zu bessern. Am Sonntag, nachdem er die Messe am Altar Johannes des Täufers, neben dem Grab, gehört hatte, war die Gesundheit des Jungen sowohl durch die Verdienste des Heiligen als auch durch die Gebete der Seinen wiederhergestellt. Bald darauf ging er allein nach Hause, in den Händen die Ketten haltend, mit denen er gebunden war und sagte, daß er durch die Verdienste des seligen Bischof Hugo erlöst und seine Gesundheit wiederhergestellt sei. Der Vater aber, als er zu nämlichen Stunde vom Acker zurückkehrte und seinen Sohn neben der Mutter antraf, und dieser sich in Worten und Gebärden gesund und gescheit (discrete) betrug, war sehr erstaunt und fassungslos vor Freude[27].

Das Tragen von Fesseln symbolisiert hier also nicht einen Zustand von „Besessenheit" durch einen Dämon, sondern offensichtlich von *Geisteskrankheit*, auf die die medizinischen Ausdrücke „in frenesim versus et amens effectus" hinweisen. Das Lösen der Fesseln ist hier nicht das Zeichen für die Befreiung von einem Dämon, sondern bedeutet vor allem die Wiederherstellung der *Gesundheit* und eines unauffälligen Verhaltens. Es wäre hier also angemessen, nicht von einem Besessenen, sondern von einem Leidenden zu sprechen. Auch im zweiten Fall einer Wunderheilung am Grab des Heiligen ist nicht von einer Dämonenaustreibung, sondern von der Wiederherstellung der *Besonnenheit* die Rede. Ein Mädchen aus Wigford, das zwischem dem 28. Oktober und dem 1. November am Grab des Heiligen Heilung fand, war „in frenesim rapta"[28]. Von ihr wird allerdings nicht berichtet, daß sie in Ketten gelegt oder gefesselt gewesen wäre. Ihre Heilung wird mit ähnlichen Worten wie im vorhergehenden Fall als „sapienter et discrete tam in opere se gerens quam sermone" beschrieben, d.h. als eine Rückkehr zu verständigem Gebaren in Wort und Tat. In beiden Fällen werden die Besessenen so lange aus der Gemeinschaft entfernt, bis sie sich besonnen haben und dadurch die Rückkehr möglich wird.

Wenn das Grab des Hl. Hugo bei Lincoln als heiliger Ort für Wunderheilungen in England gelten kann, so entspricht dem in Frankreich der Ort Haspres in der Normandie, an dem die Reliquien des Heiligen Acarius (gest.

27 ibidem, S. 54 – 55;

28 ibidem, S. 62;

um 639) aufbewahrt werden[29]. Dem Bericht Froissarts zufolge suchte man bei seinem Grabe Hilfe für den während des Ritts nach Le Mans im Jahr 1392 tobsüchtig gewordenen König Karl VI., der von „frenesie“ und „derverie“ ergriffen worden war[30]. Denselben Heiligen ging auch ein Ketzer aus der Gegend von Cambrai um Hilfe an, der wie Thomas von Cantimpré in seinem *Bonum Universale de Apibus*[31] festgehalten hat, fürchtete, von den Prediger-brüdern verbrannt zu werden. Der Ketzer gab daher vor, vom Teufel besessen zu sein und ließ sich gefesselt von Freunden zu den Reliquien des Hl. Acarius führen. Der Heilige wurde also nicht nur bei „Phrenesie“, sondern auch bei Besessenheit aufgesucht. Während aus den Fallbeispielen in der Vita St. Hugonis keine Gründe für die Entstehung der „Phrenesie“ angegeben sind, scheint es sich im Fall Karls VI. um „Verzauberung“ oder um eine schleichende Vergiftung gehandelt zu haben, im Fall des Ketzers mag hingegen die Angst vor dem Scheiterhaufen der Anlaß gewesen sein, Besessenheit vorzutäuschen. Das Vortäuschen von Geisteskrankheit oder Besessenheit als Ausfluchtsmittel hat aber nicht erst das Spätmittelalter erfunden. Das berühmteste Beispiel hierfür ist David, der sich, um nicht erkannt zu werden, vor Achis, dem König von Gath, verrückt stellt (1 Sam. 21,11 – 16). Diese Szene (Abb. 8) ist in den Bilderfolgen der Illustration zum 1. Buch Samuel der *Bibel von Cîteaux*[32] aus dem 12. Jh. enthalten. Die Illustration besteht aus 16 Szenen in aufeinanderfolgenden Bildstreifen. Die ersten 5 Szenen zeigen David, der dem Löwen den Rachen aufreißt, anschließend seine Salbung durch Samuel, seinen Kampf gegen Goliath, seine Bedrohung durch Saul und seine Flucht zu Ahimelech. Die 6. Szene bezieht sich auf die Ankunft Davids

29 Erik von Kraemer *Les maladies désignés par le nom d'un saint*. In: Commentationes Humanarum Litterarum, Bd.15, 1950, S. 102; zit. nach Jacquart, op.cit. S. 71;

30 Jean Froissart *Les Chroniques de France. Bd.IV, Cap.XXX* (= Collections des chroniques nationales francaises, Vol. 13, 1825, S. 105); s.a. Jean Juvenal des Ursins *Histoire de Charles VI, roy de France (...)* (= Nouvelle collection des mémoires pour servir à l'histoire de la France, Bd.2) Paris, 1836, S. 389

31 Acta Sanct., Sept.XV, Sp.82: finxit se arreptum a daemone et ob hoc ad sanctum Aicadrum in Aspera obsessos curare potentem ligatus ab amicis deductus est, ut in eo non haeresim propalatam sed furiam reputarent; vgl. Kraemer, S. 103;

32 Dijon, Bibl. mun., ms.14, fol. 13v; vgl. Walter Cahn *La bible romane*. Fribourg-Paris, 1982, S. 189; in der *Bible moralisée* von 1220 – 30 der Österr. Nationalbibl. in Wien, Cod. Vind.2554 erscheint diese Stelle auf fol. 39v bei den Worten "David se fist fol". David trägt ein zerrissenes Hemd und verdreht die Augen, ist aber bartlos und hat den Mund geschlossen; zu Datierung vgl. das Faks. komm. v. Reiner Hausherr Graz: Akad. Druck- und Verlagsanstalt/Paris: Club du Livre, 1973, S. 30 – 32; zu diesem Thema s.a. Rainer Kahsnitz *Der Werdener Psalter in Berlin ms.theol.lat.Fol. 358*. Düsseldorf, 1979, S. 187 und S. 189;

bei Achis. Dieser ist links im Bild durch eine Krone gekennzeichnet. David wird rechts von zwei Dienern des Königs festgehalten. Das sich verrückt Stellen kommt in dem vergrößerten Gesicht, den aufgerissenen Augen und dem offenen Mund zum Ausdruck[33]. Wenn also das Vortäuschen von Besessenheit in Zusammenhang mit dem Gedanken an Flucht vor einer Bedrohung steht, wird hier erstmals ein *realer* Grund sichtbar, der einen Anhaltspunkt für das Entstehen von Besessenheit bieten könnte. Die Erklärungen, die das religiöse Denken für das Entstehen von Wahnsinn anbietet, fussen also einerseits auf einer aus dem Alten Testament abgeleiteten Vorstellung von Wahnsinn als der Strafe Yahwes für einen religiösen Frevel, wobei das Vortäuschen von Wahnsinn um einer strafenden Macht zu entgehen, ebenfalls beschrieben ist. Andererseits richten die aus dem Neuen Testament abgeleiteten Vorstellungen von Wahnsinn als Besessenheit den Blick auf einen *Dämon* oder unreinen Geist, der als Verursacher von Geistesstörungen angesprochen wird und dem als positive Macht der *Heilige Geist* bzw. seine Träger, Christus und die Heiligen, entgegen stehen.

33 die Szene „David spielt vor Achis den Verrückten" ist traditionell das Bildprogramm der Initiale von Psalm 33: vgl. Christoph Eggenberger *Psalterium Aureum Sancti Galli*. Sigmaringen: Thorbecke, 1987. S. 99f; s.a. das Beispiel des Psalters lat.10435, fol. 35 der Pariser Bibliothèque Nationale aus dem 13. Jh. und die Darstellung im Coldringham Breviar von 1250 – 80 (London, B.M., ms.Harley 4664, fol. 145v); Abb. bei Nigel Morgan *Early Gothic Manuscripts* (II) 1280 – 85. (= A Survey of manuscripts illuminated in the British Isles, Bd.4/2) London, 1988, Nr. 176 u. Abb.372; von einem weiteren Beispiel des sich verrückt Stellens berichtet eine Stelle aus dem Leben des Hl. Romuald (Vie des Saints, fevr. 7, S. 162): um den Einwohnern von Cuxa zu entkommen, die ihn töten wollten, um dadurch seine Reliquien zu erhalten, habe sich dieser verrückt gestellt (contrefit l'insensé).

II. Religiös-medizinische Vorstellungen von Wahnsinn im Spätmittelalter

Leitet das religiöse Denken das Entstehen von Wahnsinn aus einem Bereich ab, der als außerhalb der Person stehend gedacht ist, so beschreitet das medizinische Denken den umgekehrten Weg. Die Ursache für Geistesstörungen wird wie diejenige für körperliche Störungen im Inneren der menschlichen Natur vermutet. Im Folgenden sollen die Ausführungen zu dieser Thematik bei Hildegard von Bingen als Vertreterin der „Klostermedizin" und bei Bartholomäus Anglicus als Vertreter der „naturwissenschaftlichen Enzyklopädisten" dargestellt werden.

A. Die Erklärung für „Geisteskrankheit" im Liber Causae et Curae der Hildegard von Bingen.

Hildegards Krankheitstheorie ist vor allem eine physiologische, aus deren Verständnis sich ihre Auffassung von „Geisteskrankheit" ableitet.

Von der allgemeinen Ursache für das Entstehen von Krankheiten und „Geisteskrankheiten" spricht Hildegard von Bingen (1098 –1179) im 2. Buch des *Liber Causae et Curae*[34].

1. Die allgemeine Ursache von Krankheiten und „Geisteskrankheiten"

Danach liegt die Ursache von Krankheiten vor allem in der Verunreinigung des Blutes durch das *Phlegma* (S. 49). Zwar bestehe der Mensch aus den vier Elementen Feuer, Luft, Wasser und Erde, – vom Feuer hat er die Wärme, von der Luft den Atem, vom Wasser das Blut und von der Erde die Körpergewebe – , doch sowohl Wärme als auch Feuchtigkeit sowie Blut und Körpergewebe sind wegen *Adams Übertretung* (transgressione) in gegenteilige Krankheitsstoffe, sogenannte Phlegmata (S. 50, Z.16 – 18) verwandelt worden. Aus der feurigen Wärme stammt das *trockene Phlegma*, aus der

34 Paul Kaiser (Hrsg.) *Hildegardis Causae et Curae*. Leipzig: Teubner, 1903; dt. Heinrich Schipperges (Hrsg.) *Hildegard von Bingen. Heilkunde*. Salzburg, 1957; Hugo Schulz *Der Äbtissin Hildegard von Bingen Ursache und Behandlung*. Salzburg, 1933; München, 1982; (Die Seitenzahlen im Folgenden beziehen sich auf die Ausgabe von Kaiser.)

luftigen Feuchtigkeit das *feuchte*, aus dem wässrigen Blut das *schaumige* und aus dem erdhaften Gewebe das *lauwarme* Phlegma (S. 50, Z.19 – 22). Aus letzterem entsteht insbesondere die *Melancholie*, die schwarz und bitter ist und von der jedes Übel ausgeht, die aber natürlicherweise jedem Menschen seit der ersten Einflüsterung des Teufels (de prima suggestione diaboli) eigen ist (S. 38, Z.21 – 35). Durch die derart verunreinigte Natur ist der Mensch sterblich geworden, d.h. für Krankheiten anfällig.

Wenn die einzelnen Krankheitsstoffe oder Phlegmata aber in einem ganz bestimmten Verhältnis zueinander stehen[35], kann der Mensch gesund bleiben und hinlänglich lange leben (S. 50 – 51, Z.30 – 37 u. 1 – 6). Dies ist dann der Fall, wenn das *trockene* Phlegma quasi als Herrin dasteht (siccum flegma est velut domina), das *feuchte* sich ihm quasi als Magd unterordnet (humidum quasi ancillum) und das *schaumige* und das *lauwarme* sich ihnen wie geringes, unterwürfiges und neidvolles Gesinde fügt (atque spuma et tepidum velut minora et sublatentia et livida servitia) (S. 51, 25 – 29). Wenn hingegen das *Feuchte* dominiert und das *Trockene* über das *Schaumige* und das *Lauwarme*, ist der Mensch in diesem Verhältnis von Natur aus *klug* (naturaliter prudens) und körperlich *gesund* (sanus in corpore). Wenn umgekehrt das *Trockene* vorherrscht, das *Schaumige* aber über das *Feuchte* und *Lauwarme* dominiert ist der Mensch in diesem Fall aus *Dummheit bald zornig oder heiter* (S. 52, Z.15 – 19).

Aus den verschiedenen Ordnungen der Phlegmata zueinander gewinnt Hildegard ihre verschiedenen *Krankheitsbilder*. So wird ein Mensch dann *phrenetisch* (tobsüchtig?), wenn das *Schaumige* und das *Lauwarme* gleich stark sind und über das trockene und das feuchte Phlegma dominieren; dies wirkt sich wie ein „Wirbel im Wasser" aus, so daß der Mensch, der einen derartigen Aufruhr der Säfte in seinem Körper auszustehen hat, tobsüchtig (freneticus) wird. Dann muß er rasen (homo ille furit) und würde sich selbst umbringen, wenn er nicht in Stricke gelegt würde (se ipsum decerpit nisi funibus ligetur). Das geht so lange, bis das genannten *Schaumige* und *Lauwarme* wieder zur richtigen Ordnung zurückkehren (S. 52, Z.1 – 14).

35 zum Begriff der Krankheitsdisposition vgl. Erich Schöner *Das Viererschema in der antiken Humoralpathologie*. In: Sudhoffs Archiv für Geschichte der Medizin und der Naturwissenschaften, Beiheft 4, Wiesbaden, 1964, S. 32 und S. 93 zur Tatsache, daß die Vorstellung von einer idealen Mischung der Säfte rein theoretisch gewonnen worden ist und in der Praxis nicht vorkommt und Gesundheit nicht mit ihr gleichgesetzt werden kann. Zum Begriff des „temperamentum" als lateinischer Übersetzung des Begriffs der „krasis" als des Idealzustands der Säftemischung vgl. J. v. Wageningen *Die Namen der vier Temperamente*. In: Janus, Bd.23, 1918, S. 48 – 55;

Im Fall des *Wahnsinns* (amentia) überwiegen das *Feuchte* und das *Lauwarme* das Schaumige und das Trockene. Dadurch wird das *Feuchte* im Menschen „wie ein Rad herumgewälzt“ und der Mensch stürzt sich dadurch bald ins Wasser oder rennt ins Feuer. Außerdem versetzt ihn das *Lauwarme* in Wahnsinn. Der Mensch wird dann so, daß ihm das Bewußtsein schwindet (scientia evanescit) und er von Sinnen kommt (amens effictur) (S. 53, Z. 7 – 13).

Anfällig für *ketzerische Gedanken* wird er in dem besonders schwerwiegenden Fall, in dem das trockene und das feuchte Phlegma von dem *Schaumigen* im Gefolge des *Lauwarmen* beherrscht wird. Dann „schwindet das seelische Bewußtsein“ (scientia animae), sowie Geschmack und Gefühl (gustus et sensus); dann bedrängen ihn *Luftgeister* (aerei spiritus), lassen Ketzerisches (haeresim) in ihm aufkommen und kapseln ihn ein, wodurch das seelische Bewußtsein eingeschläfert wird und der Mensch dadurch in eine schwere Krise gerät, wenn Gott die Geister nicht vertreibt. Denn in einem solchen Zustand verdorrt der Mensch innerlich und kann so nicht lange leben (S. 56, Z. 13 – 20). Apokalyptisch wird es aber geradezu, wenn alle vier Phlegmata gleichzeitig aus der Reihe tanzen. Dann wird der Mensch augenblicklich und im Nu plötzlich getötet, weil er so auch nicht einen Augenblick länger existieren könnte, sondern auseinanderfallen müßte, wie alles am Jüngsten Tag durcheinander geworfen wird und sich die vier Elemente gegenseitig widerstreben (S. 59, 10 – 14).

Das ist aber noch nicht alles. Wenn alle bisher erwähnten Plagen (pestes) gleichzeitig zusammentreffen, so daß sie im Kopf des Menschen rasen, führen sie zu Wahnsinn (in amentiam ducunt), werfen ihn aus dem Gleichgewicht und machen ihn bar des rechten Bewußtseins (inanem rectae scientiae), wie man sich ein „vom Sturm getriebenes Schiff“ vorstellt. Viele würden sich in diesem Zustand als vom Dämon besessen halten (a daemone possessum). Dem könne nach Hildegards Meinung allerdings nicht so sein. Zwar liefen bei solchen Plagen und Schmerzen (pesti et dolori) Dämonen herbei und stellten Hinterhalte. Doch hätten sie über die Worte des Kranken keine Gewalt, da er nicht vom Dämon besessen sei (ille homo a daemone possessus non est). Denn wenn der Dämon durch göttliche Erlaubnis Gewalt über die Worte in irgendeinem Menschen hätte, wird seine Beute am Ort des Heiligen Geistes solange herausgetrieben, wie Gott ihn heraustreibt, auf dieselbe Art, wie er ihn aus dem Himmel vertrieben hat (S. 91, Z. 14 – 26).

Nach Hildegards allgemeiner Krankheitstheorie liegt also der Grund dafür, daß ein Mensch körperlich und geistig erkranken kann, darin, daß die menschliche Natur durch den Sündenfall sterblich geworden, im medizinischen Sinne auch krankheitsanfällig geworden ist. Die Krankheitsanfälligkeit durch ein gestörtes Verhältnis der Phlegmata ist aber wiederum Voraussetzung für den Befall durch Dämonen.

2. Die spezielle Ursache von „Geisteskrankheiten"

Die spezielle Ursache von „Geisteskrankheiten" (insania capitis) sieht Hildegard in engem Zusammenhang mit dem Geschlechtsleben[36]. Männer, die „schwarzes und zähflüssiges" Blut in sich haben, neigen ihrer Meinung nach leicht dazu, *tobsüchtig* (frenetici) zu werden (S. 73, Z.34 – 35). Darüberhinaus seien solche Männer „bitter, geizig und unwissend" (amari et avari et insipientes) und würden, aus überschüssiger *Libido* heraus sich mit den Frauen ohne Mäßigung benehmen wie Esel. Wenn sie aber diese Libido im Geschlechtsverkehr mit Frauen ausüben, leiden sie dadurch nicht an „Geisteskrankheit" (insaniam capitis non patiuntur) (S. 73, 36 – 37). Vergewaltigen sie aber Frauen, entstehen Kinder, die den teuflischen Wahnsinn in ihren Fehlern und Sinnen haben (S. 74, 21 – 22).

Frauen können von „Geisteskrankheit" wegen des *Menstruationsbluts* heimgesucht werden. Wenn dieses zu seiner Zeit ausbleibt, können sie von *Phrenesie* (insaniam capitis quam est frenesis) heimgesucht werden, aber auch von anderen Leiden befallen werden, so daß sie *milzsüchtig* (spleneticae) oder *wassersüchtig* (hydropicae) werden. Die „Geisteskrankheit", die *Melancholie* hervorruft (insaniam capitis quam melancoliam excetat) befällt Frauen hingegen dann, wenn das *Menstruationsblut* zu früh oder zu spät ausfließt (S. 88, Z.16 – 19).

Die Voraussetzung für „Geisteskrankheit" ist nach Hildegard also einmal durch die durch den Sündenfall bewirkte Sterblichkeit und somit Krankheitsanfälligkeit der menschlichen Natur gegeben. Wahnsinn (amentia) und Besessenheit sind Folgen der in ein extremes Ungleichgewicht geratenen Säfte. Geisteskrankheit (insania capitis) im Speziellen wird aber durch Störungen des Geschlechtslebens hervorgerufen. Dabei führt ein Zuviel an geschlechtlicher Energie oder Libido bei Männern zu „Geisteskrankheit", während bei Frauen die Ursache im Ausbleiben oder im unregelmäßigen Blutfluß der Menstruation liegt. Obwohl Hildegard bei ihrer Krankheitslehre offenbar von der hippokratischen Zweisäftelehre mit Phlegma und Galle ausgeht, bemüht

36 zum Einfluß des Geschlechtslebens auf die Entstehung von Geistesstörungen vgl. Günter Elsässer *Ausfall des Coitus als Krankheitsursache in der Medizin des Mittelalters*. In: Abh. z. Geschichte der Medizin und der Naturwissenschaften, Heft 3, Berlin, 1934, S. 8; zu Hildegards Glauben an den schädlichen Einfluß des Mondes auf die Zeugung s. Kaiser, S. 235 Z.8f;

sie sich darum, sie mit der religiösen Vorstellung vom Sündenfall zu vereinbaren, so daß das medizinische Wissen dem Glauben untergeordnet bleibt. Ein ähnliches Bemühen läßt sich auch bei einem anderen spätmittelalterlichen Autoren feststellen, der das naturkundliche Wissen seiner Zeit in enzyklopädischer Form zusammenfaßt und abhandelt.

B. Die Erklärung von Geisteskrankheit im Liber de proprietatibus rerum des Bartholomäus Anglicus

Einen Überblick über den Kenntnisstand des naturkundlichen Wissens im 13. Jh. vermittelt Bartholomäus Anglicus[37] in den 19 Büchern seines Werks *De proprietatibus rerum*[38], das er, wie er im Prolog (fol. 1) vorausschickt, mit dem Ziel verfaßt hatte, das Verstehen der Schriften zu erleichtern, die vom Heiligen Geist in Symbolen und Bildern der natürlichen und künstlichen Eigenschaften der Dinge überliefert und verhüllt sind (ad intelligendam enigmata scripturarum que sub symbolis et figuris proprietatum rerum naturalium et artificalium a Spiritu Sanctu sunt tradite et velate).

Die beiden ersten Bücher handeln von Gott und den Engeln, das dritte von der Seele, das vierte von den Elementen und Säften des menschlichen Körpers, das fünfte von der Anatomie, das sechste vom Leben des Menschen von der Geburt bis zum Tod, das siebte von den Krankheiten. Buch VIII bis XIX enthält die Beschreibung der Himmelskörper, der Zeit, der unbelebten Welt, des Wetters, der Vögel und Fische, der Landschaften und der Länder, zuletzt die Gesteinsarten, die Pflanzen und die Tiere der Heiligen Schrift. Den Schluß bilden die physikalischen Phänomene und die Maßeinheiten.

37 Leopold Delisle *Bartholomäus Anglicus* In: Histoire littéraire de la France, Bd.30, Paris, 1888, S. 353f; Karl Sudhoff *Kurzes Handbuch der Geschichte der Medizin*. Berlin, 1922, S. 192;

38 die hier benutzte Ausgabe ist Basel: Wenssler, 1475 (Paris, B.N., Rés. 359), da die einzige kritische Ausgabe des lateinischen Texts von William J. Humphries, Diss. Berkeley, 1955 mir leider nicht zugänglich war. Eine Textauswahl in deutscher Übersetzung gibt *Über die Eigenschaften der Dinge.: Enzyklopädie des Bartholomäus Anglicus*. Jena: Universitätsbibliothek der Friedrich-Schiller-Universität, 1982. Das Werk des Bartholomäus Anglicus wird zu den „kleinen Enzyklopädien" des Spätmittelalters gerechnet: Pierre E. Michaud-Quantin *Les petits encyclopédies. In: Cahiers d' histoire mondiale*, Neuchâtel, 1966, Bd.IX, nr. 3, S. 582f; im Gegensatz zum „großen" Enzyklopädisten Vincent von Beauvais, dessen *Speculum quadruplex: naturale, doctrinale, historiale, morale* nach der Ausgabe von Baltasar Beller: Duaci, 1624 in Graz: Akademische Druck- und Verlagsanstalt, 1964 – 65 wiederaufgelegt worden ist.; s.a. W. J. Aerls, E. R. Smits and J. B. Voorbij (Hrsg.) *Vincent of Beauvais and Alexander the Great: Studies in the Speculum Maius and its translations into Medieval Vernacular*. Groningen: Forster, 1986;

In unserem Zusammenhang interessiert also das vierte Buch, das auf theoretischem Weg die Physiologie des Menschen behandelt, und das siebte Buch, das der praktischen Medizin gewidmet ist und nacheinander die Krankheiten vom Kopf bis zu den Füßen bespricht.

1. Die allgemeine Säftelehre des vierten Buchs

Einleitend (fol. 15f) hält Bartholomäus fest, daß jeder menschliche Körper aus den vier Elementen Wasser, Erde, Feuer und Luft gebildet ist, denen die vier Primärqualitäten heiß, kalt, trocken und feucht zugeordnet werden. Diese unterliegen weiter den beiden Verhaltensprinzipien des *Aktiven* und *Passiven*, derart, daß sich das Warme und das Kalte aktiv, das Trockene und das Feuchte passiv verhalten. Die hervorragendste unter diesen Qualitäten ist aber die Wärme (fol. 16), von der es eine *natürliche* Form gibt, die das Prinzip der Schöpfung darstellt – die Sonne – und eine *künstliche* Form, das Feuer.

Die Hitze des Feuers ist aber die *verderbliche* (corruptiva) Form der Wärme. *Kälte* ist ein schwächeres Prinzip (debilior in actione), während das *Trockene* quasi einen Saft fast ohne Flüssigkeit darstelle. Das *Feuchte* veranlaßt die nährende Vermehrung der Säfte.

Mit dem folgenden Kapitel (fol. 18) setzt die Säftelehre ein. *Humor* wird als eine klare Substanz definiert, die im Körper der Tiere und des Menschen durch die Verdauung erzeugt wird und den Körper ernährt. Es existiert aber nicht ein, sondern vier Säfte im Körper, d.h. *Blut*, *Phlegma, Galle und Melancholie*. Wenn diese in Quantität und Qualität gut zueinander proportioniert sind, ist der Körper *gesund*. Wenn sie allerdings nicht gut geordnet sind, oder verdorben, würden sie mit Galen[39] *Krankheit* verursachen.

Die Säfte sind aber notwendig zum Aufbau, zur Beherrschung (regimen) und Erhaltung des Körpers, und um zu ersetzen, was er verliert. Daher verursacht ihr Ungleichgewicht Leiden und Schwächen (infectione infirmitate) mit Schweiß, Auswurf und anderen Ausscheidungen. Zum Ausgleich des Verlorenen wird von der Nahrung das, was natürlicherweise *kalt* und *feucht*

39 zur Dyskrasienlehre Galens (131 – 200) vgl. Flashar, op.cit., S. 109f; die Schriften Galens sind von D.C.G. Kühn *Claudius Galen Opera quae exstant.* 20 Bde. Leipzig, 1821 – 33; Hildesheim 1965 herausgegeben worden. Galen ist im Mittelalter vor allem durch Avicennas (980 – 1037) «Canones in medicina» verbreitet worden (zum Canones-Kommentator Jacques Despars vgl. Jacquart, op.cit.). Eine nicht unwichtige Rolle hat auch die »Isagoge ad artem parvam Galeni« des Johannitius oder Honain (808/810 – 873) gespielt: Paul Oskar Kristeller *Neue Quellen zur Salernitaner Medizin.* In: Die Medizin im mittelalterlichen Abendland. (= Wege der Forschung, Bd.CCCLXIII) Darmstadt: Wiss. Buchgesellschaft, 1982, S. 193;

ist, durch die Hitze in *Phlegma* umgewandelt, was *warm* und *trocken* ist, in *Galle* und zuletzt das, was *kalt* und *trocken* ist, in *Melancholie*. Wie *Avicenna* sage, ist die Ordnung der *Elemente* eine gegenseitige, die der *Säfte* eine einseitige und nicht umkehrbare: aus Phlegma kann durch *Auskochen* Blut werden, aber nicht umgekehrt; aus Blut kann Galle werden und durch *Verbrennen* aus Galle Melancholie.

In den folgenden Abschnitten (fol. 18vf) behandelt Bartholomäus jeden Saft noch einmal für sich gesondert. Ergebnis seiner Ausführungen über das Blut, die , wie er selbst angibt, auf *Isidor*[40], *Konstantin*[41] und *Aristoteles*[42] basieren, ist die Feststellung, daß das Blut von allen Säften die besten Eigenschaften besitze, daher auch am meisten schade, wenn es verdorben ist. Nach Hinweisen auf die Entstehung von Wassersucht und Phrenesie bei Frauen infolge des *Menstruationsbluts*[43], die aus *Galen, Isidor* und *Aristoteles' Buch über die Tiere* entnommen seien, leitet er zum *Phlegma* über (fol. 19v), dessen natürliche Form aus derselben Natur wie das Blut ist, nur in halbgekochtem (semicoctus) Zustand, dabei von weißem und klaren Aussehen ist und in der Leber erzeugt wird, wo der Sitz der Wärme sei. Die vier *nicht natürlichen* Formen des Phlegmas sind sozusagen *Mischformen* mit den anderen Säften, die bei *Verbrennungsstörungen* während der Verdauung entstehen.

Der nächste Abschnitt (fol. 20) behandelt die *Galle*. Bei dieser sind ebenfalls eine natürlich und vier nicht natürliche Formen zu unterscheiden. Die *natürliche* Form ist mit *Isidor* rot und klar und dem Blut für die Ernährung

40 Isidorus Hispalensis (um 560 – 636) *Etymologiae Liber IV De medicina, cap.V De quatuor humoribus corporis* (= Migne, P. L., Bd.82, Sp.183f): Sanguis est *integritas corporis et temperantia naturae* ex calido et humido (...) *sanitas* dictas est quasi *sanguinis status*;

41 zu Constantinus Africanus als Übersetzer der *Ars parva* Galens in der arabischen Übersetzung Honains vgl. Gerhard Baader *Handschrift und Inkunabel*. In: Die Medizin im mittelalterlichen Abendland, op.cit., S. 366;

42 nach Wageningen, op.cit., S. 50 hat als erster Aristoteles den Versuch gemacht, vorübergehende und bleibende Zustände durch eine Veränderung der *Temperatur* der schwarzen Galle zu erklären. Aristoteles sei dabei der Meinung, daß zuviel *kalte* schwarze Galle Apoplexie, Lähmungen, Mutlosigkeit und Furcht verursache, zuviel *warme* schwarze Galle gute Laune, Lust zum Singen, Exstase und das Aufbrechen von Wunden. Melancholie als *Krankheit* werde aber durch die *Ernährung* verursacht. s. dazu Hellmut Flashar (Übers. u. Hrsg.) *Aristoteles. Problemata physica*. Berlin (DDR): Akademie-Verlag, 1983, Kap.XXX Was Klugheit, Verstand und Weisheit betrifft (S. 250f. und Anm.715); auf diese Stelle haben schon Panofsky et al., Saturn and Melancholy, op.cit., S. 296 aufmerksam gemacht.

43 s.o., S. 28 diese Stelle bei Hildegard von Bingen.

der „cholerischen Glieder“ beigemischt. Die vier *nicht natürlichen* Formen der Galle sind wieder Mischformen: eine mit Phlegma vermischte Form werde *Gelbe Galle* (colera citrina), eine zweite *colera vitellina*, die dritte, von grüner Farbe mit *Galen* und *Avicenna* als *colera prassina* bezeichnet. Ihr Abfallprodukt ist die vierte Form der nicht natürlichen Galle und wird *colera erugiosa* genannt. Diese vier Formen verursachen Blähungen und andere Störungen in den „cholerischen Gliedern“.

Der letzte Abschnitt schließlich ist der *Melancholie* gewidmet (fol. 20v). Sie ist in eine natürliche und in eine nicht natürliche Form aufgeteilt. Die *natürliche* Form ist ein Abfallprodukt des Blutes, ist von schwarzem Aussehen, dick und dicht, süß und bitter im Geschmack und ernährt, mit Blut vermischt, die „melancholischen Glieder“. Sie ist für die Ernährung der *Milz* (ad splenem) zuständig. Die *nicht natürliche* Form habe ihren Namen aber von der Art der Umwandlung (hypostasis) oder des Rückstands (residuum), der entsteht, wenn die in der Phlegmasubstanz der Milz enthaltene Wärme zu heiß wird und sich in *verbrannte* Galle umwandelt und sich mit der Melancholie vermischt[44].

Wenn sie die Herrschaft im Körper hat, kann mit *Konstantin* im Liber I, 1, cap. XXIII des *Pantegny*[45] aus diesem Saft nichts mehr entstehen. Er infiziert die übrigen Säfte. Dann wird die Hautfarbe schwarz, der Mundgeruch scharf und der Patient ist *ohne Grund ängstlich* (timidus sine causa). Sein Leiden ist die Melancholie (passio eius est melancholia).

Auch alle anderen Leiden, bei denen sie (die Patienten) sich *ohne Grund* fürchten, entstehen dadurch, daß das Herz durch den melancholischen Saft zusammengezogen wird. Die einen neigen dabei zum Tod (mortem diligunt), während sich andere von Feinden verfolgt glauben. Auch sind sie in der *manischen* und *melancholischen* Disposition (maniace et melancholice dispositionis) aus Traurigkeit fröhlich und lachen. Ebenso können sie aber zuerst leise sein und dann reden oder umgekehrt, sie reden und werden dann still.

Ab hier gibt Bartholomäus einige Fallbeschreibungen Melancholischer, die, wie er angibt, aus Galen entnommen sind. So beschreibt er den Fall, daß viele in diesem Zustand ihre besten Freunde verdächtigen und hassen und sie schlagen und umbringen würden, wenn sie könnten; oder: Einige würden

44 s. Anm. 42;

45 zum Melancholie-Traktat des Constantinus Africanus s.a. W. und R. Creutz *Die Melancholia bei Konstantinus Africanus und seine Quellen*. In: Archiv für Psychiatrie und Nervenkrankheiten, Bd.97, 1932, S. 244 – 269 und K. Garbers *Ishaq ibn'Imram «Maqâla fîl-mâlîhulî-yâ» und Constanini Africani libri duo de melancholia*. Hamburg, 1977;

glauben, die Welt in der geschlossenen Faust zu halten. Sie möchten die Faust daher nicht öffnen, aus Angst, die Welt würde daraus entfliehen. Solche und viele andere wunderliche Leiden würden die Melancholischen heimsuchen, wie Galen erzählt (has et multas alias mirabiles incurrunt melancolici passiones).

Im vierten Buch des *De proprietatibus rerum* gibt Bartholomäus Anglicus also ein medizinischen Wissen wieder, das im wesentlichen auf der Lehre des Galen basiert und dessen jüngste Modifikationen durch Avicenna, Konstantin und Platearius, den Bartholomäus gerne bei den Rezepten anführt[46], ins 11. Jh. datierbar sind. Inwieweit dieses medizinische Wissen aber auf *Tierbeobachtung* fußt, wie Bartholomäus im Fall des Menstruationsbluts angibt, müßte eine gesonderte Untersuchung zeigen.

Gegenüber Hildegards allgemeiner Krankheitslehre, der im wesentlichen ein physiologisch-physikalisches Modell zugrundeliegt, ist also die von Bartholomäus wiedergegebene Säftelehre mit iher *chemischen* Grundanschauung neu.

Diese Veränderungen der Säfte durch die Temperatur spielen auch in der Krankheitslehre des 7. Buchs eine wichtige Rolle.

2. Die Krankheitslehre des 7. Buchs

Entsprechend der Gliederung des menschlichen Körpers folgt Bartholomäus hier der Beschreibung der Krankheitsformen vom Kopf angefangen bis zu den Füßen, eine Methode, die auch im 5. Buch von den Teilen des menschlichen Körpers oder der Anatomie Anwendung findet. Das 7. Buch *De infirmitatibus* oder *Von den Krankheiten* beginnt mit einem Prolog (fol. 40) zu den drei Dingen, die den Menschen und seine Natur schädigen können. Zum ersten die *Ursache* der Krankheit (causa morbi), zweitens die Krankheit selbst (ipse morbi) und drittens die Folge der Krankheit (accidens sequens morbi). Die Ursache der Krankheit ist zunächst in der inneren oder äußeren Herkunft des *Übels* (etwa einer Infektion oder Verletzung) und in der *natürlichen Disposition* des Körpers[47] zu suchen. Damit ist aber nicht, wie

46 Johannes Platearius (2. Hälfte des 11. Jh.) gilt als Verfasser der *Practica brevis*, Matthäus Platearius (12. Jh.) als Verfasser des nach seinem Incipit *Circa instans* genannten Heilmittelbuchs. Dieses wird auch *Liber de simplici medicina* genannt. Vgl. Biogr. Lexikon hervorr. Ärzte. München-Berlin: Urban & Schwarzenberg, 1962, Bd.4, S. 624; George Sarton *Introduction into the history of science*. 3 Bde. Baltimore, 1927 – 1948, Bd.1, S. 770; s.a. Platéarius. *Le livre des simples médicines d'aprés le ms.fr.12322 de la Bibl. Nat. de Paris*. Hrsg. v. Ghislaine Malaudin et al. Paris: Ed. Ozalid et Textes Cardinaux, 1986, S. 268

47 s. Anm. 35

im 4. Buch bei den Melancholischen, eine Stimmung gemeint, sondern die physiologische Zusammensetzung des Körpers.

Die Krankheit selbst ist an ihren Zeichen zu erkennen, etwa am *Fieber*. Die Folgen der Krankheit sind beispielsweise Geschwüre (apostemata). *Gesundheit* ist definiert als eine gute Disposition, d.h. wenn die Komplexion und die Zusammensetzung des Körper so ist, daß der Mensch alle Dinge frei und seiner Natur gemäß vollbringt. Krankheit entsteht hingegen aus der *schlechten Mischung* (distemperantia) und *Ungleichheit* (inequalitate) der Säfte. Bei den nun anschließenden Krankheitsbildern bemüht sich Bartholomäus darum, diese nicht nur unter Berufung auf kirchliche oder kirchlich anerkannte Autoritäten aufzuführen, sondern auch, wo möglich, einleitend den Bezug der einzelnen Krankheitsnamen zur Heiligen Schrift der Beschreibung der Krankheitsbilder voranzustellen.

2.1. Über Tobsucht (frenesis)

Das Kapitel über die Tobsucht oder Phrenesie beginnt (fol. 41) mit der Bemerkung, daß im 28. Kapitel des Buches Deuteronomium Gott Personen mit Rasen, Wahnsinn und Geistesblindheit (furor et amencia et stupor) schlage. Dieses Rasen (furor) werde mit Konstantin *frenesis* genannt. Phrenesie sei aber ein Geschwür der Hirnhäute, auf die Schlaflosigkeit und Geistesentfremdung (vigilia et alienatione) folgt. Sie entstehe auf zwei Arten. Einmal aus der *Überhitzung* der roten Galle, wodurch das Blut von Rot zu Gelb verfärbt werde, zum anderen aus dem Rauch (fumo), der vom Körper zum Geist aufsteigt und ihn verwirrt (perturbat). Ein erwähnenswerter Grund scheint für Bartholomäus aber auch die *Sommerhitze* zu sein. Die Zeichen der Krankheit sind Erbleichen, Fieber (matimatice febris), Wahnsinn (insania), Wachheit, Redseligkeit und ein schlecht gefärbter Urin.

Den Zustand des Fiebers beschreibt Bartholomäus als ein Verwerfen der Arme, Schütteln des Kopfes, Knirschen der Zähne, häufiges Aufstehen vom Bett, Singen oder Lachen oder Weinen. Darüberhinaus versuche der Patient, sich durch Bisse von denen zu befreien, die ihn bewachen und pflegen, sei wenig still und redselig. Die für den Fall von Phrenesie vorgesehene Behandlung besteht zunächst aus dem Verordnen von leichtem Brot als diätischer Maßnahme. Die eigentliche Behandlung beginnt mit dem *Rasieren des Kopfes*, der mit Essigwasser abgewaschen werden soll. Von den derart kahlgeschorenen Köpfen der Patienten wird weiter unten im Zusammenhang mit ihrer bildlichen Darstellung noch die Rede sein. Sodann soll der Patient in einem dunklen Raum festgehalten oder festgebunden werden. In dem

Raum sollen keine Gesichter oder Bilder sein, um seinem Delirium keine Nahrung zugeben, und auf seine dummen Reden (stultis verbis) sei nicht zu antworten. Anschließen soll die Stirnvene zur Ader gelassen werden. Ist die Phrenesie nach drei Tagen nicht vorbei, gibt es kein Zeichen auf Hoffnung.

Im Unterschied zum 4. Buch und zu Hildegard wird die Phrenesie hier also nicht im Zusammenhang mit dem Blut, das verdorben ist oder mit dem Geschlechtsleben gesehen, sondern das ganze Kapitel leitet sich zunächst aus dem Begriff des *furor* ab, der im Buch Deuternonomen genannt wird, um anschließend die Phrenesie nach Konstantin als Hirnhautgeschwür mit Fieber abzuhandeln.

2.2. Über Wahnsinn (amencia)

Da der Begriff *amencia* in der Bibel offenbar fehlt, beginnt Bartholomäus dieses Kapitel direkt mit Bezug auf Platearius.

Danach ist *amencia* nichts anderes als *mania.* Diese sei eine *Infektion der vorderen Hirnkammer* (anterioris cellule capitis), die die Vorstellungskraft behindert (privacione ymaginationis), so wie die *melancholia* eine *Infektion der mittleren Hirnkammer* (medie cellule capitis) ist, verbunden mit einer Beeinträchtigung des Verstandes (privacione racionis), wie Konstantin im Buch der Melancholie sagt[48]. Nach Konstantin führt der Argwohn, der die Seele beherrscht (inquit suspectio dominans animae) Furcht und Traurigkeit (timor et tristitia) herbei. Bartholomäus unterscheidet die Geistesstörung *amencia* also in zwei Unterformen, die *mania* und *melancholia*, wobei die erstere eine Beeinträchtigung der Vorstellung, letztere des Verstandes bezeichnet (fol. 41v). Die Ursache ist aber eine Infektion der Hirnventrikel, und zwar infolge des *Rauches*, der bei der Verbrennung der Phlegmasubstanz der Milz zu *kohleartiger* Galle, d.h. der nicht natürlichen Form der Melancholie, entsteht. Als weitere Ursache führt Bartholomäus die Wirkung von Nahrungsmitteln an, insbesondere von melancholischen Speisen, starken Suppen oder Weinrausch an. Außerdem wird diese Krankheit auch durch Bisse wütender Hunde oder anderer giftiger Tiere (animali venenosi) und durch Verunreinigung der Luft mit Pest hervorgerufen. Für die Entstehung der Melancholie aus seelischen Gründen führt Bartholomäus zu vieles Studieren, Traurigkeit und Furcht an.

Zeichen für die Krankheit gibt es verschiedene. Einige klatschen in die Hände, verletzen sich und andere oder halten sich im Dunklen auf. Zur

48 s. Anm. 41 u. Anm. 45

Behandlung gibt Bartholomäus an, daß sich dort, wo es sich um ein Hirnleiden handelt (cerebri passione), die Patienten angebunden werden müssen, so daß sie weder sich noch andere schlagen können. Man soll sie erquicken, so oft man kann und alles was sie erregt oder Angst erzeugt, fernhalten. Sie sollen mit Musikinstrumenten erfrischt werden und sich leicht betätigen.

Wenn Purgierungen und Medikamente (electuaria) nichts helfen, sind sie mit der chirurgischen Kunst (arte chirurgica) zu behandeln. *Phrenesie* und *Manie* unterscheiden sich nach Bartholomäus Angaben also dadurch, daß erstere eine Art *Geschwür der Hirnhäute*, letztere eine *Entzündung der Hirnventrikel* darstellt, wobei erstere aufgrund einer Überhitzung der *Galle*, letztere durch eine Überhitzung der Phlegmasubstanz der *Milz* verursacht wird.

Diese Überhitzung der roten Galle entsteht bei Phrenesie offenbar aus einem äußeren Anlaß, der Fieber hervorruft, während den Wahnsinn (amencia oder Manie bzw. Melancholie) sowohl äußere wie innere Ursachen bewirken, insbesondere aber auch Verdauungsstörungen, Vergiftung oder geistige Überanstrengung.

2.3. Über Schlafsucht (litargia)

Zu den weniger dramatisch erscheinenden „Krankheiten des Kopfes„ gehört die Schlafsucht oder *litargia* (fol. 41v). Bartholomäus leitet sie aus derselben bereits unter *frenesis* genannten Stelle im Buch Deuteronomen ab, aus den dort erwähnten Begriffen der *Blindheit* (cecitate), des *Erstarrens* (stupor) bzw. des geistigen Erstarrens (stupor mentis) ab. Unter Blindheit soll nach Bartholomäus aber die Blindheit des Verstandes (cecitas racionis) verstanden werden, mit Konstantin als ein „Traum mit geschlossenen Augen ohne zu schlafen"; wie die Männer, die den Eingang zum Hause Lots in Sodom nicht finden konnten (Gen. 19, 11), wie es in der Glosse steht oder im Buch der Weisheiten Solomons (Sap. 5, 2).

Wiederum nach Konstantin[49] gebe es von der *litargia* zwei Formen. Entweder als unerwartete Störung des Verstandes (perturbatio ratio) oder als

49 diese beiden Formen der „litargia" sind nichts anderes als die Phrenesie als ihrer akuten und fiebrigen Form und die Lethargie als ihrer chronischen und fieberlosen Form in der Klassifizierung des Methodikers *Caelius Aurelianus* (Anf. 5. Jh.) und nicht Konstantins, wie Bartholomäus angibt. Zu Caelius Aurelianus vgl. Biograph. Lexikon hervorr. Ärzte, Bd.1, 1962, S. 795 und Theodor Meyer-Steineg *Das medizinische System der Methodiker. Eine Vorstudie zu Caelius Aurelianus De morbis acutis et chronicis.* (= Jenaer medizin-historische Beiträge, Heft 7 – 8), Jena: Fischer, 1916, S. 42; das Werk des Caelius Aurelianus ist in der engl. Ausgabe von I.E. Drabkin Chicago 1950 zugänglich; s.a. J.H.G. Geinert

Überfluß der Säfte. Lethargie sei ein Geschwür (apostema) der *hintersten Hirnkammer* (in posteriori cellula capitis) oder ein Überwiegen des Phlegmas bei alten Leuten. Da die Lethargie vergessen (oblivio) mit sich bringe, trage sie den Namen, der sich von *lethos* herleite. Die geistige Erstarrung (stupor) ist die Bewunderung einer neuen Sache oder *Schläfrigkeit* (sompniculositas). Gegenüber der Phrenesie hält Bartholomäus zuletzt fest, daß aus ihr Lethargie entstehen könne, nie aber aus Lethargie Phrenesie. Die sei die Meinung von Platearius und Konstantin.

Bartholomäus versucht also auch hier wie im Fall der Phrenesie, den Krankheitsnamen einerseits aus der Bibel abzuleiten und andererseits der Krankheit eine organische Ursache zuzuordnen.

2.4. Fallsucht (epilencia)

Bevor Bartholomäus auf das ausführlichste Kapitel der „Krankheiten des Kopfes", die Fallsucht oder *epilencia*, zu sprechen kommt (fol. 42), behandelt er vorgängig die *Schlaflosigkeit* (vigilia), die das Gegenteil von *Schlafsucht* (litargia) sei, sowie den *Schwindel* (vertigo) unter Hinweis auf Jesaias 19, 14.

Der Abschnitt zur Epilepsie beginnt mit einem Bezug auf die Wunderheilung Christi an einem Fallsüchtigen gemäß dem Evangelienbericht (Mk. 9, 17); Epilepsie werde aber von Konstantin und anderen Autoritäten *morbus caducus* genannt und einst (ab antiquis) nannte man sie den *Zorn Gottes* (ira dei). Nach Konstantin ist Epilepsie ein *feuchter Saft* (humor humidus), der die *Hohlräume* (ventriculi) des Hirns nicht vollständig *verstopft*. Dadurch unterscheidet sich die Epilepsie von der *apoplexia* (Schlaganfall), denn hier sind die Ventrikel ganz verstopft. Diese geht mit Störung des Verstandes und Ohnmacht (diminuitione sensu) und Tod einher.

Die Epilepsie werde auch *heilige Krankheit* genannt, weil sie den heiligen Teil des Körpers (pars sacra) betrifft[50]. Sie verstopft aber nicht alle, sondern nur die *Haupthirnventrikel* (principalium ventriculi). Der Patient wird dadurch gequält, Mund und Gesicht verziehen sich, der Kopf und der ganze Körper bebt, die Zähne werden zusammengebissen, es bildet sich Schaum

Caelius Aurelianus als Überlieferer des Soranus. Diss. Bonn, 1978; zum Beitrag des Caelius Aurelianus bei der Ausbildung einer medizinischen Fachsprache s. Gerhard Baader *Die Entwicklung der medizinischen Fachsprache in der Antike und im frühen Mittelalter*. In: Medizin im mittelalterl. Abendland, S. 424f

50 Hermann Grensemann (Hrsg.) *Die Hippokratische Schrift »Über die heilige Krankheit«* (= Ars Medica, Bd.1, II. Abtlg.) Berlin, 1968, S. 69f; zur Behandlung von Melancholie und Epilepsie im 3. Buch der galenischen Schrift „Über die affizierten Körperstellen" vgl. Flashar, Melancholie, S. 105;

und die Ausscheidungen treten aus. Die Ärzte (medici) nennen die Krankheit auch *herkulisch*, da sie so stark wie Herkules sei[51]. Sie teilen sie in zwei Formen ein. Die eine nennen sie *kleine Apoplexie* (apoplexiam parvam). Sie entsteht – mit Konstantin – aus drei Ursachen: entweder aus *phlegmatischem* oder *melancholischem* Saft, der sich im Hirn befindet oder aber im Magen, weil die Säfte des Magens einen *Rauch* (fumus) entstehen lassen, der zum Gehirn aufsteigt und die Wege des Lebensgeistes (animalis spiritus) verstopft und dadurch die fallende Krankheit hervorruft.

Für Epilepsie und die im gleichen Zusammenhang erwähnten Formen der Apoplexie nimmt Bartholomäus also wieder eine organische Ursache an, die unvollständige Verstopfung der Hirnventrikel durch einen feuchten bzw. einen phlegmatischen oder melancholischen Saft. Wie im Fall des Wahnsinns oder der *amencia* mit ihren beiden Unterformen *mania* und *melancholia* spielt wieder ein aus dem Magen zum Hirn aufsteigender *Rauch* eine Rolle.

Mit *Galen* gibt es laut Bartholomäus aber noch eine dritte Form der Epilepsie, die mit dem *Mondwechsel* zusammenhängt. Diese ist wieder in zwei Unterarten unterschieden. Die eine entsteht mit dem *zunehmenden* Mond (crescente luna), da alles Feuchte mit dem zunehmenden Mond anwächst, die andere mit dem *abnehmenden*, was zeigt, daß diese die kalte Form sei.

Alle Formen erkenne man aber an ihren Zeichen und an der Disposition des Körpers; wenn er *sanguinisch, phlegmatisch*, oder *melancholisch* ist, ist das Gesicht rot oder bleich. Wenn diese Krankheit aus der *Melancholie* entsteht, kommt sie eher bei *Neumond* vor, und wenn sie vom *Blut* oder *Phlegma* herkommt, kommt sie eher bei *Vollmond* vor. Melancholische Epilepsie steht also mit dem abnehmenden, sanguinische und phlegmatische Epilepsie mit dem zunehmenden Mond in Verbindung. Zur Behandlung der Epilepsie ist nach Bartholomäus' Angaben vor allem Diät angezeigt, das Meiden von schädlichen Speisen (a nocivis cibis abstineat), Geschlechtsverkehr (a coitu) und häufigen Geselligkeiten. Nach dem Rezept (experimentum) des Platearius gegen die Epilepsie sollen drei Tropfen Blut aus der Schulter gezogen werden (per scarificationem a scapulis) und sie sollen auf einem Rabenei (ovu corbi) verabreicht werden. Auch sage man, daß Päonie

51 nach der Überlieferung des Diogenes Laertius (IX, 6) hält Theophrast, der Schüler des Aristoteles, Herakles für einen Melancholiker; s.a. Dietrich Klose (Hrsg.) *Theophrast. Charaktere*. Stuttgart: Reclam, 1981; als „Maniker" sieht ihn der eingangs erwähnte Maler Assteas auf der Vase aus Paestum;

(Pfingstrose) viel nütze[52]. Dies bestätige sowohl Galen wie Konstantin als auch Dioscurides[53]. Konstantin gebe noch eine Menge Rezepte an, die Bartholomäus hier aber des Platzes halber auslassen möchte.

Ausgehend von der Erwähnung der Epilepsie im Evangelienbericht des Markus stellt Bartholomäus hier die Verbindung her mit den Beschreibungen der Epilepsie in den Werken antiker und frühmittelalterlicher Autoren, die seit dem 12. Jh. durch die lateinischen Übersetzungen arabisch-jüdischer Schriften dem Abendland bekannt geworden sind.

Gegenüber allen anderen „Krankheiten des Kopfes“ steht die Epilepsie insofern einzig da, als offenbar in ihrem Fall nicht nur physiologische oder chemische Gründe angeführt werden, sondern die Ursache für ihr Entstehen auch dem Einfluß der Planeten zugeschrieben wird. Davon soll aber noch später die Rede sein. Sowohl die Beschreibung der Krankheiten bei Hildegard als auch bei Bartholomäus lassen erkennen, daß beide Autoren bemüht sind, die Krankheiten nicht nur gemäß der hippokratischen bzw. galenischen Tradition darzustellen, sondern ihrer Abhandlung fast die Form einer „medizinischen Exegese der Bibel“ zu geben. Im Folgenden soll die Verlagerung des Gewichtes vom schriftlich überlieferten Krankheitsbild auf das Bild des Kranken in der darstellenden Kunst des Spätmittelalters behandelt werden.

52 zur *Paionia* (Pfingstrose) vgl. Pauly-Wissowa, Bd.36, 1942, Sp. 2408 – 2410; das Wort Päonie leitet sich vom Namen des griechischen Götterarztes Paian, Paion oder Päon ab: vgl. Roscher, Lexikon der gr. Myth., Bd.3, S. 1243 – 1248; *Catalogus codicorum astrologorum Graecorum* 12 Bde. Bruxelles, 1898 – 1953, Bd.8, 3, S. 154f/4ff und 4, S. 260/1f; vgl. auch Beek, Waanzin, S. 78/79;

53 Hans Gerstinger *Dioscurides* (= Wien, N.B., cod.Vind.med.gr.1) Graz, 1970; Ernst Diez *Die Miniaturen des Wiener Dioscurides.* Wien, 1903; bei der Behandlung von Manie wurde hingegen der Schwarze Nieswurz oder *Helleborus Niger* verwendet. Die Darstellung der *Materia Medica* des Dioscurides in der Handschrift der Bayerischen Staatsbibliothek in München, ms.337 aus dem 10. Jh., zeigt auf fol. 86 eine Federzeichnung der Nieswurz, zusammen mit dem Beil, mit dem die Pflanze geerntet werden soll. Rechts erscheint eine kleine weibliche Figur mit einer Krone auf dem Kopf. Der Begleittext sagt dazu: „Schwarzer Nieswurz heißt auch *ectonus* oder *polirizon* oder *Melampodion*, da Melampus (Schwarzfuß) seine und des Königs Tochter heilte, die hatten *mania* (...). Es ist auch gut für *Epileptiker, Melancholiker, Phrenetiker und Arthritiker* (...)“; zit. nach Loren MacKinney *Medical Illustration in medieval manuscripts*, London, 1965, S. 43; zur Melampus-Sage vgl. Pauly-Wissowa, Bd.29, 1931, Sp. 392 – 398;

III. Das illustrierte Fallbeispiel: Modell für die Darstellung der „folie“ in der Kunst des Spätmittelalters?

A. Die Fallbeispiele in einer französischen Übersetzung der *De proprietatibus rerum*

Die zahlreichen lateinischen handschriftlichen und gedruckten Ausgaben und Übersetzungen ins Französische und in andere Landessprachen[54] lassen erkennen, daß das *Liber de proprietatibus rerum* von Anfang an ein vielbenutztes Werk war, das übersichtlich und in handlicher Form das im 13. Jh. modernste naturkundliche Wissen vermittelte. Die erste Übersetzung ins Französische hat Jean Corbichon 1372 im Auftrag Karls V. angefertigt. In der Handschrift fr. 22532 *de propriétés des choses* der Pariser Bibliotèque Nationale aus dem 15. Jh. sind die 19 Bücher gegenüber den lateinischen Handschriften in einzelne Kapitel unterteilt. Das 7. Buch *De maladies* enthält zu einzelnen Kapiteln zusätzlich noch Miniaturen, während umgekehrt der für die übliche Illustration des Titels der einzelnen Bücher vorgesehene Platz hier leer geblieben ist. Die briefmarkengroße Miniatur (Abb. 9) zum Kapitel über die *Phrenesie* (fol. 97) enthält eine Szene, die ein mit Laken roter Farbe bezogenes Bett zeigt, auf das ein Mann in blauem Wams und roten Beinkleidern mit einem Stock eindrischt. Hinter dem Bett hält sich eine Frau versteckt. Die Darstellung bezieht sich offenbar auf den Titel des Kapitels, der in der französischen Übersetzung *De forsenerie de batement et frenaisie* (Vom Rasen, Schlagen und Tobsucht) lautet. Aus den Krankheiten, von denen manche Leute gemäss der eingangs angeführten Stelle im Buch Deuteronomium *geschlagen werden*, ist in der Auslegung im Bild also nun ein *Schlagen* geworden, das der Miniator dem Kapitel über die Phrenesie als Fallbeispiel beigibt.

Die Miniatur (Abb. 10) zum folgenden Kapitel, das den Titel *De amence* trägt (fol. 97v) und mit den Worten *d'un espece de folie que les phisiciens appelent amence et les autres manie* eingeleitet ist, zeigt die Szene einen Mann mit rotem Wams und schwarzen Beinkleidern, der auf dem Kopf eine Art weißen Turban trägt, aus dessen Mitte eine rote, runde Erhebung hervor-

54 vgl. Delisle, Barth. Anglicus, S. 365;

sieht. Er hält beide Arme ausgestreckt und wird am rechten Arm von zwei anderen Personen festgehalten. Hier bezieht sich der Miniator offenbar nicht auf den Titel, sondern auf die Schilderung der Krankheit im Text, vor allem auf die Stelle, an der von der Behandlung die Rede ist. Danach muß der Patient angebunden werden, damit er nicht um sich schlagen kann. Offenbar wird mit dem „Festhalten" der erste Schritt dazu eingeleitet. Der Turban und die rote Erhebung am Kopf vermitteln allerdings den Eindruck einer Kopfwunde und eines Verbands, beides Hinweise auf einen gerade abgeschlossenen chirurgischen Eingriff. Von diesem wird weiter unten noch die Rede sein.

Während der Fall der Schlafsucht oder Lethargie ohne Bild geblieben ist, enthält fol. 103v eine Illustration zum Kapitel über die Epilepsie, dessen Titel in der französischen Übersetzung *du hault mal que on apelle epilencie* lautet. Die beigegebene Miniatur (Abb. 11) bezieht sich auf den Fall oder Sturz, den der Text als prägnantestes Krankheitszeichen schildert. Auf einer grünen Wiese liegt ein Mann in dunklem Wams mit weit von sich gestreckten Armen und Beinen. Etwas weiter entfernt im Gras liegt sein Hut, der ihm beim Fall vom Kopf geflogen ist. Mit der *religiösen* Illustration des *epileptischen Besessenen*, von dem auf S. 19 dieser Arbeit die Rede ist, hat die medizinische Illustration das Bild des mit ausgestreckten Armen am Boden Liegenden gemein. Im Unterschied dazu entweicht hier dem Epileptischen kein Dämon aus dem Mund, sondern es ist ihm der Hut vom Kopf gefallen. Das Bild beschreibt den Epileptischen also nicht als einen Besessenen, sondern als Krankheitsfall. Anders auch als Hildegard erwähnt Bartholomäus die Praxis der Dämonenaustreibung als Behandlungsform der „Krankheiten des Kopfes" mit keinem Wort, sondern folgt den rein medizinischen Anweisungen seiner Quellen.

B. Zur „Hirnoperation" als Symbol der Ars Chirurgica

Wie Bartholomäus im Schlußsatz seiner Abhandlung über den Wahnsinn, die *amencia* oder *mania* bzw. *melancholia*, angibt, ist die Zuflucht zur chirurgischen Kunst das letzte Mittel, das bei ihrer Behandlung zur Verfügung steht, wenn das medizinische Vorgehen wirkungslos bleibt. Die Zuflucht zu der religiösen Praxis der Dämonenaustreibung durch einen Heiligen oder das Aufsuchen seiner Reliquien wird nicht erwähnt. Da der Eingriff am *lebendigen* Leibe den religös gebundenen Ärzten aber untersagt ist, gehört die Behandlung durch die chirurgische Kunst in die Domäne der Laien. Das soll aber nicht heißen, daß Geistliche sich nicht mit dem *theoretischen* Wissen darüber und mit *praktischen* Studien an Tieren und am toten Körper befassen durften[55]. Tatsächlich bildet der Unterricht in Chirurgie nicht nur Gegenstand der Schulen von Salerno und Montpellier, sondern ist auch ein Fachgebiet der Universitäten.

Die zur Lehre der Chirurgie an den Schulen von Salerno und Montpellier abgefaßten Schriften folgen in ihrer Abhandlung der einzelnen Eingriffsmethoden demselben Darstellungsprinzip „von Kopf bis Fuß" wie es das Buch über die Krankheiten des Bartholomäus Anglicus aufweist. Zu den hauptsächlich gelehrten Methoden gehört außer *Einschneiden* (incisio) und *Aderlaß* das Brennen (cauterio) an verschiedenen, vorgeschriebenen Punkten des Körpers.

Bei der Behandlung der „Krankheit des Kopfes" findet aber auch das *Durchbohren* (trepanatio) des Schädels Anwendung. So zeigt ein Trepanationsschema (Abb. 12) aus einer *Chirurgia*-Hanschrift des Roger von Salerno aus dem 14. Jh.[56] einen Patienten, der mit Händen und Füßen stehend an einem Pfahl festgebunden ist, während der Chirurg mit dem Skalpell einen Einschnitt am Kopf vornimmt. Der Begleittext beschreibt das Prozedere wie folgt: „Für Manie oder Melancholie schneide oben auf dem Kopf die Form eines Kreuzes und durchbohre das Cranium, um so die schädliche Sache daraus zu vertreiben (...). Der Patient muß in Ketten gehalten werden und die Wunde geheilt wie in den Wundbehandlungen oben angegeben". In einer Handschrift der *Chirurgia* des Rolandus Parmacensis, eines Schülers des Roger, bildet der Eingriff am Kopf die Titelminiatur der Schrift[57].

Daß Ärzte aber nicht wie die Chirurgen Eingriffe am Kopf, sondern höchstens Wundbehandlungen durchführten, zeigt die Titelminiatur (Abb. 13) zum Buch über die Krankheiten in der Handschrift ms. 22531 der De propriétés des choses des Bartholomäus Anglicus aus dem 14. Jh. der Pariser Bibliotèque auf fol. 115. Rechts stehen einige auf ihre Behandlung wartende Patienten mit Schnitten am Bauch und an der Wange, während der Arzt den Kopf

55 Eingriffe am toten Körper sind nicht verboten gewesen, wurden aber bis zum Anfang des 15. Jh. nicht ausgeübt: vgl. Ernst Wickersheimer *Die ersten Sektionen in Paris*. In: Medizin im mittelalterl. Abendland, S. 60 – 72; Eduard Seidler *Pariser Medizin im 15. Jh.* In: Medizin im mittelalterl. Abendland, S. 354f;

56 Montpellier, Bibl. de l'école de Médecine, ms.89 bister, fol. 6 (MacKinney, op.cit., Tf. 68);

57 Paris, B.N., ms.lat.7134, fol. 1 aus dem 14. Jh.; zu Rolandus Parmacensis oder Rolando Capelluti vgl. den Beitrag in *Janus*. Zeitschrift für Geschichte und Literatur der Medizin, Bd.II Breslau, 1847, S. 136 – 138; den kreuzförmigen Einschnitt als chirurgische Methode des Eingriffs am Kopf zeigt auch die *Chirurgia* des Theodoricus da Cercia (Lib.II, 6) in der Handschrift der Universitätsbibliothek Leiden, ms.Voss L.F.3, fol. 37 aus dem 14. Jh. (Abb. MacKinney, Tf. 66);

des vor ihm sitzenden Patienten mit einer Salbe einstreicht. Links prüft er den Urin, der ihm in einem Glas von einer Patientin gebracht wird[58]. Denselben Vorgang einer Wundbehandlung am Kopf stellt das Tafelbild (Abb. 14) eines anonymen spanischen Malers aus dem späten 14. oder beginnenden 15. Jh. dar, das heute im Museum Prado in Madrid aufbewahrt ist. Die im Ambulatorium auf dem Tisch ausgebreiteten Instrumente und Salbentöpfe sind jedoch bisher als Attribute eines Chirurgen und das Messer am Kopf des Patienten als operativer Eingriff gedeutet worden[59]. Für die Annahme, daß es sich um einen Arzt und nicht um einen Chirurgen handelt, sprechen dreierlei Gründe. Einmal weist einer der wartenden Patienten bereits einen blutenden Schnitt am Kopf auf, ein Umstand, aus dem geschlossen werden kann, daß in dem Ambulatorium Wundbehandlungen stattfinden. Zweitens ist der Patient, der gerade behandelt wird, nicht festgebunden oder gefesselt, eine Maßnahme, die für eine mit großen Schmerzen verbundene Hirnoperation zu erwarten wäre. Drittens ist der Arzt mit einem Nimbus als *Heiliger* gekennzeichnet. Es dürfte sich hier um den Evangelisten Lukas handeln, der von Paulus im Brief an die Kolosser 4, 14 ein Arzt genannt wird. Anhand dieser Gründe scheint es also angebracht, den dargestellten Vorgang nicht als Hirnoperation, sondern als Wundbehandlung anzusehen. Andernfalls müßte daraus geschlossen werden, daß spätestens im 15. Jh. und zumindest in Spanien der chirurgische Eingriff am lebendigen Leib für Ärzte kirchlich nicht nur erlaubt, sondern sogar gutgeheißen worden ist.

Der Eingriff am Kopf scheint am Ende des 15. Jh. jedoch bereits zum Symbol der chirurgischen Kunst geworden zu sein. Auf dem ebenfalls im Prado-Museum befindlichen Tafelbild (Abb. 15), das unter dem Titel *Steinschneiden* bekannt ist, macht Hieronymus Bosch[60] dieses Symbol zum Gegenstand des Spotts. Das Gemälde zeigt nun tatsächlich einen Chirurgen, der

58 Die Illustration zum 7. Buch des *Lilium medicinae* des Bernardo de Gordonio aus dem 14. Jh. (Paris, B.N., ms.lat.7054 A, fol. 37) zeigt den Vorgang des „Abtastens" des Kopfes. Das Symbol der *ärztlichen* Kunst ist aber das Betrachten des Uringlases durch den Arzt. Eine solche „Urinprobe" ist Gegenstand des Titelholzschnitts zum 7. Buch in dem frz. Druck der «De Propriétés des choses» des Bartholomäus Anglicus, Lyon: Huss 1491, fol. 62 (Paris, B.N., Rés.fr.R.55) Das Bild zeigt außer dem Arzt mit dem Uringlas einen im Bett liegenden Patienten und den Apotheker vor seinem Laden. Dieses Bild hat möglicherweise eine Miniatur aus der Handschrift der *Canones* des Avicenna der Universtitätsbibl. von Bologna, cod.2197, fol. 38v zur Vorlage: vgl. die Abb. bei Piero Giacosa *Magistri Salernitani nondum editi.. Atlante.* Torino: Bocca, 1901;

59 vgl. die Abb. in Castelli, *L'umanesimo*, op.cit., Tf.XVI;

60 Cinotti, S. 87 u. Abb.1; zu Hieronymus Boschs Leben und Werk vgl. Robert L. Delevoy *Jerôme Bosch. Etude biographique et critique.* Genf, 1960; zuletzt erschienen ist eine

an seinem Patienten einen Einschnitt am Kopf vornimmt. Der Vorgang spielt sich allerdings nicht in einem Ambulatorium ab, sondern öffentlich im Freien, wodurch die Szene den Charakter einer Art Jahrmarktsvorführung oder *Schauoperation* gewinnt. Das Rundbild aus der Zeit zwischen 1475 und 1485[61] ist auf einer längsrechteckigen Tafel oben und unten von gotischen Schriftzügen auf verschlungenen Ornamenten eingefaßt. Diese lauten: »Meester snyt die Keye ras/Myne name is lubbert das« (Meister, schneid die Steine raus/Mein Name ist kastrierter Dachs)[62]. Die Szene zeigt eine Gruppe von vier Personen, die sich in zwei Paare aufteilen. Links sitzt der Patient auf einem Lehnstuhl und ist mit einem starken Tuch daran festgebunden. Der „Chirurg" hinter ihm steht im Begriff, mit dem Skalpell einen Gegenstand aus dem Schädel herauszuschneiden, der die Form einer Blüte[63] hat. Ein weiteres Exemplar dieser Blüte liegt bereits auf dem Tisch. Eine ungläubig staunende „Menge", angedeutet durch einen Priester mit Ölkanne und eine Nonne (?), verfolgen das Geschehen. Dieses findet vor dem Hintergrund einer Landschaft statt, die „Wirklichkeit" symbolisiert. Der Charakter des „Zurschaustellens" ergibt sich einerseits aus dem Mitleid heischenden Blick des Patienten aus dem Bild heraus auf den Betrachter, der somit zum „Zuschauer" wird, andererseits aus der auffälligen „Kopfbedeckung" des Chirurgen und der Frau.

Gegenüber Hammer-Tugendhat, die das „Steinschneiden" als absurd[64] bezeichnet, erscheint mir das in der Forschung bisher wenig beachtete schauspielhafte Element der Szene richtungsweisend für eine sinnvolle Deutung des Dargestellten.

Neuauflage von R. Marijnissen *Hieronymus Bosch. Das vollständige Werk.* Weinheim, 1988; zur Bosch-Literatur bis 1983 vgl. Walter S. Gibson *Hieronymus Bosch: an annotated bibliographie*, Boston (Mass.), 1983;

61 Charles De Tolnay *Hieronymus Bosch.* Baden-Baden: Holle, 1965, Nr. 1 datiert es auf um 1490; s.a. Walter S. Gibson *Hieronymus Bosch.* London, 1973, S. 38f;

62 nach De Tolnay ist das Bild eine Illustration dieser Worte. Mit Recht hat dagegen Daniela Hammer-Tugendhat *Hieronymus Bosch.* München, 1981, S. 51 eingewendet, daß die Gegenwart des Arztes mit seinem Patienten genügt hätte, um den Spruch zu illustrieren. Es sei auch kein *Steinschneiden* dargestellt, wie der Text es verlangt: „Keine Steine, sondern Blüten werden aus dem Kopf des Patienten geschnitten."

63 De Tolnay hat als erster auf die Verwendung des Begriffs „Blüte" für Falschgeld in der Gaunersprache hingewiesen. Die Blüten, die aus dem Kopf des Patienten entfernt werden, bedeuten für ihn eine Metapher für „Geld aus der Tasche ziehen".

64 Hammer-Tugendhat, S. 52

Es könnte sich folglich bei dem umgekehrten Trichter oder „Hut" des Chirurgen um ein Theaterrequisit handeln, das die Verspottung des Doktorhuts der geistlichen Gelehrten beabsichtigt. Ein weiteres komisches Requisit wäre demnach auch das Buch auf dem Kopf der Frau. Inwiefern es sich dabei um ein Lehrbuch oder um ein Gebetbuch handelt, sei dahingestellt. Als Requisit in einem komischen Schauspiel könnte jedenfalls das Buch, gleichzeitig Symbol der Wissenschaft und des Glaubens, „unverstandenes Wissen" oder „nutzlose Einsicht" ausdrücken. Wenn der falsche Hut des Chirurgen hier offensichtlich keine „Weisheit eingetrichtert" hat, sondern erfolgreich Wunder wirken läßt, so bildet die Frau dazu sein gebannt staunendes Pendant. Der „leidtragende" Patient erhält ebenfalls einen komischen Charakter. Der Eingriff am Kopf fördert nicht wunschgemäß Steine zutage, sondern Blüten. Durch die falsche „Steinoperation" wird er also zum doppelt Geprellten, der durch den so zugefügten Schaden nicht klüger wird. Die „Steinoperation" ist allerdings das einzige Bildbeispiel einer satirischen Darstellung einer ärztlichen Behandlung am Ende des 15. Jh. und daher als Ausnahme zu werten.

C. Die chirurgischen Lehrbeispiele der Brennstellentraktate

Neben dem Durchbohren des Schädels oder dem Einschnitt am Kopf betrifft eine dritte chirurgische Behandlungsmethode das Erwärmen bestimmter Körperstellen mittels eines Brenneisens. Da die Lehrschemata zu dieser Methode, sogenannte Brennstellentraktate, wieder gemäß dem Schema „von Kopf bis Fuß" aufgebaut sind, stehen die Vorschriften zur Behandlung im Bereich des Kopfes wieder jeweils am Anfang. Der Text, der hier das Bild begleitet, zeichnet sich durch formelhafte Kürze aus und ist in den Brennstellentraktaten bis auf wenige Unterschiede stets derselbe: *epilenticus curabitur sic* (der Epileptische ist so zu behandeln) oder *epilenticus incenditur sic* (der Epileptische wird so gebrannt) oder *ad capitis dolorem et maniacis incenditur sic* (für Kopfschmerz und bei dem Manischen wird so gebrannt)[65].

Ein oft genanntes Brennstellenschema (Abb. 16) aus der Erfurter Handschrift Amplon Q 185, die aus dem Ende des 13. Jh. stammen dürfte[66], zeigt

65 zit. nach Karl Sudhoff *Beiträge zur Geschichte der Chirurgie im Mittelalter.* (= Studien zur Geschichte der Medizin, Heft 10) Leipzig, 1914, S. 75f;

66 Erfurt, Universitätsbibliothek; vgl. Sudhoff, Chirurgie, S. 79 und 105; Panofsky et al., Saturn and melancholy, S. 291;

auf fol. 247 anhand von gezeichneten Lehrfiguren die Brennstellen bei der Behandlung von Manie, Epilepsie, Melancholie und Phrenesie. Die entsprechenden Lehrfiguren nehmen dabei den Charakter „pathologischer Typen“[67] an, da jede Figur das ihr in der Beischrift zugeordnete Krankheitsbild veranschaulichen soll. Der *Manische* bildet den Anfang. Er trägt ein Tuch so um die Schultern geschlungen, daß dabei die Genitalien entblößt sind, hält in der Hand einen Stock. Mit dem Zeigefinger der anderen Hand deutet er zur Seite. Es handelt sich also um eine dramatisierte Lehrfigur, deren Erscheinung auf die, hier offenbar mit dem Geschlecht in Verbindung gebrachte, Unruhe hinweist, die die Manie charakterisiert. Der *Epileptische* ist in ein knöchellanges Hemd gekleidet und im Begriff, rücklings umzufallen[68]. In diesem Fall erweckt also nicht ein einzelner Gestus, sondern die ganze Haltung den Eindruck des Dramatischen. Der *Melancholische* stützt zur Veranschaulichung der schwerwiegenden Gedanken in seinem Zustand den Kopf auf die Hand und ist ebenfalls in ein bodenlanges Hemd gekleidet. Entgegen den Beschreibungen seines Krankheitsbildes ist der *Phrenetische* völlig ruhig und sitzt auf einer Bank. Er ist als einziger völlig nackt. Alle Figuren sind *kahlköpfig*, da offenbar die Rasur nicht nur ein medizinisches Behandlungsmittel ist, sondern die hygienische Vorbedingung für den chirurgischen Eingriff darstellt. Das Kauterisieren scheint aber hauptsächlich für Epilepsie bzw. Manie vorgesehen gewesen zu sein. In einer *italienischen Brennstellenschrift* aus dem 14. Jh.[69] kommt sogar nur eine der „Krankheiten des Kopfes“ vor. Auch ist die Reihenfolge der Beschreibung nicht die übliche von oben nach unten, sondern beginnt mit den Füßen. An sechzehnter und letzter Stelle folgt die Epilepsie als einzige Krankheit, die den Kopf betrifft. Ihre bildliche Darstellung (Abb. 17) ist jedoch in diesem Zusammenhang insofern erwähnenswert, als die Brennstellenfigur (fol. 1v), die im übrigen nackt und sehr schematisch gezeichnet ist, eine Federkrone auf dem Kopf trägt, ein Attribut, das, wie Karl Sudhoff zuerst feststellen konnte[70], dadurch eine gewisse Beziehung zu Giottos *Stultitia* (Abb. 82) in der Arenakapelle in Padua herstellt, die um 1305 – 1307 entstanden ist[71]. Wie im Fall

67 nach Flashar, Melancholie, S. 39 sind der „Schleimtyp“ und der „Galletyp“ die ersten pathologischen Typen.

68 es handelt sich dabeim um die „Kreisbogen“- Stellung der Exstatischen

69 Padua, Bibl. della Facoltà di Med. Pinali, Cod. Fanzago, fol. 1v; hrsg. v. Giuseppe Albertotti *Trattato dei cauterii in volgare*. In: Atti e memorie della Reale accademia di scienze, lettere ed arti in Padova, Bd. XXIV, Disp. IV, 1908, S. 213 – 230; zit. nach Sudhoff, Chirurgie, S. 110 und Tf.XXXVII;

70 Sudhoff, Chirurgie, S. 111 Anm.1;

des „Steinschneidens“ Boschs könnte bei der „Stultitia“ die Vorlage der Darstellung in der Miniatur eines Universitätslehrbuchs zu vermuten sein.

Die Verwendung von „pathologischen Typen“ in der medizinischen Illustration dürfte aber nicht vor das 14. Jh. anzusetzen sein. Ein weiterer Brennstellentext aus dieser Zeit, ms IV 339 der öffentlichen Bibliothek in Hannover spricht beispielsweise auf fol. 220 nicht von Krankheits*typen*, sondern nennt die Krankheits*namen*. Erwähnt ist die *mania id est mentis alienatio (Manie, das ist Geistesentfremdung), die Fallsucht als caducum patiens morbum* und die Melancholie als *nigre fellis inundacio* (Überschwemmung schwarzer Galle). Eine spätere Hand erst hat dem lateinischen Text eine deutsche Übersetzung angefügt, die aber nicht eine Übersetzung der *Krankheitsnamen* ist, sondern die entsprechende Zuordnung von *Krankheitstypen*. Bei *mania* steht als Übersetzung der *gochzornige*, bei *caducum patiens morbo* der *valendyn* und bei Melancholie der *unsinnegyn*[72].

Auf den entsprechenden Bildern sitzt der *Manische* mit vorn zusammengebundenen Händen auf einer Bank, während der *Epileptische*, ebenfalls sitzend, sie auf dem Rücken gefesselt hat. Hier wird wieder ein Anklang an die Darstellung der Besessenen deutlich, die in den meisten Fällen gefesselt begegnen. Der *Melancholische* ist auf einer Leiter oder Bahre sogar an Hals, Händen und Füßen festgebunden. Das Krankheitsbild der *Phrenesie* fehlt hier völlig.

Das Bild, das sich aus der Behandlung der „Krankheiten des Kopfes“ ergibt, ist, daß das medizinische Vorgehen das Gewicht auf eher „sanfte“ Kuren wie Diät, Tränke und psychologische Maßnahmen wie Ruhe oder Ablenkung durch Musik legt, während die chirurgische Behandlung mehr oder minder schmerzhafte Kuren vorsieht, denen als einleitende Maßnahmen das Rasieren des Kopfes und das Fesseln des Patienten vorausgehen. Die Brennstellentexte zeigen aber auch, daß aus zwei *Säften*, dem phlegmatischen und dem melancholischen, in Bild und Wort *Krankheitstypen* geworden sind. d.h. aus dem Bereich der Physiologie in den der Medizin übergewechselt sind. Dort werden sie wie Manie oder Epilepsie als Krankheitsformen betrachtet, wobei die Krankheitsursache in den beiden ersteren Fällen aus einer chemischen Veränderung der Säfte abgeleitet wird, während bei den beiden letzteren äußere Ursachen dazukommen, wie Vergiftung im Fall der Manie und der Einfluß des Mondes im Fall der Epilepsie.

71 C. Semenzato *Giotto: la cappella degli Scrovegni*. Florenz, 1966;

72 Sudhoff, Chirurgie, S. 114;

D. Die astrologischen Lehrbeispiele der Almanache des 15. Jh.

Für das Entstehen von „Krankheiten des Kopfes" wie für alle anderen Krankheiten des Körpers wird also neben Ursachen, die in der menschlichen Natur liegen, auch solche angenommen, die außerhalb der menschlichen Natur liegen. Einen schwerwiegenden Einfluß auf Gesundheit und Krankheit spielen in der Auffassung des Spätmittelalters die Planeten. Medizinische Methoden wie das Verabreichen von Arzneien oder chirurgische wie Aderlassen, Schröpfen, Brennen, Bohren oder Schneiden konnten nicht ohne weiteres angewandt werden. Außer dem Alter und der Körperkraft des Patienten mußte auch die *Beziehung des Mondes* zu dem *Tierkreiszeichen*, das den erkrankten Körperteil regiert, festgestellt werde, da es als gefährlich, wenn nicht fatal galt, diesen Körperteil zu behandeln, wenn der Mond zu diesem Zeitpunkt in seinem Zeichen stand. Die Anschauung, daß der Mond einen bestimmten Einfluß auf die Menschen habe, geht über Ptolemäos[73] und Galen auf Hippokrates zurück. Im 3. Buch der Schrift *Von den kritischen Tagen*[74] verwirft Hippokrates nach der Überlieferung Galens die pythagoräische Ansicht von der Bedeutung der Zahlen an sich und leitet die kritischen Tage vom *Mondlauf* ab.

Die Lehre von den kritischen Tagen ist dem lateinischen Abendland durch den jüdischen Gelehrten Avenares (1093 – 1168) in seinem *Liber de diebus criticis*, auch *De luminaribus et diebus criticis* genannt[75], übermittelt worden. In diesen Schriften werden die einzelnen Tage festgelegt, an denen sich der Mond im Krankheitsverlauf auswirke. Wenn Epilepsie also von einer Verstopfung der Hirnventrikel hervorgerufen wird, aber auch von einem Einfluß des Mondlaufs auf das Hirn, liegt der letzteren Feststellung eine Annahme zugrunde, die die Natur des Hirns von der des Mondes abhängig macht.

Diesen Sachverhalt erklärt Bartholomäus an einer Stelle im 5. Buch des *De proprietatibus rerum* (fol. 22), das von den Teilen des menschlichen Körpers handelt, und zwar unter Bezugnahme auf Aristoteles. Danach hat das Hirn die Eigenschaft, daß es den Lauf des Mondes spürt und ihm folgt,

73 zit. bei Bartholomäus Anglicus *De proprietatibus rerum (1475)*, Lib. VIII, fol. 74v: «... nam ut dicit *pto(lemäos)* Luna efficit *homines instabiles et mutabiles* et de loco ad locum discurrentes» (Hervorhebg. d.d.V.).

74 zit. bei Temkin, *Falling sickness*, S. 93;

75 auch Abraham ben Meir ibn Esra genannt vgl. Ron Barkai *L'astrologie juive médiévale: aspects théoriques et pratiques*. In: Le Moyen Age, nr. 3 – 4, 1987, S. 332f; *Encyclopedia Judaica*. Jerusalem: Keter, 1971, Bd.8, S. 1163;

denn bei der Zunahme des Mondes wachse die *medulla* des Hirns an und verkleinere sich bei seiner Abnahme (habet autem cerebrum hoc proprium quod sentit et sequit motum lunae qua crescente medulla cerebri crescit et deficiente diminuitur). Wenn sie sich dann wieder zusammengezogen hat, und so den „anderen Geistern" nicht freiwillig gehorcht, ist der Zustand so wie bei *Lunatischen* und *Epileptischen*, die bei Neumond und Vollmond besonders gequält sind, wie Aristoteles in 12. Buch sagt (nam tunc in seipsam se contrabit et alii spiritui ita libere non obedit et hoc patens in lunaticis et epilepticis qui in noviluno et pleniluno potissime molestant et hoc est sicut dicit arist(oteles)li.xii). Epilepsie ist demnach nicht nur eine Krankheit, die durch eine Verstopfung der Hirnventrikel durch die Säfte hervorgerufen wird, sondern auch durch eine Größenveränderung der Medulla oder des Kleinhirns, auf das der Mond direkt einwirke. Von daher erklärt sich die Aufmerksamheit, die dem Stand des Mondes beigemessen wird, wenn es um die Anwendung von medizinischen und chirurgischen Maßnahmen im Bereich des Kopfes geht. Die Faustregeln, nach denen beispielsweise das Kauterisieren oder Aderlassen stattzufinden hatte, sind im 14. Jh. in der Arnaldus de Villanova zugeschriebenen Schrift *Regimen sanitatis Salernitanum*[76] angegeben. Danach darf der Kopf, wenn der Mond in den *Widder* zu stehen kommt, nicht kauterisiert werden, der Hals nicht, wenn der Mond im *Stier* steht usw. Analoges gilt für das Aderlassen[77].

Ein Erlaß Ludwigs XI. von 1465[78] fordert die Ärzte, Barbiere und Chirurgen sogar auf, für ihren Beruf einen gültigen *Almanach* oder *Kalender*[79] in ihrem Besitz zu führen, nach dem sich die kritischen Tage, d.h. der

76 Charles Daremberg (Hrsg.) *L'Ecole de Salerne*. Paris, 1880, S. 180 – 183; Paul Tesdorpf und Terese Tesdorpf-Sickenbergen *Regimen Sanitatis Salernitanis. Das medizinische Lehrgedicht der hohen Schule von Salerno*. Berlin: Kohlhammer, 1915;

77 Daremberg, *Ecole de Salerne*, S. 216 – 217; zu diesen Vorschriften s.a. Franz Boll et al. *Sternglauben und Sterndeutung*. Leipzig-Berlin, 1934; Darmstadt, 1977, S. 54f; Sudhoff, Chirurgie, S. 171;

78 zit. nach Harry Bober *The zodiacal miniature of the «Trés Riches Heures» of the Duke of Berry; its sources and meaning*. In: Journ. of the Warb. & Court. Inst., Bd. 11, 1948, S. 20;

79 einen solchen Kalender enthält z. B. die Sammelhandschrift der Pariser Bibl. de l'Arsenal, ms.2872, fol. 67: «De la seigneurie des planetes», den sich Karl V. von seinem Astrologen Robert Godefroy 1361 zusammenstellen ließ; zu den Kalendern als medizinischen Hilfsmitteln vgl. den Ausstellungskatalog *Kalender im Wandel der Zeiten*. Karlsruhe: Badische Landesbibliothek, 1982, S. 98f; zu den Kalendern als „Krankheitslunare" vgl. Christoph Weisser *Studien zum mittelalterlichen Krankheitslunar. Ein Beitrag zur Geschichte laienastrologischer Fachprosa*. (= Würzburger medizinhistorische Forschungen, Bd.21) Pattensen: Wellen, 1982, S. 99; und Boll, Sternglaube, S. 175f;

Verlauf einer Krankheit berechnen ließen, sowie die guten und die schlechten Tage, an denen die Anwendung des Heilverfahrens stattzufinden hatte oder vermieden werden mußte. Die Anfertigung solcher Kalender oder Almanache in Form von doppelseitig bedruckten Einblattholzschnitten ist ein wesentlicher Produktionszweig der frühen Druckkunst gewesen[80]. Das Voranstellen eines *Jahreskalenders* ist bereits bei handschriftlichen Psalterien und Stundenbüchern üblich und wird in die gedruckten Werke übernommen[81]. Almanache als selbständiger Zusatz zum Jahreskalender finden sich jedoch vor allem in gedruckten Stundenbüchern oder als Bestandteil des sogenannten *Schäferkalenders*[82]. Die Faustregeln, nach denen sich die guten und die schlechten Tage in Bezug auf einen Körperteil feststellen lassen, werden schematisch anhand einer beschrifteten *Lehrfigur* dargestellt, die entweder allein abgebildet oder aber von den *vier Temperamenten* eingerahmt ist[83].

Zu den ältesten gedruckten Stundenbüchern, die einen solchen Almanach (Abb. 18) dem Jahreskalender vorangestellt haben, und der eine solche Lehrfigur enthält, gehört das *Stundenbuch nach dem Gebrauch von Bourges*, das Jean Dupré für Denis Meslier am 14. Februar 1490 in Paris gedruckt hat[84]. Fol. 2 enthält einen Holzschnitt, der eine Lehrfigur mit hängenden Armen

80 der *Gesamtkatalog der Wiegendrucke* Leipzig: Hiersemann, Bd.2, 1926 verzeichnet unter den Nummern 1285 – 1552 allein 67 Ausgaben solcher Almanache zwischen 1448 und 1500;

81 Felix Soleil *Les heures gothiques et la littérature pieuse aux XVème et XVIème siècles.* Rouen: Ange, 1882, S. 13; Paul Lacombe *Livres d'heures imprimés au XVème et au XVIème siècle.* Paris, 1907, S. LI – LII; Lucien Febvre und Henri-Jean Marin *L'apparition du livre.* Paris: Michel, (1958) 1971, S. 335f;

82 nach Pierre Champion (Hrsg.) *Le compost et Calendrier des bergers.* Paris: Quatre Chemins, 1926, S. 5 ist der Schäferkalender «une véritable encyclopédie des simples gens». Außer einer Zodiakal-Lehrfigur enthält der Schäferkalender in der von Champion veröffentlichen Ausgabe (Paris: Guy Marchant, 1493) eine Organ-Planeten-Lehrfigur, die ein *Skelett* darstellt, und ebenfalls eine kleine Narrenfigur zwischen den Beinen enthält. Diese befindet sich auch in den Genfer Ausgaben des Calendrier von Jean Bellot (Paris, B.N., Rés.V.277 von 1495) oder in den Stundenbüchern von Simon Vostre (vgl. Paris, B.N., Rés. Vélins 1550 von 1497, fol. 2); vgl. hierzu Karl Sudhoff *Ein Beitrag zur Geschichte der Anatomie im Mittelalter nach Handschriften des 9. – 15. Jh.* (= Studien zur Geschichte der Medizin, Heft 4) Leipzig, 1908, S. 29f u. Tafeln.

83 Pierre Saintyves *L'astrologie populaire.* Paris: Thiebaud, 1937, S. 184f und Bober, op.cit., S. 19;

84 New York, Pierpont-Morgan Library; zit. bei H.W. Janson *Apes and ape lore in the Middle Ages and the Renaissance.* (= Studies of the Warburg Institute, Bd. 20), London, 1952, S. 249 und Abb. 18; eine etwas jüngere Ausgabe dieses Stundenbuches vom 8. Mai 1488, das dieselbe Figur enthält, ist im Besitz der Pariser Bibliothèque Nationale, Rés. Vélins 2848, Titelblatt; vgl. Lacombe, Nr. 16; zu Jean Dupré vgl. Marcel Desjardin *Les livres d'heures imprimés en France aux XVème et XVIème siècles.* (Masch.) Paris, 1940–47, Bd.II, S. 97–114;

und gespreizten Beinen darstellt, in der Art, wie sie die chirurgischen Lehrbilder zeigen, deren Bauch aber *aufgeschnitten* ist, so daß die inneren *Organe* zum Vorschein kommen. Die Figur ist von den 7 *Planeten* umgeben, in der Form von Gestirnen, die mit den einzelnen Organen durch ein dünnes Band verbunden sind und deren Beischriften die Beziehungen zwischen diesen Organen und dem entsprechenden Gestirn darlegen. Danach besteht eine Beziehung zwischen der *Sonne* und dem *Bauch, Saturn* und der *Lunge, Jupiter* und der *Leber, Mars* und der *Leber, Venus* und der *Niere, Merkur* und der *Niere* und zwischem dem *Mond* und dem *Kopf.* Zwischen den Beinen dieser Organ-Planeten-Lehrfigur hockt eine weitere kleine Gestalt, im Kostüm spätmittelalterlicher *Hofnarren* und hält als Attribut einen Stock mit einem in der Form seines Kopfes geschnitzten Ende in der Hand. Dieser Gestalt ist der vom Kopf der Lehrfigur herabhängende *Mond* zugeordnet. Die Beischrift[85] sagt dazu: «Le follatique mappelon/Le quart de la luna ay mengie/Chascun tient de moy peu ou non/Jay grande généalogie» (den Närrischen nennt man mich/Ein Viertel des Mondes ist verzehrt/Jedermann hält wenig von mir oder nichts/Ich habe eine große Abkunft). Nach Felix Soleil[86] handelt es sich bei dieser Gestalt um das Emblem des *Hirns*, d.h. der menschlichen Intelligenz, die den Einflüssen ausgesetzt ist, die man im Spätmittelalter dem Mond zuschrieb. Mit diesem Närrischen oder follatique scheint hier aber nicht, wie man vermuten könnte, eine Anspielung auf Epileptische oder *Lunatische*[87] gemeint zu sein, sondern eine Art „fünftes Temperament". Einerseits erinnert die Stellung des Narren zwischen den Beinen der Organ-Planeten-Lehrfigur stark an die Tradition der Darstellung des *Wassermanns* an diesem Ort, deren berühmtestes Beispiel die Miniatur der Tierkreiszeichen-Lehrfigur in den *Très Riches Heures* des Herzogs von Berry[88] auf fol. 14v. enthält. Hier sind in den vier Ecken des Bildes Beischrif-

85 zit. bei E.H. Langlois *Essai sur la calligraphie des manuscrits du Moyen Age et sur les ornaments des premiers livres d'heures.* Rouen, 1841, S. 126

86 Soleil, op.cit., S. 25f;

87 Isidori Hispalensis *Etym., Lib. IV De med., cap. VII De chronicis morbis, 5 Epilepsia* (Migne, P.L., Bd.82, Sp. 187f.): «Epilepsia vocabulam sumpsit, quod mentem apprehendens pariter, etiam corpus possideat (...) Fit autem ex melancholico humor, quoties exuberavit et ad cerebrum conversus fuerit. Haec passio et caduca vocatur eo quod caducus aeger spasmus patiatur. (6) Illos etiam vulgos *lunaticos* vocat, quod pro lunae cursu comitetur eos insania; eadem et larvatio. Ipse est et morbus comitialis idem maior et *divinus* quo caduci tenentur (...)». s.a. Rupert von Deutz *Divinorum officiis, Lib. VIII, cap.4* (= Migne, P.L., Bd.170, Sp. 213): »etiamsi *Lunaticus* sit, id est stultus: stultus quippe ut luna mutatur; zu Rupert von Deutz (1075/80 – 1129) vgl. Stammler, *Schrifttum und Bildkunst,* S. 626

88 »Aries leo sagittarius sunt calida et sicca/collerica/masculina/orientalia; Taurus virgo

ten hinzugefügt, in denen Tierkreiszeichen, Primärqualitäten, Säfte, Temperament, Geschlecht und die Himmelsrichtungen einander zugeordnet werden. So ergeben sich von links nach rechts gelesen folgende Beziehungen: „Widder, Löwe, Schütze sind warm und trocken, cholerisch, männlich, östlich; Stier, Jungfrau, Steinbock sind kalt und trocken, melancholisch, weiblich, westlich; Zwilling, Wassermann, Waage sind warm und feucht, sanguinisch, männlich, südlich; Krebs, Skorpion, Fische sind kalt und feucht, phlegmatisch, weiblich, nördlich.

Im Unterschied zu der Lehrfigur, die die Beziehung zwischen den inneren Organen und den Planeten illustriert, veranschaulichen die Zodiakalfiguren die Beziehung zwischen den einzelnen Teilen des Körpers und den Tierkreiszeichen. Der *Kopf* wird danach vom *Widder* beherrscht, der *Hals* vom *Stier*, die *Brust* vom *Krebs* usf. bis zu den *Beinen*, die die Körperregion ist, auf die sich der Einfluß des *Wassermanns* auswirkt und schließlich den *Füßen*, die den *Fischen* zugeordnet sind. Während dieses Zeichen durch seine Tierart repräsentiert wird, wird der Wassermann meist als ein kleines Männchen dargestellt, das einen Krug Wasser ausgießt. Möglicherweise hat also die Stellung des Wassermanns zwischen den Beinen der Tierkreiszeichen-Lehrfigur das Modell für die Plazierung des *Närrischen* zwischen den Beinen der Organ-Planeten-Lehrfigur abgegeben. Wahrscheinlich ist die Darstellung des *follatique* im Gewand eines spätmittelalterlichen *Hofnarren* von derjenigen der *Temperamente* beeinflußt, die gewöhnlich als Vertreter eines gesellschaftlichen Standes erscheinen. So erscheint der *Cholerische* als *Ritter* in einer Rüstung, der *Sanguinische* in Jagdkleidung als Feudalherr, der *Phlegmatische* im Prunkgewand eines Kaufmanns, und der *Melancholische* in der Mönchskutte. Der *Närrische* vertritt möglicherweise den Stand der Fahrenden und würde als „fünftes Temperament" dasjenige der „Lunatischen" begründen.

Die Plazierung des *follatique* zwischen die Beine der Organ-Planeten-Lehrfigur ließe sich aber auch dadurch erklären, daß die genannte Schrift *Regimen sanitatis Salernitanum* dort, wo vom Einfluß des Mondes mittels der Tierkreiszeichen auf den Menschen die Rede ist[89], folgendes angibt:

capricornus sunt frigida et sicca/melancolica/feminina/occidentalia; Gemini acquarius libra sunt calida et humida/masculina/sanguina/aeridionalia; Cancer scorpius pisces sunt frigida et humida/flemmatica/feminina/septentrionalia«. vgl. die Abb. im Faksimile von Cazelles, (Anm. 19), fol. 14v;

89 Daremberg, Ecole de Salerne, S. 144 – 147; zum Einfluß des Mondes auf die Geburt vgl. das bei Saintyves, S. 21 erwähnte deutsche astrologische Traktat, das unter der Signatur ms.allemand 106 von der Pariser B.N. aufbewahrt wird und unter anderem von den „Geburten und ernstlichen fragen handelt".

»Piscis habet lunam: noli curare podagram. carpe viam tutus; fuit potio sumpta salubris; *embrio conceptus, epilepticus exit ab alvo*«. Wenn gezeugt wird, wenn der Mond in den Fischen steht, besteht also das Risiko, daß ein *Epileptischer* geboren wird. Der Einfluß des Mondes ist danach nicht nur im Verlauf von Krankheiten oder bei der Anwendung eines Heilverfahrens zu berücksichtigen, sondern offenbar bereits bei der *Zeugung*. Der Mond wird so nicht nur zur *causa crisis*[90] von Krankheiten einzelner Körperteile gemacht, die er durch seinen Stand in den sie regierende Tierkreiszeichen beeinflußt, sondern zur *genetischen* Ursache von Übeln, die, wie hier, den Kopf betreffen.

Die Ansicht, daß der Mond einen kausalen Einfluß auf die Zeugung und infolgedessen auch auf Gesundheit und Krankheit, also praktisch das *Schicksal* des Menschen ausübe, haben nicht nur Hippokrates und Galen, sondern auch Ptolemäos (100 – 178) in seinem *Tetrabiblos*[91] verfochten. Dagegen hat sich zuerst Origenes (gest. 254) mit aller Entschiedenheit gewandt[92]. Gegen Ptolemäos' sternfatalistische Auffassung beruft sich Origenes in seinem Kommentar zu Matthäus 17,14 – 20, dem Bericht von der Heilung eines Epileptischen durch Christus, auf den *dämonischen* Ursprung der Epilepsie. Unmißverständlich hält er fest, daß er auch in diesem Punkt dem Evangelium folge, daß die Epilepsie bei denen, die von ihr befallen sind, von einem *unreinen* und *tauben Geist* herbeigeführt worden ist. Dieser gehorche den Veränderungen des Mondes und handle entsprechend, so daß der Mensch die Schuld nicht auf den Dämon, sondern auf den Mond schiebe, der aber Gottes Werk ist und keine Macht über diese Krankheit hat. Seiner Ansicht folgt im 7. Jh. nach dem Bericht des Hl. Andoenus (St. Ouen) auch Eligius (St. Eloi), Bischof von Noyon (641 – 660). In seiner Mahnpredigt an das Volk hält er fest, daß ein „guter Christ" der sei, der »nulla phylacteria vel adiuventiones diaboli credit, sed omnem spem suam in solo Christi ponit«[93]. Vor allem aber

90 Karl Sudhoff *Iathromathematiker*. (= Abhandl. z. Geschichte der Medizin, Heft 11), Breslau, 1902, S. 37;

91 ibidem, S. 7

92 Utto Riedinger *Die Heilige Schrift im Kampf der griechischen Kirche gegen die Astrologie von Origenes bis Johannes von Damaskus. Studien zur Dogmengeschichte und zur Geschichte der Astrologie*. Innsbruck, 1956, S. 166; Wilhelm und Hans-Georg Gundel *Astrolegumena. Die astrologische Literatur der Antike und ihre Geschichte*. (= Sudhoffs Archiv, Beihefte 6) Wiesbaden, 1966, S. 320; Temkin, *Falling sickness*, S. 89f; Franz Dölger *Der Einfluß des Origenes auf die Beurteilung von Epilepsie und Mondsucht im christlichen Altertum*. In: Antike und Christentum, Bd.4, 1934, S. 95 – 109;

93 S. Andoenus *Vita S. Eligii Lib. II, cap. XV* (= Migne, P.L., Bd.87, S. 527 – 529); zum Narren als „schlechtem Christen" vgl. Grassi, op.cit., S. 90;

warnt er seine Zuhörer davor, keinen frevlerischen Gewohnheiten der Heiden zu folgen, seien sie zauberischer, wahr- oder weissagender oder beschwörender Art (caraios, divinos, sortilegos sive praecantatores). Wer dies tue, verliere das Sakrament der Taufe. Auch solle, wenn sich der Mond verfinstere, keiner annehmen, er werde verschlungen (vociferare praesumeat), noch bei Neumondnächten befürchten, daß jemand seine Werke hinwegraffe, denn „Gott habe den Mond geschaffen, daß er die Zeit anzeige und die Finsternis der Nacht mildere, aber nicht, daß er irgendjemandes Werk behindere, noch den Menschen *wahnsinnig* mache, wie die Dummen meinen, die glauben, daß sie durch den *Mond* von *Dämonen* befallen und heimgesucht würden" (deus ad hoc Lunam fecit ut tempora designet et noctium tenebras temperet ut non alicuius opus impediat aut dementem faciat hominem sicut stulti putant qui a daemonibus invasos a luna pati arbitrantur).

Als Gestirn, das die Zeit angibt, ist der Mond zur *natürlichen* Astrologie oder Astronomie zu rechnen, während er als Gestirn, das den Menschen beeinflußt, zur *abergläubischen* Astrologie zählt[94]. Wenn aber Epilepsie dem christlichen Glauben nach von *Dämonen* verursacht wird, dem heidnischen gemäß durch den Einfluß des *Mondes*, wird die Frage nach der Ursache ihrer Entstehung eine Frage von Glauben oder Aberglauben. Vom christlichen Standpunkt aus dürfte mit Aberglauben oder dem Glauben an den Einfluß der Gestirne das gemeint sein, was Paulus im 1. Korintherbrief (1,19) als die „Weisheit der Weisen" bezeichnet, die Gott mit Torheit geschlagen habe (1 Kor. 1,20). Gegenüber den Juden, die Zeichen fordern und den Griechen, die die Weisheit suchen (1 Kor. 1,22) setzt er die Torheit vor Gott, die weiser ist als die Menschen (1 Kor. 1,25). Geheim und verborgen (1 Kor. 2,7) offenbart sie sich nicht dem *naturhaften* Menschen, (1 Kor. 2,14), sondern nur dem *geistigen* Menschen, der für die Botschaften des Heiligen Geistes empfänglich ist. Die Erleuchtung durch den Heiligen Geist ist also der Weg, der aus dem heidnischen Sternglauben herausführt[95], und die den damit Begnadeten aus der Masse der Unerleuchteten heraushebt und ihn in besonderer Weise befähigt, Gott innerlich zu erkennen und an seiner Wahrheit teilzuhaben[96].

94 Isidorus Hisp. *Etym. Lib. III, cap. XXVII De differentia astronomiae et astrologiae* (= Migne, P.L., Bd.82, S. 170) definiert die Astronomie als die „astrologia naturalis", von der er die „astrologia superstitiosa" unterscheidet, die diejenige sei, der die „mathematici" folgen, die aus den Sternen weissagen und die auch duodecim signa per singula animae vel corporis membra disponunt siderumque cursu nativitates hominum et mores praedire conantur«.

95 Riedinger, S. 153; zu Christus als den Erlöser von allen astralen Schicksalgewalten s. Gundel, S. 333f.;

96 Könneker, Wesen und Wandlung, S. 16;

Damit ist in christlicher Sicht der wahrhaft Gläubige gemeint, der die Heilsbotschaft Christi in sich aufgenommen hat. Der Gegensatz dieses wahren Christen ist also einerseits derjenige, der aufgrund seiner Abhängigkeit von den Gestirnen oder des Einflusses der Dämonen die christliche Heilbotschaft nicht in sich aufnimmt, andererseits aber auch derjenige der sie, im Namen der weltlichen Weisheit oder Dummheit ablehnt, wie der „naturhafte Mensch“ von dem Paulus spricht.

IV. Die Vorstellungen von Narrheit in der moraldidaktischen Sicht des Spätmittelalters

A. Die Definitionen von Dummheit bei Thomas von Aquin

Die Vorstellungen, die sich im Spätmittelalter mit dem Begriff *Dummheit* verbinden, finden sich in einem Kapitel im 2. Teil des II. Bandes der *Summa theologica* des Thomas von Aquin (1225 – 1274). Es handelt sich dabei um die in drei Artikeln abgehandelte Frage 46 *De stultitia*[97]. Sie steht innerhalb der Summa an zweiter Stelle einer Reihe von Quaestiones, die sich aus der Behandlung der Weisheit (sapientia) als Gabe des Heiligen Geistes ableiten.

Der erste Artikel befaßt sich mit der Frage, ob die *Dummheit* der *Weisheit* entgegengesetzt sei (utrum stultitia opponatur sapientiae), der zweite Artikel damit, ob die Dummheit eine *Sünde* sei (utrum stultitia sit peccatum) und schließlich der dritte, ob die Dummheit zu den Töchtern der *Unzucht* gehöre (ultrum stultitia sit filias luxuriae). Die erste Frage beantwortet Thomas dahingehend, daß Dummheit (stultitia) von *Blödheit* (fatuitas) zu unterscheiden sei, welche eine gänzliche Beraubung des geistigen Sinnes (privatione spiritualis sensus) bedeute und daher als reine Verneinung (fatuitas autem sicut pura negatio)nicht wie die Dummheit der Weisheit als Gegenteil entgegengesetzt werden könne (unde patet quod stultitia opponitur sapientiae sicut contrarium). Denn dem *Blöden* fehle der *Urteilssinn* (sensus judicandi); der Dumme habe ihn, wenn auch abgestumpft (stultus autem habet, sed hebetatum). Das Kriterium, das den Dummen vom Blöden unterscheidet, ist also das Vorhandensein von Urteilssinn.

Als Antwort auf die zweite Frage, ob Dummheit Sünde sei, gibt Thomas folgendermaßen Bescheid. Seiner Meinung nach ist Dummheit dann keine Sünde, wenn die Ursache in der *Natur* liege, wie zum Beispiel bei der *natürlichen Indisposition von Wahnsinnigen* (ex indispositione naturali sicut patet in amentibus)[98]. Dummheit ist *Sünde*, wenn jemand seinen Sinn vom

97 Annie Kraus *Der Begriff der Dummheit bei Thomas von Aquin und seine Spiegelung in Sprache und Kultur*. Münster (Westfalen): Aschendorff, 1971, S. 138f;

98 Kraus, S. 143

Geistigen löst und ihn ins Irdische versenkt (inquantum immerget homo sensum suum rebus terrenis), wodurch sein Sinn ungeeignet wird, Göttliches zu erfassen, gemäß 2 Kor. 2,14: „Der naturhafte Mensch ist nicht empfänglich für die Dinge des Geistes Gottes" (animalis homo non percipit ea quae sunt Spiritus Dei). Der naturhafte Mensch ist also im Gegensatz zum Wahnsinnigen deswegen ein Sünder, da er, offenbar willentlich, zum *Irdischen* hinneigt.

Die dritte Frage, ob Dummheit zu den Töchtern der *Unzucht* gehört, beantwortet Thomas so, daß die Dummheit, die *Sünde* ist, hauptsächlich aus der Unzucht entstehe (stultitia quae est peccatum maxime nascitur ex luxuria). Der geistige Sinn des Menschen werde am meisten durch die Unzucht ins Irdische versenkt (maxime autem sensus hominis immergitur ad terrena per luxuriam), da durch die höchsten Genüsse die Seele am meisten aufgesaugt werde (quibus anima maxime absorbetur).

Der dritte Artikel stellt also eine präzise Unterfrage zum zweiten, anhand derer klar wird, daß Thomas die Definition der Dummheit als *Sünde* aus dem Laster der Unzucht ableitet. Wie er selbst sagt, führt seine Quelle für dieses letzte Argument, Gregor der Große im 31. Buch seiner *Moralia*, die Dummheit allerdings *nicht* unter den Töchtern der Unzucht auf (Gregorius enim, XXXI Moralia, enumerat luxuriae filias; inter quas non contenetur stultitia). Zu den Töchtern der Unzucht gehören hingegen der Haß auf Gott und die Verzweiflung an der zukünftigen Welt. Diese beiden läßt nun Thomas durch einen Nebensatz zur *Dummheit* gehören: »unde Gregrius duo numerat inter filias luxuriae *quae pertinent ad stultitiam*, silicet odium Dei et desperationem futuri saeculi (...)«. Die Definition des Wortes *stultitia* (Dummheit) findet sich bei Thomas von Aquin gleich am Anfang der Argumentation des 1. Artikels der Quaestio 46. Thomas leitet es – mit Isidor – von dem Wort *stupor* oder Starre ab. Es bedeutet, wie es in der Antwort des 2. Artikels weiter heißt, eine gewisse Starrheit des Urteilssinnes, und zwar in Bezug auf die *höchste Ursache*, das Endziel und das höchste Gut: »quod stultitia, sicut dictum est, importat quendam stuporem sensus in iudicando et praecipue circa altissimam causam, quae est finis ultimis et summum bonum«. Zwar ist in der Quaestio 46 kein expliziter Hinweis darauf enthalten„ doch könnte man vermuten, daß Thomas hier auf eine Stelle aus Psalm 13 (52) anspielt, von der im Folgenden die Rede sein soll.

B. Der Begriff des *insipiens* bei Anselm von Canterbury

Obwohl die Begriffe stultus (dumm) oder *insipiens* (unwissend) innerhalb der Schriften des Alten und des Neuen Testaments relativ häufig vorkommen[99], hat nur eine Stelle das besondere Interesse der Exegeten wachgerufen. Dabei handelt es sich um die Anfangsworte des 13. bzw. des mit demselben Wortlaut beginnenden 52. Psalms: »Dixit insipiens in corde suo: Deus non est« (der Unwissende sagt in seinem Herzen, es gibt keinen Gott). Dieser Satz hat im 11. Jh. heftige Diskussionen ausgelöst[100], da ihn der Theologe Anselm von Canterbury seinem ontologischen Argument[101] zugrunde gelegt hat, mit dem er versucht, die Existenz Gottes zu beweisen. *Gott* definiert Anselm als „das, über das hinaus nichts Größeres gedacht werden kann" und meint, wenn der *insipiens* in seinem Herzen sagt, es gibt keinen Gott, hört, was die Christen unter Gott verstehen, so ist er rein von der Logik her gezwungen, die Existenz Gottes anzuerkennen. Die Kritik an Anselms Argument besagt dagegen, daß der *insipiens* vielleicht eine vage Vorstellung habe, wenn er *hört*, Gott ist das, über das hinaus nicht Größeres gedacht werden kann, woraus aber nicht zwingend gefolgert werden könne, daß der *insipiens* auch *verstehe*, was mit dem göttlichen Wesen gemeint sei. Dieses Verständnis sei aber nötig, um einzusehen, daß Gott existieren muß. Der *insipiens* könne also an Gottes Existenz zweifeln oder sie leugnen[102].

1. Der *insipiens* in der Psalterillustration des 13. Jh.

Bereits in den frühesten Psalterhandschriften bildet die Personifikation des Begriffs *insipiens* einen zentralen Bestandteil der Textillustration. Han-

99 dem Begriff *insipiens* oder *aphron* entspricht im hebräischen Text das Wort *nabal*. Auf den Begriff *nabal* bezieht sich sowohl der Kommentar zu Psalm 13 bei Beda Venerabilis (um 670) *In Psalmorum Librum Exegesis, Psalmus XIII* (= Migne, P.L., Bd.93, Sp.552C) als auch der Kommentar des Pseudo-Hieronymus zu demselben Psalm in seinem *Breviarium in psalmos, Psalmus XIII.* (= Migne, P.L., Bd.26, S. 850B) nach 1 Sam. 25f (Nabal und Abigail); s.a. Suzy Dufrenne *L'insensé dans l'illustration des psautiers byzantines et slaves*. In: Mélanges Ivan Dujcev, Paris 1979, S. 136 Anm.33; in den ersten volkssprachlichen Übersetzungen des Vulgatatextes sind die Begriffe *insipiens* oder *stultus* ursprünglich mit *tum* (1.dt.Bibel: Mentelin, Straßburg, 1466), später mit *tore* (2.dt.Bibel: Eggestein, Straßburg, 1470; 3.dt.Bibel: Zainer, Augsburg, 1475), *unweyse* (Schönsperger, 1487) und zuletzt durchgehend mit *narre* wiedergegeben worden (Lutherbibel: NT: Wittenberg: Lotter, 1522; Psalter: Wittenberg: Döring 1524) vgl. hierzu Barbara Könneker Wesen und Wandlung, S. 10 Anm. 29 und Stefan Strohm et al. *Deutsche Bibeldrucke 1466 – 1600*. Stuttgart-Bad Cannstatt: Frommann-Holzboog, 1987;

100 zur Geschichte dieser Diskussion vgl. F.C. Copleston *Geschichte der Philosophie im Mittelalter*. München: Beck, 1976, S. 76f

101 vgl. Anselmus Cantuarensis episcopus *Dogmatica I, Proslogion*. (= Migne, P.L., Bd.158, S. 227); Joseph Moreau *Pour ou contre l'insensé? Essai sur la preuve Anselmienne*. Paris: Vrin, 1967

102 Copleston, op.cit., S. 77

delt es sich hierbei aber um ganze Szenen, die den Wortlaut des Psalmtexts bildlich umsetzen, so konzentriert sich im 13. Jh. das Bild fast ausschließlich auf die Darstellung des *insipiens* als figürliches Motiv des Initialbuchstabens „D“ des Psalms.

Eine Illustration zu Psalm 13 und zu Psalm 52 findet sich nur in Psalterhandschriften, die einen vollständigen Bilderschmuck aller 150 Psalmen, nebst dem 151. als apokryphem, kennen[103], während Psalm 52 in Psalterhandschriften ausgezeichnet ist, die gemäß der Acht- oder Zehnteilung angelegt sind[104].

Beispiele von Psalterhandschriften mit einer Illustration sämtlicher Psalmen sind die karolingischen *Psalter von Utrecht*[105] und Stuttgart[106], beide aus dem 9. Jh. Die Illustrationen des Utrecht-Psalters zu den beiden Psalmen (fol. 17v und fol. 30v) folgen dem Prinzip der *Wortillustration* des Psalmtextes, der für Psalm 13 und Psalm 52 nahezu gleichlautet. Derselben Illustrationsweise folgt auch der *Canterbury-Psalter* in Cambridge von ca. 1140[107] oder der *Harley-Psalter*, ms. 603 des Britischen Museums aus dem 11. Jh. So ist in der Illustration (Abb. 19) bei beiden Psalmen am linken oberen Rand des Bildstreifens jeweils eine in einem kuppelüberwölbten Monopteros thronende Herrscherfigur dargestellt. Das auf den Knien liegende, blankgezogene Schwert und das Fehlen einer Krone weisen darauf hin, daß der Illustrator

103 zu Psalterhandschriften mit einem vollständigen Bilderschmuck vgl. Christoph Eggenberger *Psalterium Aureum Sancti Galli*. Sigmaringen: Thorbeke, 1987, S. 28f; Rainer Kahsnitz Der Werdener *Psalter in Berlin ms.theol.lat.Fol. 358*. Düsseldorf, 1979, S. 115 – 141; Suzy Dufrenne *Tableaux synoptiques de 15 psautiers à illustration intégrale issue du texte*. Paris, 1978

104 Vgl. Günther Haseloff *Die Psalterillustration im 13. Jh.* s.l.n.d. (Kiel) 1938

105 Utrecht, Universitätsbibliothek, Cod. 32; vgl. die kommentierte Faksimileausgabe von E.T. De Wald *The illustrations of the Utrecht Psalter*. Princeton/London/Leipzig: Univ. Press, s.d.

106 Stuttgart, Landesbibliothek, Biblia Fol. 25; vgl. die kommentierten Ausgaben von E.T. De Wald *The Stuttgart Psalter*, Princeton, 1930 und Bernhard Bischoff et al. *Der Stuttgarter Bilderpsalter*. 2 Bde. Stuttgart, 1965 und 1968

107 vgl. De Wald, Utrecht Psalter, Tf. 12 u. Tf 49; derselben Illustrationsweise folgt der Psalter von Canterbury (Eadwine-Psalter) in Cambridge, Trinity College, ms.R.17.I., fol. 22 (Ps.13) und fol. 29 (Ps.52) von ca. 1140. Vgl. D. Gifford *Iconographical notes towards a definition of the medieval fool*. In: Journ. Warb. & Court. Inst., Bd.37, 1974, S. 338; eine Kopie des Utrecht-Psalters aus dem 13. Jh. befindet sich in Paris, Bibliothèque Nationale, ms.lat.8846. Fol. 22 und fol. 92 enthalten die Illustrationen zum 13. bzw. 52. Psalm. Die Miniaturen hat H. Omont 1906 bei Berthaud in Paris als Faksimile erscheinen lassen. Vgl. auch Adelheid Heiman *The Last copy of the Utrecht Psalter* (= The Year 1200: A symposium.) New York: Metropolitan Mus. of Art, s.d., S. 313 – 338

eine negative Herrscherfigur, einen *Tyrannen*, bezeichnen wollte[108]. Es ist anzunehmen, daß es sich hier um eine erste bildliche Umsetzung des Begriffs *insipiens* handelt, in der die Negation *Un-Weise* in den Attributen der Gewaltherrschaft ausgedrückt wird. Möglicherweise steht die negative Auszeichnung des *insipiens* als Gewaltherrscher nicht nur im Zusammenhang mit dem zweiten Teil des Anfangsverses *Deus non est*, sondern ergibt sich aus dem *Leitthema* des Psalmtexts, dem allgemeinen Unrecht und Verderben. Ins Bild gesetzt ist beispielsweise eine Stelle aus Vers 3, die vom *Viperngift* spricht, das unter den Schandreden derer sei, deren Mund von Verleumdung und Bitternis voll ist, ebenso die, die vom *Blutvergießen* und dem *offenen Grab* handelt. Dem Viperngift entsprechen die Schlangen, die sich um die Säulen des Tempels ringeln, dem offenen Grab der offene Sarg, dem Blutvergießen die Schergen, die dem Herrscher abgeschlagene Köpfe vorweisen, sowie die Mord- und Folterszenen zu seinen Füßen. Die Darstellung Gottes in der Mandorla, umgeben von Engeln als den himmlischen Heerscharen im oberen Mittelfeld des Bildes kann doppelt ausgelegt werden. Einmal als Wortillustration zu Vers 2 – Gott, der auf die Söhne des Menschen herabschaut – zum anderen in Zusammenhang mit den Schlußversen den Psalmtexts, auf die der gesamte rechte Teil des Bildstreifens Bezug nimmt. Ausgedrückt werden soll hier die Hoffnung des Volkes Israel auf Errettung aus der Knechtschaft. Diese Hoffnung drückt die Figur des Propheten rechts unterhalb des Tempels aus. Möglicherweise handelt es sich hier um David, der dem Volk die Erlösung prophezeit. Die Menge, die das „Volk Israel" symbolisiert, d.h. die beiden Gruppen der Krieger und der Frauen mit den Kindern, wenden sich Jacob zu, der sie aus der Knechtschaft herausführen wird. Der Moment der Rettung, der im Bild einen verhältnismäßig breiten Raum einnimmt, könnte bereits von der christologischen Deutung der Psalmen beeinflußt sein, wie sie etwa die *Glossa Ordinaria* des Walahfrid Strabo nahelegt[109], so daß hier von Rettung im Sinn von Erlösung gesprochen werden könnte. Auch die Illustration des *Stuttgarter Psalters* scheint einer typologischen Interpretation des Psalms zu folgen. Die Illustration zu Psalm 13 (fol. 15) enthält zwei Szenen. Die erste ist zwischen Vers 2 und Vers 3 eingeschoben. Sie zeigt links einen Mann, der zu Gott in der Wolke hinaufschaut, offensichtlich ein Prophet. Gott in der Wolke schaut wieder gemäß Vers 2 auf die „Söhne des Menschen" herab, die der Verführung der Worte

108 eine Krone trägt hingegen der Herrscher in den Illustrationen zum vorhergehenden Psalm 51: vgl. am Beispiel des Utrecht Psalters fol. 30 (De Wald, Tf. 48); auch ist das *Schwert* hier in der Scheide

des *insipiens* – es gibt keinen Gott – verfallen sind. Der *insipiens* schwebt als dunkle Gestalt über der Menge, die das Volk Israel symbolisiert. Der *insipiens* wäre also etwa in Anlehnung an Augustinus' Interpretation zu Psalm 13[110] als *Antichrist* aufzufassen, d.h. als derjenige, der die Gottessohnschaft Christi nicht anerkennt. Dadurch würde sich die Verwendung einer dunklen Gestalt im Bild erklären. Das Dunkle steht für das „Böse", die Gestik symbolisiert die die Negation non est deus, da der *insipiens-Demagoge* mit der einen Hand auf die Menschenmenge unter sich weist und mit der anderen auf den eigenen Kopf, wobei er gleichzeitig triumphierend zu Gott in der Wolke hinaufsieht. Die zweite Szene befindet sich zwischen die Zeilen von Vers 3 eingerückt und versinnbildlicht die Worte „die Füße dieser (Leute) sind zum Blutvergießen behende". Sie zeigt einen fliehenden Mann, der von zwei bewaffneten Kriegern verfolgt wird. Die Illustration zu Psalm 52 bezieht sich auf Vers 3 und 4, zwischen die sie eingeschoben ist. Die Worte *es gibt keinen, der Gutes tut und wissen nicht alle Aufrührer, daß sie mein Volk verzehren als eine Speise Brot,* ist ins Bild als das Morden von Unschuldigen umgesetzt und berührt die *insipiens*-Thematik nicht.

Etwas anders verhält es sich mit dem Beispiel eines *griechischen Psalters* aus dem 11. Jh.[111], der eine dritte Variante einer Illustrationsform von Psalm 13 kennt. Psalm 52 ist hier nicht figürlich ausgezeichnet. Die Illustration bezieht sich in diesem Fall direkt auf den Begriff *aphron*, dem griechischen Wort für *insipiens*, wie es die Beischrift im Bild zudem erkennen läßt. Der *aphron* trägt ein langes Gewand, wirft beide Arme in die Höhe und steht mit dem Rücken zu Gott in einem medaillonförmigen Nimbus im oberen Bildteil. Dem *aphron* ist eine weitere, im Profil gezeigte und ähnlich gekleidete Gestalt zugeordnet, die mit der Rechten zu Gott aufweist. Hier äußert sich die Negation *a-phron* oder *un-weise* durch den *Unglauben* symbolisierenden Gestus, die Verneinung Gottes durch die abgewendete Haltung des Körpers.

109 Walahfrid Strabo *Glossa Ordinaria, Liber Psalmorum, Ps XIII und PS.LII* (= Migne, P.L., Bd.113, S. 863 und 921) s.a. Alf Önnerfors *Über Walahfrid Strabos Psalter-Kommentar.* (= Literatur und Sprache im europäischen Mittelalter. Festschrift für Karl Langosch) Darmstadt: Wiss. Buchgesellschaft, 1973, S. 75 – 121;

110 Migne, P.L., Bd.36, S. 141; s.a. Pseudo-Hieronymus *Breviarium in psalmos, Cap. XIII und LII* (= Migne, P.L., Bd.26, Sp. 850 u. 978)

111 London, Britisches Museum, ms.Add.19352, fol. 12v von 1066; vgl. hierzu Sirarpie Der Nersessian *L'illustration des psautiers grecs du Moyen Age II.* Paris, 1970; übereinstimmende Illustrationen zeigen der Barberini-Psalter (Vatikan, Bibl. Apostol., ms. Barberini gr. 372) fol. 17v und ein slawischer Psalter aus Kiew (Leningrad, öffentl. Bibl., ms.1252 F VI) fol. 15 vgl. Dufrenne, L'insensé, Abb.1 – 3

Der Gestus des *aphron* steht also in direktem Gegensatz zu demjenigen der zweiten Gestalt im Bild, die zu Gott im Nimbus hinaufzeigt und also umgekehrt *Glauben* ausdrückt[112].

Eine vierte Möglichkeit, die Verneinung des Anfangsverses ins Bild umzusetzen, bietet der *Albani-Psalter*[113] aus dem 12. Jh. Im Gegensatz zu den bisher besprochenen Beispielen handelt es sich hier um einen Psalter, der ebenfalls einen figürlichen Bildschmuck aller 151 Psalmen kennt. Die Illustration ist hier aber nicht, wie etwa in der Tradition der englischen Abschriften des Utrecht-Psalters, in den Text eingeschoben, sondern folgt dem Prinzip der *Initialillustration.* Dieses Prinzip zielt nicht mehr darauf ab, den Wortlaut des Textes durch entsprechend eingeschobene Bilderfolgen zu erläutern, sondern benutzt die Illustration zur Hervorhebung der Psalmanfänge. Bei besonders kostbaren Psalterhandschriften wie dem *Albani-Psalter* sind alle Initialbuchstaben der Psalmen figürlich ausgemalt. Betrachtet man die Initiale „D" des 13. Psalms (fol. 92) und diejenige des 52. Psalms (fol. 175), so entsteht der Eindruck, daß die Wahl des Motivs im ersteren Fall alttestamentliche, im letzteren Fall neutestamentliche Bezüge aufweist.

In der Initiale zu Psalm 13 findet sich eine Szene (Abb. 20) mit zwei Figurengruppen. Einer der drei Personen der linken Hälfte sind die Kleider über den Kopf gezogen, so daß der Unterkörper entblößt ist. Die Gestalt der rechten Bildhälfte ist durch einen *Nimbus* als Prophet gekennzeichnet. Sie erhebt die Rechte zu einem Mahngestus. Ganz offensichtlich kommt hier die Negation *in-sipiens* durch den Akt der entehrenden Entblößung zum Ausdruck, während der Mahngestus des Propheten auf das *höchste Gut*, das der *insipiens* nicht erkennt, verweist. Völlig anders verhält es sich mit der Illustration zu Psalm 52. Die Initiale (Abb. 21) läßt den insipiens in der Mitte zwischen der linken Personengruppe und dem rechts stehenden Christus, der im Unterschied zu dem Propheten der Initiale von Psalm 13 ein Kreuz im Nimbus

112 die Worte *non est deus* können auch als Hinwendung zu einem Idol ausgedrückt werden, wie es die Initiale der lat. Bibel in Paris B.N., ms.lat.11534 – 35, fol. 30 wiedergibt: Dargestellt ist links der *insipiens* im Prunkgewand, vor einem Idol in Gestalt einer auf die Hinterbeine aufgerichteten Ziege auf einem Altar. Die Worte *non est deus* werden durch eine herabschwebende Taube, Symbol des Hl. Geistes, widerlegt. Die Taube hält im Schnabel ein leergebliebenes Spruchband. Im Bild befindet sie sich auf gleicher Höhe wie das Idol, dem sich der *insipiens* zuwendet.

113 Hildesheim, St. Godehardskirche, zur Herausgabe und Kommentar vgl. Otto Pächt *The St. Albans Psalter.* (= Studies of the Warburg Institute, Vol. 25) London, 1960; zur Verwendung der Farbe in diesem Psalter vgl. Heinz Roosen-Runge *Farbgebung und Technik frühmittelalterlicher Buchmalerei.* (= Kunstwiss. Studien 38) München: Dt. Kunstverlag, 1967 2 Bde. Bd.I, S. 81 – 94

trägt, auf einem Lehnsessel sitzen. Dazuhin hält der *insipiens* hier ein Buch in der Hand, offenbar den Psalter mit der aufgeschlagenen Stelle „Dixit insipiens“, auf dem Schoß fest und erhebt die Linke zu einem Mahngestus. Mit Gesicht und Körper dreht er sich zu der Personengruppe hinter seinem Rücken um, die jedoch nicht zu ihm blickt, sondern in die Höhe. Die Gegenwart Christus, durch das Kreuz im Nimbus als Erlöser gekennzeichnet, hat Otto Pächt[114] als ersten dazu veranlaßt, als Grundlage dieser nicht einfach zu interpretierenden Szene vom Torheitsbegriff des Neuen Testaments auszugehen, wie ihn Paulus im 1. Korintherbrief 1,18 formuliert: Verbum enim crucis pereuntibus quidem stultitia est. In 1 Kor. 2,6 – 7 setzt Paulus der *offenbaren* Weisheit des Alten Testaments die Torheit als der *verborgenen und geheimen* Weisheit des gekreuzigten Christus gegenüber: ... sapientiam vero non huius saeculi neque principum huius seculi qui destruuntur; sed loquimur Dei sapientiam in mysterio quae abscondita est. Zieht man weiter die Auslegung von Psalm 13 und Psalm 52 nach Cassiodorus' *Expositio in psalmorum*[115] in Betracht, so läßt sich Pächts Annahme, wonach es sich im Fall des Albani-Psalters und speziell bei den beiden Psalminitialen um eine doppelte Auslegung des Torheitsbegriffs handelt, weiter belegen. Cassiodor beginnt seine Erklärung zu Psalm 13 mit dem *Titel* »In finem psalmus David«, der dem Psalm vorangestellt ist. Ausgehend von dem Worts *finis* (Ziel, Ende) sagt er, daß der Psalm hier den „Wahnsinn der Juden mit heftigen Schelten züchtigt“ (modo tamen psalmus hic Judaorum vesaniam vehementi increpatione castigat), der hier also durch den *entblößten insipiens*[116] verkörpert würde. Die Gestalt des Propheten könnte aber dagegen als Beispiel des christlich gedachten Juden aufgefaßt werden, der die Ankunft des Messias, d.h. Christi voraussagt.

114 Pächt, op.cit., S. 224 u. Abb. Tf. 57b

115 Migne, P.L., Bd.70

116 ibidem, S. 103; Pächt, S. 211 (u. Abb. Tf. 46d) faßt das Bild des entblößten *insipiens* als Sinnbild der Gotteslästerung als der höchsten Form menschlichen Stolzes auf. Es liegt aber darüberhinaus ein Anklang an die Darstellung von Besessenen nahe, wie sie beispielsweise der griechische Psalter Vat.gr.752 aus der Zeit um 1059 kennt. Psalm 13 ist als Himmelfahrtszene interpretiert, mit Christus in der Wolke und den zwölf Aposteln, die zu ihm aufblicken. Psalm 52 hingegen bezieht sich auf den Namen *Mahaleth* (auch Amalech), der dem Psalm vorangestellt ist. Die Miniatur zeigt Mahaleth, der zwischen zwei Gruppen von Personen steht und betet. Diese bringen ihm zwei Besessene, gekennzeichnet durch struppiges Haar und nackten Oberkörper. Gemäß E.T. De Wald *The illustrations in the manuscripts of the Septuagint*. Princeton/Oxford/La Haye, 1941, Vol.III, Part 2, S. 12 und S. 22 basiert dieses Illustrationsprogramm auf dem Psalmkommentar des Pseudo-Athanasius (= Migne, P.G., Bd.27, S. 689 – 690). Interessanterweise verhält sich die Interpretation zu Psalm 13 und 52 im Fall des Albani-Psalters genau umgekehrt.

Bei seinem Kommentar zu Psalm 52[117] geht Cassiodor von dem Namen *Amalech* aus, der in dessen Titel »In finem pro *Amalech*« enthalten ist. Die Auslegung des Namens Amalech sei „für den in Wehen Liegenden oder Leidenen“ (pro parturiente sive dolente), womit die Kirche des Herrn (Ecclesia Domini) gemeint ist, die so lange leidend und in Wehen das Volk der Treulosen daran erinnert habe, daß es von seinen Unruhen ablassen und über dem göttlichen Urteil nicht verzweifle, gemäß den Worten des Apostels in Gal. 4,19. Die Stelle im Galatherbrief enthält den Gedanken, daß sich Gott in den Menschen stets aufs Neue unter Schmerzen gebiert, bis sich Christus in ihnen geformt habe. Unter dieser Voraussetzung ließe sich das Bild des insipiens mit der aufgeschlagenen Psalmstelle „Dixit insipiens“ als Verkörperung eines *Ungläubigen* auffassen, der im Begriff ist, *bekehrt* zu werden, wie die Gruppe hinter seinem Rücken, die zu Gott aufblickt, suggeriert.

Noch aus der Zeit vor der endgültigen Einführung der Initialillustration durch die Pariser Reform des Vulgatatextes, der 1227 von Stefan Lanton überarbeitet wurde[118], stammt der *Psalter ms.theol.qu.8* der Landesbibliothek in *Kassel*. Er wird auf 1210 datiert. Hier sind nicht sämtliche Psalmanfänge mit figürlich ausgemaltem Initial versehen, sondern nur diejenigen der Psalmen, die zur liturgischen Achtteilung gehören. Bei dem dargestellten Motiv lassen sich zunächst keine alt- oder neutestamentlichen Bezüge feststellen. Kleidung und Kopfschmuck der Figuren lassen vor allem Standesunterschiede erkennen. Der Initialbuchstaben zu Psalm 52[119] auf fol. 259 (Abb. 22) zeigt den *insipiens* zusammen mit einer gekrönten Herrscherfigur. Der *insipiens* ist ein Jüngling mit langem Haar und in ein knielanges Wams[120] gekleidet, das in der Taille gegürtet ist. Er trägt Beinlinge und dunkle Schuhe. Als besonderes Kennzeichen schmücken seinen Kopf zwei Federflügel. Er hält mit der Rechten einen Stock geschultert, und wendet sich gestikulierend von dem vor ihm sitzenden König ab.

Der Federschmuck gilt in der religiösen Kunst des Spätmittelalters gewöhnlich als Standeszeichen von Menschen, die einer besonders rohen Tätigkeit nachgehen, wie die Schergen und Henker. So zeigen der *Gough-Psalter*[121] in einer Darstellung von *Christus vor Kaiphas und Annas* als auch

117 Migne, P.L., Bd.70, S. 377

118 Haseloff, op.cit., S. 21

119 ibidem, S. 25 und Abb. Tf. 7

120 zur spätmittelalterlichen Kleiderordnung vgl. Joachim Bumke *Höfische Kultur*. München: dtv, 1986, 2 Bde Bd.1, S. 172f

121 Oxford, Bodl.Lib., ms.Gough liturg.8, (um 1292/1304), fol. 37 und fol. 61; hierzu Lucy

im Bild der *Kreuzigung* die Schergen und Henker mit einem Flügelhaupt abgebildet. Der nach 1288 entstandende *Ramsey-Psalter*[122] als auch derselben Schule angehörige *Peterbourough-Psalter*[123] folgen dieser Tradition. Außer Schergen und Henkern sind die *Ismaeliten* in den *Armenbibeln*[124] des 14. Jh. mit einem Federkopfputz gekennzeichnet.

In den Psalterhandschriften seit den 40er Jahren läßt sich als neues Attribut des *insipiens* ein runder Gegenstand in der Hand nachweisen. Bei diesem handelt es sich um das *Brot*[125], von dem Vers 4 des Psalmtextes in einer Metapher spricht: »Nonne sciunt omnes qui operantur iniquitatem qui devorant plebem meam ut cibum panis?« Als Attribut neu ist in der Initialillustration der Psalterhandschriften des 13. Jh. aber vor allem der geschultert gehaltene *Stock*. Da er nicht auf den Boden aufgestützt ist, handelt es sich nicht um einen *Wanderstab*, dem Attribut von Hirten, sondern entweder um eine *Waffe* oder einen *Bettelstab*[126]. Wie lassen sich aber der geschulterte Stock als neues Attribut und der Gestus erklären? Der Schlüssel scheint mir in dem Satz *omnes qui operantur iniquitatem* desselben vierten Verses zu liegen, in dem „Aufrührer“ angesprochen werden. Die Initialillustration faßt

Freeman Sandler *The Peterbourough Psalter and other Fenland manuscripts*. London: Harvey Miller, 1974, Abb. 104 und 110; nach Arthur Haseloff *Eine thüringisch-sächsische Malerschule des 13. Jh.* Straßburg, 1897, S. 278 vertreten Schergen und Henker die Kopftypen der bösen Menschen: „die moralische Schlechtigkeit findet in ihren Gesichtern einen beredten Ausdruck, sie sind mehr oder minder verzerrt“.

122 New York, Pierpont Morgan Lib., ms.Ramsey 302 (um 1288), fol. 2v (Sandler, Abb. 302)

123 Brüssel, Bibl.Roy., ms.9961 – 62, fol. 47v (Sandler, Abb.43)

124 Clausdieter Schott *Sachsenspiegel und Biblia pauperum* (= Text-Bild-Interpretation. Untersuchungen zu den Bilderhandschriften des Sachsenspiegels. München, 1986, Bd.1, S. 51 – 53 leitet den Kopfputz aus einer verhältnismäßig frühen, jedoch verloren gegangenen Biblia pauperum ab. Vgl. dazu die Darstellungen bei Gerhard Schmidt Die *Armenbibeln des 14. Jh.* Graz/Köln, 1959 aus der Armenbibel von Benediktbeuren (München, Bayerische Staatbibliothek, ms.lat.4523, fol. 53 vom Anfang des 14. Jh.), Tf. 44a und aus der Armenbibel von Stuttgart (Landesbibliothek, ms.theol.philos. Fol. 279, fol. 6 aus dem 3. Viertel des 14. Jh.), Tf. 36a; die Auffassung, wonach das Bildprogramm der Armenbibeln als Vorlage für typologische Wandgemälde angesehen werden kann, vertritt Julius von Schlosser *Giustos Fresken in Padua*, op.cit., S. 23 im Anschluß an Friedrich Laib *Biblia Pauperum*. Zürich, 1867; als ältestes Zeugnis einer Armenbibel gilt ihm die „concordia veteris et novi testamenti“ (S. 89)

125 wie Haseloff, op.cit., S. 29 bemerkt, handelt es sich bei dem Gegenstand in der Hand des „insipiens“ weder um einen Stein, noch um einen Käse oder eine Hostie; s.a. Hadumoth Meier(-Hanckel) *Der Narr in der christlichen Ikonographie des Mittelalters*. In: Das Münster, Heft 1/2, 1955, S. 2

126 vgl. Karl von Amira *Der Stab in der germanischen Rechtssymbolik*. (= Abh. der bayer. Akad. d. Wiss., philosoph.-philolog. und hist. Klasse, Bd.25) München, 1909, S. 158

hier in einem einzigen Symbol zusammen, wofür die ältere Wortillustration eine ganze Bildfolge einsetzt. Anstelle des Mordens Unschuldiger weist der geschultert getragene Stock, der als Drohgebärde erscheint, auf diesen ursprünglichen Sinn zurück. Zu der älteren, religiös inspirierten Gestalt des *insipiens* als Antichristen oder Demagogen tritt eine neue, weltlich orientierte Auffassung, die mit dem Bild des Unwissenden dasjenige eines „Aufrührers" verknüpft. Das Bild des einen Stock schulternden *insipiens* begegnet auch außerhalb der Psalmillustration.

Entsprechend gekennzeichnet sind beispielsweise die *insipiens*-Personifikationen in der Illustration einer Stelle aus dem Buch der Gleichnisse Salomons in der *Bibel ms.lat.11560* der Pariser Bibliothèque Nationale aus dem 13. Jh. Der Text wird von 8 Medaillons illustriert, die in zwei senkrechten Spalten zu je 4 Medaillons angeordnet sind. Jedes Medaillon veranschaulicht den Inhalt des unmittelbar danebenstehenden Textabschnitts. Das erste Medaillon der zweiten Spalte von fol. 40 enthält in der linken Bildhälfte Salomon und die Allegorie der Sapientia, kenntlich an ihrem schlangenumwundenen Stab, rechts einen *insipiens* mit geschultertem Stock. Er ist von einer weiteren Person begleitet, die ebenfalls barfuß und nur mit einem kurzen Hemd bekleidet ist. Entsprechende *insipiens*-Figuren weist fol. 46 im ersten Medaillon der rechten Spalte und fol. 50 im dritten Medaillon der linken Spalte auf[127].

An der Gestalt von *Grobes Verständnis* aus dem dreiteiligen Pilgerroman *Pélérinage de la vie humaine*[128] des Guillaume de Guilleville (1295 – 1358), begonnen 1330, wird deutlich, daß der Stock im 14. Jh. als Zeichen für besonders grobe, unwissende und aufrührerische Menschen steht.

127 die Initiale zu Psalm 52 derselben Bibel enthält im Gegensatz dazu keine Darstellung des *insipiens*, sondern das Thema „Gott schickt einen Regen Keile auf Juden und Teufel herab", illustriert also nicht den ersten Psalmvers, sondern den dritten.

128 zum Text vgl. die immer noch gültige Ausgabe von Alois Bömer *Die Pilgerfahrt des träumenden Mönches.* (= Dt. Texte des Mittelalters, Bd.XXV), Berlin, 1915, S. 112f, die auf drei mittelhochdeutschen Papierhandschriften des 15. Jh. basiert: auf der in der Schloßbibliothek Sayn-Wittgenstein in Berleburg aufbewahrten Handschrift Lit.A.Nr.1292, der Handschrift des Historischen Archivs in Köln aus dem Jahr 1444, G.B.223 und der Prosahandschrift der Hamburger Stadtbibliothek, cod.germ.18 aus der zweiten Hälfte des 15. Jh.; von den drei Handschriften ist sowohl die Berleburger Hs. als auch die Hamburger Prosafassung illustriert. Zur Edition der gereimten frz. Originalfassung vgl. Johann Jacob Stürzinger *Guillaume de Guilleville. Pèlerinage de la vie humaine.* London, 1893 – 97; zu den frz. Handschriften vgl. Edmund Faral *Guillaume de Guilleville.* In: Histoire littéraire de la France, Bd.39, 1962, S. 1f und neu Henry Avril *Guillaume de Guilleville. Le pèlerinage de l'âme.* Oxford, 1985

Der ursprünglich in Versen abgefaßte Roman schildert in Form einer didaktischen Traumallegorie die sündenbedrohte Erdenwanderung eines christlichen Pilgers, der durch *Gottes Gnade* (Grace Dieu) gerettet wird. Nach einer einführenden Unterweisung in den Sinn und Wert der Sakramente bewaffnet *Gottes Gnade* den Pilger, es ist Guillaume selbst, gegen die Gefahren der Reise und erklärt ihm gleichzeitig die Bedeutung seiner Ausrüstung. Der *Beutel* ist der *Glaube*, die daran befestigten *zwölf Silberglöckchen* die *Artikel des Credo*, während der *Pilgerstab Hoffnung* bedeutet. Der Pilger ist also mit zweien der drei theologischen Tugenden ausgestattet. Dazu möchte ihm *Gnade Gottes* noch eine ganze Ritterrüstung überreichen, in der unter anderen die *vier* philosophischen oder *Kardinaltugenden* enthalten sind. Dem Pilger ist diese Rüstung aber viel zu beschwerlich und unbequem, er will sich mit seinem Pilgerstab zufriedengeben, wie schon David mit der Schleuder. Gnade Gottes mißfällt diese Ablehnung. Dennoch gibt sie ihm einen Weggefährten mit, der den Namen *Gedächtnis* (mémoire) trägt, der die Rüstung an seiner statt tragen wird.

Sobald der Pilger Gnade Gottes verlassen hat, beginnen seine Abenteuer. Er trifft auf einen schrecklichen Gesellen, der ihm den Weg versperrt. Er nennt sich *Grobes Verständnis* (Rude Entendement) und möchte dem Pilger seinen Beutel – den Glauben – und seinen Pilgerstab – die Hoffnung – rauben.

Nach der Beschreibung im Text hat *Grobes Verständnis* ein wildes, bärtiges Gesicht mit buschigen Augenbrauen und trägt in der Hand einen *Stock*, der *Eigensinn* (Obstination) heißt. Die Illustration dieser Stelle auf fol. 32 in der Heidelberger *Bilderhandschrift Cpl. 1969* aus dem 14. Jh.[129] (Abb. 23) zeigt *Grobes Verständnis* mit kurzem, dunklem Wams und den beschriebenen finsteren Gesichtszügen, dem geschulterten Stock und der zur Widerrede erhobenen Hand. Tracht, Gesichtsausdruck und der Stock betonen sein grobes, bäurisches Wesen, wie es der Text und die dort aufgeführte Bezeichnung „vilain" verlangen. Der Stock als Attribut und seine Verwendung als Waffe bezeichnen hier also eine eigensinnige, grobe und unverständige Person.

In ihrer Studie zum Begriff der Dummheit bei Thomas von Aquin hat Annie Kraus[130] darauf aufmerksam gemacht, daß das lateinische Wort *stupor*, aus dem Thomas das Wort *stultitia* ableitet, „auch in seiner deutschen

129 Rosemarie Bergmann *Die Pilgerfahrt zum himmlischen Jerusalem.* Wiesbaden: Ludwig Reichert, 1983, Abb.S. 102 und 103;

130 Kraus, op.cit., S. 10

Übersetzung *Starrheit* darauf hinweist, daß es unserem deutschen Wort *stur* zugrunde liegt". Mit *stur* hängt aber auch das Wort *störrisch* = *unwillig* zusammen. In diesem Sinn könnte der als Attribut verwendete *Stock* auch diesen Ursprung der *stultitia*, die *Starrheit*, symbolisieren.

Gegenüber den Beispielen der frühen Psalmillustration ist die Kennzeichnung des *insipiens* als niedrigstehende, grobe und aufrührerische Figur durch Einführung symbolischer Attribute wie Flügelhaupt oder Stock die auffälligste Neuerung. Eine nicht minder ins Auge fallende Veränderung ist aber auch die Behandlung der *Kleidung* und des *Haares*. So zeigt beispielsweise der *Psalter ms.lat.15467*[131] der Pariser Bibliothèque Nationale aus dem 13. Jh. in der Initiale zu Psalm 52 (Abb. 24) den *insipiens* in einem über den Knien abgeschnittenen ärmlichen Gewand, barfuß, *kahlköpfig*, und mit den Attributen des Stocks und des Brotes versehen. Im *Psalter von Bourbourg, ms.Add. 30045* des Britischen Museums[132] aus dem letzten Viertel des 13. Jh. hat der *insipiens* den Oberkörper entblößt (Abb. 25), während er in dem *Psalter ms.lat.1181*[133] der Pariser Bibliothèque Sainte Geneviève gänzlich nackt (Abb. 26) dargestellt ist. Wie die Zusammenstellung der Initialen zum Psalm 52 aus Psalterhandschriften des 13. Jh. in den Arbeiten von Haseloff[134], Gifford[135], Meier(-Hanckel)[136] und Garnier[137] erkennen läßt, handelt es sich bei der Darstellung des *insipiens* als einer *kahlköpfigen*, entweder halb oder ganz *entblößten* und mit den Attributen von Stock und Brot versehenen Gestalt um die für das 13. Jh. *typischen* Form, in der der *insipiens* im 13. Jh. auftritt. Die Entblößung des Oberkörpers oder des ganzen Körpers ist in Verbindung mit dem *Stabtragen*[138] Teil des mittelalterlichen Rechtsbrauchs

131 Haseloff, Tf. 10; nach den Angaben desselben Autors S. 29 tritt ein kahlköpfiger *insipiens* zuerst in der Bibel ms.lat.14397, fol. 172 der Pariser Bibliothèque Nationale auf

132 Meier(-Hanckel), S. 3 Anm. 12; Abb. bei Georg Vitzthum *Die Pariser Miniaturmalerei von der Zeit des hl. Ludwig bis zu Philipp von Valois*, Leipzig, 1907, Tf. XXVI.

133 Haseloff, Tf. 17

134 s. Anm. 104

135 s. Anm. 107

136 s. Anm. 125 und Problemstellung, Anm. 13

137 s. Problemstellung, Anm. 13

138 beim Stabtragen handelt es sich um die Umwandlung der Strafe der *Ächtung* (Stadt- oder Landesverweisung) in eine Scheinbuße, da die reale Verweisung unterbleibt und der Verwiesene eine Zeitlang der öffentlichen Schande preisgegeben wird. Nach Jacob Grimm *Deutsche Rechtsaltertümer* Leipzig: Dieterich, 1899, S. 336 scheint es sich hingegen um eine wirkliche Strafe gehandelt zu haben: „Verwiesene räumten barfuß, entgürtet und einen Stab tragend das Land; Nacktheit hatten sie gemeinsam mit den Haussuchenden (Arbeits-

der *schimpflichen Abbitte*, wie sie vor allem bei Leuten gehandhabt wurde, die nicht imstande waren, ein Vergehen mit Geld abzubüßen, vornehmlich also bei *Bauern*[139]. Ebenso kennt aber auch schon das Alte Testament die Entblößung als ein Mittel der *sträflichen Entehrung*. Hamun entehrte die Knechte Davids, indem er sie schor und ihnen die *Kleider* bis ans Hinterteil *abschnitt* (1 Chr. 19,4). Bereits erwähnt wurde das Beispiel des Propheten Jesaias, der als Symbol der drohenden Strafe Yahwes und als Warnung für das Volk Israel drei Jahre *nackt* und *barfuß* umhergehen muß (Jes. 20,4). Als David beim Einzug der Bundeslade in Jerusalem Gott zu Ehren einen Tanz aufführt, beschuldigt ihn Mikal, die Tochter Sauls, sich *wie ein Nichtswürdiger entblößt* zu haben (2 Sam. 6,20). Eine Illustration dieser Episode findet sich in dem *Psalter Vat.Graec.333* aus dem 11. Jh.[140]. Im Mittelbild der dreiteiligen Miniatur auf fol. 46 ist ein knielanges, gegürtetes Hemd Ausdruck der Erniedrigung Davids und kontrastiert mit seiner würdevollen Darstellung im Königsornat der darüberstehenden Miniatur.

Gegenüber dem abgeschnittenen Gewand oder dem kurzen Hemd als Zeichen der Erniedrigung dürfte die völlige *Nacktheit* den Zustand gänzlicher Entehrung bedeuten. *Geschorene Haare* und *abgeschnittener Bart* heißt hingegen, sich in die Knechtschaft eines anderen begeben oder befinden[141]. Im kirchlichen Recht ist beispielsweise der Verlust der *Tonsur*[142], d.h. das Kahlrasieren des Kopfhaares, das äußere Zeichen der *Exkommunikation* im Fall von Gotteslästerung oder Ketzerei[143]. Da der *insipiens* die Existenz

losen?) und armen Leuten". Eine ähnliche Strafe kennt das kanonische Recht, das Tragen der „virga disciplinatoria". Hier handelt es sich allerdingt nicht um eine Scheinbuße: vgl. Amira, *Der Stab*, S. 16;

139 nach Amira, *Der Stab*, S. 17 wurde diese Strafe noch im 15. Jh. bei aufständischen Bauern angewandt

140 vgl. Jean Lassus *L'illustration byzantine du Livre des Rois*. In: Bibliothèque des Cahiers Archéologiques, IX, Paris, 1973,

141 das abgeschnittene Gewand galt als „schimpfliche Tracht". Vgl. Grimm, Rechtaltertümer, Bd.2, S. 302; s.a. Percy Ernst Schramm *Zur Haar- und Barttracht als Kennzeichen im deutschen Mittelalter*. In: Herrschaftszeichen und Staatssymbolik. (= Monumenta Germaniae historica, Schriften, Bd.13/I) Stuttgart: Hiersemann, 1954 – 56 3 Bde. Bd.1, S. 126

142 zum „Scheren der Haar als symbolischer Strafe" vgl. Grimm, Rechtsaltertümer, Bd.2, S. 287; nach dem Corpus Iuris Canonici, Pontificale Romanum, causa 108, § 1 begründet die „prima tonsura" oder Petrustonsur seit dem 9. Jh. den Akt, der die Aufnahme in den geistlichen Stand, die Zugehörigkeit zum Klerus mit allen Rechtsformen begründet. Vgl. Du Cange, Glossarium, Bd.VI, S. 604 (tondere) und S. 606 (tonsura); *Lexikon für Theologie und Kirche* Freiburg, 1965, Bd.10, S. 251; zur Tonsur vgl. Beda Venerabilis *Historia Ecclesiastica* Pars IV, sect. III, cap.XXI – XXII (= Migne, P.L., Bd.95, S. 277)

143 nach der Regelung im Corpus Iuris Canonici, pars. II, cap. 10 causa 22, quaestio 1 sollen

Gottes verneint, müßte die Kahlheit hier analog als religiöses Zeichen einer Versündigung an Gott[144] gedeutet werden. Das Scheren des Haupthaares sowie das Abschneiden des Gewandes oder die Entblößung lassen somit auf Formen religiöser *Demütigungsriten* schließen.

Den Vorgang einer *demütigenden Entehrung* zeigt exemplarisch die Bilderfolge zur *Passio Christi*. In dem mit kostbaren, ganzseitigen Miniaturen geschmückten *Psalter des Robert de Lisle*[145] aus dem 14. Jh. sitzt Christus im zweiten Bild (Abb. 27) wie der König, der ihn verurteilt, auf einem Thron, in der einen Hand die *Märtyrerrute*. Es ist das Bild der *Verspottung*. Christus ist im Gegensatz zu den anderen auf allen Bildern barfuß. Das lange *Büßerhemd* wird ihm bei der *Geißelung* ausgezogen. Auch bei der *Kreuztragung* erscheint er bis auf einen Lendenschurz *entblößt*.

Aus den beiden genannten Beispielen wird deutlich, daß die Länge des Gewandes stets als Maß für die Würde seines Trägers genommen wird. Dasselbe Bild ergibt sich in denjenigen Initialen, die dem *insipiens* eine Herrscherfigur beifügen. Auch hier läßt sich kein größerer Gegensatz denken, als der zwischen dem entblößten *insipiens* und dem ihm in prunkvollem Ornat gegenübersitzenden Herrscher.

Dieser Herrscher ist mit Haseloff[146] als *David* anzusprechen. Daß David nicht nur in der Initiale von Psalm 52, sondern auch in den übrigen Initialen als König auftritt, geht auf seine Rolle als Verfasser der Psalmen zurück, die sich auch aus der häufigen Nennung seines Namens in den Psalmüberschriften ergibt.

Die Beiordnung Davids in Gestalt eines Königs in der Initialillustration von Psalm 52 scheint aber die Voraussetzung für einen im 14. Jh. einsetzenden Darstellungswandel des *insipiens* zu sein, der sich weder aus dem Psalmtext, noch aus seiner Exegese direkt herleiten läßt. Von diesem Wandel

Geistliche bei Blasphemie abgesetzt, Laien dagegen mit dem Anathema bestraft werden. Vgl. Siegfried Leutenbauer *Das Delikt der Gotteslästerung in der bayerischen Gesetzgebung*. Köln: Bohlau, 1984, S. 19; eine solche Absetzung veranschaulicht eine Gerichtsszene aus der Bilderchronik des Diebold Schilling von 1509, fol. 319: die abgesetzten Mönche verlassen kahlgeschoren die Gerichtstribüne; für eine Abb. vgl. Hans Fehr *Kunst und Recht*. Zürich, 1923, Fig. 145;

144 Paul Zeller *Biblisches Handwörterbuch*. Stuttgart, 1912, S. 725

145 London, Brit. Mus., ms.Arundel 83 II, fol. 125 (Abb. Lucy Freeman Sandler *The Psalter of Robert de Lisle*. London, 1983, Tf.

146 Haseloff, *Psalmillustration*, S. 52; s.a. Hugo Steger *David rex et propheta. König David als vorbildliche Verkörperung des Herrscher und Dichters im Mittelalter, nach Bilddarstellungen des 8. – 12. Jh.* (= Erlanger Beiträge zur Sprach- und Kunstwissenschaft, Bd. 6) Nürnberg, 1961

wird noch weiter unten im Zusammenhang mit der Gestalt des *Hofnarren* die Rede sein.

Die Analyse der bildlichen Personifikation des Begriffs *insipiens* ergibt, daß sich im 13. Jh. eine Tendenz zur Typisierung nachweisen läßt. Sie setzt die Verneinung, die der Psalmvers ausdrückt, mittels Kahlköpfigkeit und Entblößung als Zeichen der Erniedrigung ins Bild. Neben den Gedanken der Erniedrigung tritt mit dem Attribut des Stocks das Bild des Aufruhrs. Es ist möglicherweise aus demselben vierten Vers des Psalmtexts hergeleitet wie das weniger durchgängig erscheinende Attribut des Brots. In der Initialillustration des 13. Jh. liegt das Hauptgewicht also nicht mehr auf dem erzählerischen Charakter der Szene, die den Gedanken der Unwissenheit in Anlehnung an den Psalmtext veranschaulicht, sondern auf den beiden Figuren David und *insipiens*. Dabei handelt es sich im ersten Fall um die Darstellung einer historischen Person, im zweiten um die Personifikation eines Begriffs. Durch die Kleidung wird ein Vergleichsmaßstab geschaffen, der die Figuren in Bezug auf „Würde" als Gegensätze erscheinen läßt: David im Herrschornat, dem Zeichen der Königswürde, der *insipiens* entblößt als Unwürdiger. Damit entsteht durch das Bild ein neuer Zusammenhang, der den Gedanken der Unwissenheit mit dem der Unwürde verknüpft.

2. Der *insipiens* als Lasterallegorie in der Kirchenkunst des 13. Jh.

Noch ins 13. Jh. fällt die Verwendung des *insipiens* als Allegorie der Dummheit. Der älteste mir bekannte Zyklus, der eine Darstellung der *Stultitia* kennt, befindet sich in dem zwölfteiligen Relief am Hauptportal von *Notre Dame* in Paris, der auf um 1210 datiert wird[147]. Die *Stultitia* (Abb. 28) ist hier als eine ausschreitende Gestalt dargestellt, mit über den Knien abgeschnittenem Hemd und einem über die Schulter geworfenen Tuch. In der Rechten hält sie eine Fackel (?), mit der Linken beißt sie in einen Gegenstand.

147 Emile Mâle *L'art réligieux du XIIIème. siècle en France*. Paris, 1931, S. 99f; E. E. Viollet-le-Duc *Dictionnaire raisonné d'architecture française du XI au XVI siècle*. Paris, 1968, Bd.9, S. 357f; Camille Enlart *La scultpure des portails de la cathédrale d'Auxerre du XIII au XIV siècle*. Caen, 1909; neue Arbeiten zu den Tugenden- und Lasterzyklen der französischen Kathedralen sind so gut wie inexistent. Zwar sind Studien zur gotischen Kirchenskulptur erschienen, wie Peter Kurman *Die Fassade der Kathedrale von Reims*. Habil. Bern, 1981; Georges Durand *Monographie de l'église Notre Dame, cathédrale d'amiens*. Amiens: Yvert et Tellier, 1901 – 03, Jean-René Gaborit *L'Art Gothique*. Paris, 1978; Willibald Sauerländer *Die Kathedrale von Chartres*. Stuttgart: Günther, 1954, doch sind die Schwerpunkte anders gesetzt, weswegen die Behandlung der Tugend- und Lasterzyklen über eine bloße Erwähnung kaum hinausgeht.

Das Haar fällt bis über die Schulter. Die Attribute sind heute nicht mehr vollständig erhalten, doch ergibt der Vergleich mit den *Stultitia-Allegorien* der Zyklen von Chartres und Amiens (Abb. 29) und auf den *Glasfenstern* von Notre Dame in Paris (Abb. 30), Áuxerre und Lyon[148], daß es sich um die aus der Initialillustration von Psalm 52 abgeleitete Gestalt des *insipiens* handelt[149]. Da bisher keine Beispiele gefunden werden konnten, die auf ein früheres Datum schließen lassen, muß davon ausgegangen werden, daß die Konzeption der *Stultitia* als Lasterallegorie eine Schöpfung des 13. Jh. ist. Die frühesten Beispiele sind darüberhinaus französischen Ursprungs, da beispielsweise Deutschland oder Italien die Tugenden einerseits meist alleine darstellen oder dann erst im folgenden Jahrhundert Lasterzyklen ausbilden[150]. Die Allegorie der *Stultitia* kann dort aber nicht von einem französischen Modell hergeleitet werden, sondern ist eine lokale Prägung, wie es beispielsweise die Verwendung einer *historischen* Persönlichkeit, des Königs *Sardanapal*[151] als Allegorie der *Stultitia* im Tugend- und Lasterzyklus der Capella S. Agostino in der Chiesa degli Eremitani in Padua zeigt. Die einzige Allegorie, die eine Verwandtschaft mit dem *insipiens* der Psalmillustration aufweist, ist die, allerdings wesentlich monumentalere Ausführung der *Stultitia* in dem Tugend- und Lasterzyklus Giottos in der benachbarten Capella degli Scrovegni in Padua[152]. Sie wurde bereits im Zusammenhang mit der Lehrfigur des *Epileptischen* in einem Brennstellentraktat aus Padua erwähnt. Von ihr wird noch weiter unten ausführlicher die Rede sein.

148 Vgl. Ferdinand Lasteyrie *Histoire de la peinture sur verre*. Paris, 1853 – 57, S. 138; Arthur Martin und Charles Cahier *Monographie de la Cathedrale de Bourges*. Paris, 1841 – 44, Bd.1;

149 auf den Zusammenhang zwischen der *insipiens*-Figur der Psalmillustration und ihrer ikonographischen Übereinstimmung mit der Figur der *Stultitia* der frz. Kathedralsplastik macht erstmals Meier(-Hanckel), *Der Narr*, S. 1 aufmerksam, faßt allerdings die *Stultitia* als Prototyp des *insipiens* auf.

150 s.a. Karl Künstle *Die Tugenden und Laster*. In: Ikonographie der christlichen Kunst. Freiburg, 1928, S. 156f; Adolf Katzenellenbogen *Allegories of the virtues and vices in medieval art from early christian times to the 13th century*. (= Studies of the Warburg Institute, Bd.10) London, 1938

151 vgl. genaueres bei Julius von Schlosser *Giusto's Fresken in Padua* (...). In: Jahrb. der Kunstsammlungen, Wien, 1896, Bd.XVII, S. 31f; zur Darstellung des *Sardanapal* auf dem Grabmal des Bischofs Erhard de la Marche in Lüttich: vgl. Joseph Sauer *Symbolik des Kirchengebäudes und seiner Ausstattung in der Auffassung des Mittelalters*. Freiburg: Herder, 1902, S. 238f;

152 zu Giotto und den Fresken der Arenakapelle vgl. Max Imdahl *Giotto, Arenafresken: Ikonographie, Ikonologie, Ikonik*. München, Fink, 1980; s.a. S. 47 u. Anm. 71

Bisher ist aber nicht geklärt, warum die *Stultitia* in der französischen Kirchenkunst, die eine Gegensatzbildung von Tugenden und Lastern von Anfang an kennt, nicht schon früher als Gegensatz zur *Prudentia* oder *Sapientia* entwickelt worden ist, sondern erst im 13. Jh. Aufnahme in das Bezugssystem des spätmittelalterlichen Moraltheorie findet. Dieses System wird im Bild gewöhnlich durch die drei theologischen Tugenden *Fides, Spes* und *Caritas* und die vier philosophischen oder Kardinaltugenden *Temperantia, Fortitudo, Prudentia* und *Iustitia* repräsentiert. Diese Tugenden lassen sich auch am Hauptportal von Notre Dame auffinden, allerdings in einer völlig abweichenden Reihenfolge. Die linke Seite zeigt eine doppelt geführte Reihe von je 6 Medaillons, denen ebensoviele auf der rechten Seite entsprechen. Links beginnt die Reihe mit *Humilitas, Prudentia* und *Castitas*, denen als Laster *Superbia, Stultitia* und *Iniustitia* zugeordnet sind. Anschließend folgen *Caritas, Spes* und *Fides* mit den Lastern *Avaritia, Desperatio* und *Idolatria* darunter. Das Gegensatzpaar *Prudentia* und *Stultitia* befindet sich also in der Mitte einer Dreiergruppe, an die die drei theologischen Tugenden anschließen. Die *Prudentia* ist darüberhinaus die einzige der vier Kardinaltugenden, die in der Tugend- und Lasterfolge der *linken* Seite enthalten ist. Wenn man davon ausgeht, daß die innere Anlage des Zyklus nicht zufällig ist, fragt sich, welcher Leitgedanke der Anordnung zugrunde gelegt sein könnte. Dieser wird allerdings nicht auf den ersten Blick offenbar. So findet sich eine zweite Kardinaltugend, die *Fortitudo*, auf dem *rechten* Flügel im *ersten Medaillon*, während das Medaillon mit der *Temperantia* diesen Flügel beschließt. Als Laster sind der *Fortitudo* die *Ignavia* (Feigheit), der *Temperantia* die *Inconstantia*(?) zugeordnet. Die vierte der Kardinaltugenden bildet *keinen* Bestandteil des Zyklus[153]. Sie ist aus der Tugend- und Lasterfolge herausgenommen und findet sich, zum *Weltgericht* umgedeutet, im Tympanon des Hauptportals wieder. In den Tympana von Paris und Chartres ist jeweils ein thronender Christus in einer Tunika dargestellt, beide Hände zum Segensgestus erhoben. Darunter befindet sich jeweils der Erzengel Michael mit der Seelenwaage, der die Seligen von den Verdammten scheidet. Die Seligen, als nackte Gestalten dargestellt, werden von Engeln begleitet, die Verdammten in ihren Kleidern von tiergestaltigen Teufeln mit Fratzengesichtern abgeführt. Zuunterst folgt die Auferstehung der Toten und die Verschlingung der Verdammten durch den Satansrachen. Welcher Leitgedanken ist

153 diese Beobachung hat als erster Mâle, op.cit., S. 113f gemacht; nach Sauer, op.cit., S. 321 war in der spätromanischen und gotischen Epoche „das Gerichtsmotiv die eigentliche Portalszene".

also dem Zyklus zugrunde gelegt? Geht man von der linken Seite aus, lassen sich die ersten drei Paare mit *Humilitas-Superbia, Prudentia-Stultitia* und *Castitas-Iniustitia* zu einer Gruppe zusammenfassen, bei denen der Gedanke an *Mönchstugenden*[154] nicht fernliegt. Demut, Klugheit und Keuschheit als Mönchstugenden zu bezeichnen erscheint insofern sinnvoll, als diese Begriffe zu den wesentlichsten praktischen Haltungen einer christlich gemeinten Lebensweise gehören, so wie die anschließenenden drei Paare *Caritas-Avaritia, Spes-Desperatio* und *Fides-Idolatria* als die drei *theologischen Tugenden* ihr theoretisches Fundament bilden.

Nimmt man weiterhin die Zahl Drei als Teilungsmaß, fügen sich auf der rechten Seite *Fortitudo-Ignavia, Patientia-Ira* und *Nobilitas-Malignitas*(?) zu einer Gruppe zusammen, die einen Bezug zu *Rittertugenden*[155] nahelegen. Die letzte Gruppe der rechten Seite mit *Concordantia-Discordia, Obedienza-Contumacia* und *Temperantia-Inconstantia* könnten dagegen als eigentliche *Klostertugenden* bezeichnet werden. Eintracht, Gehorsam und Mäßigung erscheinen als Begriffe, die die praktische Haltung der Einzelnen in einer christlichen Gemeinschaft bestimmen, die auf Stärke, Geduld und Adel ihr Ideal des christlichen Menschen begründet.

Dadurch ergäbe sich eine Gliederung, die geistig-religiöse Tugenden ethisch-praktischen Tugenden gegenüberstellt. Den Schlußstein dieses Ordnungsgefüges würde schließlich die zur *Gerichtsszene* umgedeutete *Iustitia* über dem Hauptportal mit Christus als Gnadenrichter bilden.

Doch abgesehen von diesem hypothetischen Leitgedanken des Zyklus ist die Frage nach dem Anlaß und den Vorbildern der Komposition noch ungeklärt. Wie bereits gezeigt, befindet sich das Tugend- und Lasterpaar *Prudentia-Stultitia* in der Mitte einer Dreiergruppe mit *Castitas-Luxeria* und *Humilita-Superbia* als Nachbarn. Das Vorbild der Prudentia ist möglicherweise einer *Sapientia*-Darstellung entlehnt, auf die ihr Attribut, der schlangenumwundene Stab, schließen läßt[156], während als Bildvorlage für die *Stultitia* der *insipiens* der Psalmillustration idientifiziert werden kann.

154 Vgl. L. Wrzol *Die Hauptsündenlehre des Johannes Cassianus* In: Studia Friburgensia Divus Thomas, 3. Serie, Nr. I, 1923, S. 385ff

155 Vgl. Bumke, op.cit., Bd.2, S. 416f

156 s. S. 45 und Anm. 127 das Beispiel der Sapientia in der Bible historisée; Schlangen in der Hand hält auch die Sapientia am äußeren Bogen des Hauptportals in Venedig mit 17 Tugenddarstellungen aus dem 14. Jh. Vgl. Wladimiro Dorigo *Una nuova lettura delle sculture del Portale Centrale di S. Marco.* In: Venezia Arti. Bolletino del Dipartimento di storia e critica delle arti dell'Università di Venezia. Roma: Viella, 1988, nr. 2, S. 5 – 23;

Etwas anders verhält es sich mit der Vorlage für die Darstellung der *Superbia*. Das Medaillon (Abb. 31) zeigt ein strauchelndes Pferd mit herabstürzendem Reiter. Diese Darstellung beruht auf einer Episode aus dem allegorischen Epos der *Psychomachie*[157], die als die älteste literarische Quelle von Personifikationen christlicher Moralbegriffe angesehen werden kann. Gegenstand der Psychomachie ist das Ringen der christlichen Tugenden mit den heidnischen Lastern. Das Bild des strauchelnden Pferdes mit dem herabstürzenden Reiter hat sich im Frankreich und Deutschland des späten 13. und beginnenden 14. Jh. auch als Metapher der Bekehrung des heidnischen Saulus zum christlichen Paulus durchgesetzt. Eine solche Darstellung findet sich beispielsweise auf dem Glasfenster des Klosters Königsfelden im schweizerischen Kanton Aargau[158].

Das Epos der *Psychomachie* wurde von dem um 405 gestorbenen Dichter Clemens Aurelius Prudentius verfaßt, einem Zeitgenossen des Augustinus. Prudentius beschreibt den *Seelenkampf* in der Form von personifizierten Moralbegriffen[159], die in acht Folgen als Gegner aufeinandertreffen.

Zuerst kämpft *Fides* gegen *Cultura Deorum* (Glauben gegen Götterverehrung), danach folgt der Kampf zwischen *Libido* und *Pudicitia* (Triebhaftigkeit gegen Scham), *Ira* gegen *Patientia* (Zorn gegen Geduld), *Superbia* gegen *Mens humilis* (Hochmut gegen Demut), *Luxuria* gegen *Sobrietas* (Unzucht gegen Nüchternheit), *Avaritio* gegen *Ratio* (Geiz gegen Vernunft), *Operatio* gegen *Concordia* (Händelsucht gegen Eintracht) und zuletzt *Discordia* gegen *Fides und Concordia* (Zwietracht gegen Glauben und Eintracht).

Stets bildet das Laster den angreifenden Part, während die Tugend am Schluß siegt. Im Fall des Kampfes zwischen Superbia und Mens Humilis stürzt das Roß der Hochmut in die in anderer Absicht gebauten Grube von

157 Vgl. Kenneth Haworth *Deified Virtues, Demonified Vices and descriptive allegory in Prudentius' Psychomachia*. Amsterdam, 1980; zu den Bilderhandschriften der Psychomachie vgl. Richard Stettiner *Die illustrierten Prudentiushandschriften*. Berlin 1905; Helen Woodruff *The illustrated manuscripts of Prudentius*. (Art Studies, 1929) Cambridge (Mass.), 1930 und Ellen Beer *Überlegungen zu Stil und Herkunft des Berner Prudentius-Codex 264*. In: Florilegium Sangallense. Festschrift für Johannes Duft. St. Gallen, 1980. Sigmaringen: Thorbecke, 1980, S. 15 – 70;

158 Emil Maurer *Das Kloster Königsfelden*. (Die Kunstdenkmäler der Schweiz. Die Kunstdenkmäler des Kantons Aargau, Bd.3) Basel: Birkhäuser, 1954, Abb.131; s.a. Wenzel Merklas *Die Altäre der Jakobskirche in Leutschau*. In: Mitteilungen der k.k. Central-Comm. (...), Bd.5, 1860, S. 287

159 Vgl. K. Reinhardt *Personifikation und Allegorie*. In: Vermächtnis der Antike. Göttingen, 1960, S. 7 – 40;

Fraus (Betrug). Die Illustration dieser Szene geht auf ein spätantikes Vorbild zurück, das mit wenigen Unterschieden immer wieder kopiert wurde. Eine solche Kopie ist die Londoner *Psychomachie-Handschrift Cotton ms.Titus D.XVI*[160] aus dem 12. Jh. Fol. 14 (Abb. 32) zeigt den Angriff der speerbewehrten Superbia, das folgende Blatt, wie Roß und Reiterin dramatisch in die Grube stürzen.

Die Gegensatzbildung *Tugend – Laster* beruht also ursprünglich auf der Idee, einander widerstrebende psychische Regungen in der Form eines Kampfes ihrer Begriffe[161] zu veranschaulichen. Als eine Anleihe aus der Text- und Bildvorlage der Psychomachie sind demnach außer *Superbia* und *Humilitas*, sowie *Luxuria* und *Castitas* (bzw. Sobrietas) auch die Paare *Fides-Idolatria* alias *Cultura Deorum, Patientia-Ira* und *Concordia-Discordia* aufzufassen.

Der Tugend- und Lasterzyklus von Notre Dame in Paris – in Chartres und Amiens lassen sich analoge Verhältnisse beobachten – ist also einerseits vom Modell der *Psychomachie* inspiriert, in der die Gegenüberstellung von Tugenden und Laster vorgebildet ist, andererseits im Fall der *Stultitia* von der *Psalmillustration.* Wie durch das *gesprochene Wort*, soll durch die *bildliche Darstellung* an die Dinge erinnert werden, die neben den Glaubensartikeln der Frömmigkeit des Mittelalters am wichtigsten waren, die Pfade, die mittels der Tugenden zum Himmel und die, die mittels der Laster in die Hölle führten. Um diese relativ abstrakten Vorstellungen im Gedächtnis[162] der Kirchgänger zu verankern, verwenden sowohl die Predigt wie die Skulptur das allegorische Bild. Mit dem Nachweis der *Prudentia* und ihrem Gegensatz, der *Stultitia*, im Begriffskanon der christlichen Morallehre, müßte sich also auch der Zeitpunkt festlegen lassen, an dem sich ihr Wechsel vom Gebiet der philosophischen Redekunst in das der christlichen Predigt vollzogen haben muß. Die Verwendung eines allegorisierten Begriffs der Dummheit läßt sich daher auch in der literarischen Gattung nachweisen, deren Gegenstand die Erziehung zum christlichen Denken ist, dem moralischen Lehrgedicht oder der Tugendlehre.

160 London, Brit. Mus., Cotton Mss., Titus D.XVI; Abb. Stettiner, Lo3/Fig. 9 – 12;

161 zur Herleitung dieser Gegensatzbildung aus dem Mithraskult, ihrer Rezeption durch Origenes und Gregor den Großen vgl. Christian Gnilka *Studien zur Psychomachie des Prudentius.* Wiesbaden, 1963, S. 51 – 81;

162 vgl. Frances Amelia Yates *L'art de la mémoire.* Paris: Gallimard, 1975, S. 67 – 69

C. *nerrischeit* und *torscheit* als Lasterbegriffe im Wälschen Gast des Thomasin von Zerklaere

Die Tugendlehren gehören, wie Joachim Bumke[163] in seiner Untersuchung zur höfischen Kultur im Mittelalter festgestellt hat, zu den Zeugnissen einer neuen, ursprünglich in den cluniazensischen Reformklöstern entwikkelten *Laienethik*, die dem weltlichen Adel zum Vorbild für fromme Lebensführung dienen sollte. Diese Laienethik geht vom Idealbild eines *christlichen Ritters* (miles Christi)[164] aus, unter dem nicht nur Mönche zu verstehen sind, sondern auch zu Ordensrittern bekehrte „Raubritter". Es muß allerdings „für die Zeitgenossen ein neuer und zunächst ganz fremder Gedanke gewesen sein, daß Mönchstum und Rittertum, geistlicher und weltlicher Kriegsdienst, *militia spiritualis* und *militia saecularis*, sich so miteinerander verbinden ließ". Den Gedanken, daß es möglich sein müßte, zugleich Gott und der Welt zu genügen, macht bereits Gottfried von Straßburg im *Tristan*[165] zum Zentralpunkt seiner Adelserziehung. Dieser ist in den Begriff der *moraliteit* gefaßt: »morâliteit ist eine liebliche Wissenschaft, beseligend und rein. Ihre Lehre befindet sich in Übereinstimmung mit der Welt und mit Gott. In ihren Gesetzen unterweist sie uns darin, Gott und der Welt zu gefallen. Sie ist eine Nährmutter aller vornehmen Menschen, damit sie Nahrung und Lebenskraft aus ihrer Lehre beziehen. Denn weder Besitz noch Ansehen wird ihnen zuteil, wenn sie nicht die Lehre der *morâliteit* haben.«

Auf deutschem Gebiet ist es aber vor allem der *Wälsche Gast* des Thomasin von Zerklaere[166], der die Lehre der *morâliteit* als Bestandteil des höfischen Unterrichts propagiert. Thomasin hat das Werk in deutschen Versen verfaßt. Er dürfte es selbst um 1215/16 geschrieben und zum besseren Verständnis mit Randzeichnungen versehen haben. Die älteste Bilderhandschrift des *Wälschen Gasts* ist der *Cpg.389*[167] aus dem 13. Jh., der sich heute in der Heidelberger Universitätsbibliothek befindet. An die höfische Jugend

163 Bumke, Bd.2, S. 400

164 ibidem, S. 399 u. S. 409; s.a. Ernst Robert Curtius *Die europäische Literatur und das lateinische Mittelalter*. Bern. 1954, S. 521

165 ibidem, S. 429

166 ibidem, S. 413; Thomasin von Zerklaere integriert die Kernbegriffe der ritterlichen Sittlichkeit in das kirchliche Moralsystem: aus dem „miles Christi" wird bei ihm ein „miles Christianus"; vgl. Ernst J.F. Ruff *Der wälsche Gast des Thomasin von Zerklaere*. (= Erlanger Studien, Bd.35) Erlangen: Palm & Enke, 1982, S. 407

167 zum Faksimile vgl. Friedrich Neumann *Thomasin von Zerklaere. Der welsche Gast*. Heidelberg, 1974; als erster hat sich Adolf Oechelhäuser *Der Bilderkreis zum Wälschen Gast*. Heidelberg, 1890 ausführlich mit den Illustrationen beschäftigt;

im „deutschen Lande" gerichtet, zielt der Text auf eine Erziehung der jungen Adligen zu *wistuom, tugende* und *sin* als den geistigen und moralischen Gütern, die den Weg zur Seligkeit ebnen. Ein ganzer Ritter aber ist nur, wer gegen die Schar der „untugende" kämpft, deren scharmeister ist die *nerrischeit* (V.7369, fol. 115). Während die Randzeichnung auf dieser Seite die Untugenden der *girde* und *zagheit* personifiziert, die die Waffen des Ritters schwächen, gelangt erst auf dem folgenden (Abb. 33) Blatt (fol. 116) die Illustration des Kampfes des Ritters zur Abbildung. Dargestellt ist jedoch nicht, wie man vermuten könnte, die *nerrischeit* als Scharmeisterin der Untugenden, gegen die der Ritter kämpft, sondern der Ritter auf seinem Roß, der mit der gesenkten Lanze die bereits besiegt am Boden liegenden Tugenden bedroht. Möglicherweise hat der Zeichner hier an den bekannten Angriff der *Superbia* auf die regungslose *Mens Humilis* und ihr Gefolge aus der Psychomachie gedacht. Während aber in den traditionellen Darstellungen dieses Kampfes, wie es beispielsweise das Bild auf fol. 199 – 203v im *Hortus Deliciarum* der Herrad von Landsperg zeigt[168], stets das Laster der angreifende Part ist und das Gefecht zwischen *Superbia* und *Mens Humilis* mit dem Sturz der *Superbia* vom Pferd endet, hat sich in der Randzeichnung des *Wälschen Gasts* das Bild des angreifenden Lasters in das Bild des angreifenden Ritters verwandelt, der die Schar der Untugenden, deren Anführerin hier entgegen dem Text fehlt, zu Fall bringt.

Wenn zum Begriff der *nerrischeit* als Scharmeisterin der Untugenden also *kein* Bild vorliegt, so doch zum Begriff des *torschen* (Törichten), den Thomasin im Zusammenhang mit der Warnung vor der Liebe, der Minne, erwähnt. Ein höfischer Ritter hat sich nach Thomasins Vorstellungen nicht nur der Untugend, sondern vor allem auch der Reize der Frauen zu erwehren. Bereits im 1. Buch (V.1179f) hält er fest: »der minn nature ist so getan: si machet weiser den weisen man und geit dem tore mere nerrischeit, daz ist der minn gewonhait«. Die Illustration (Abb. 35) auf fol. 19 demonstriert, wie der *torsche man* (törichte Mann) und der *wise man* (weise Mann) auf die Minne reagieren. Die Minne ist eine nackte Gestalt mit langem Lockenhaar, hält die Augen geschlossen und trägt einen Köcher an der Seite. Sie erklärt: »ich bin blint und mach blint«, indem sie einen Pfeil für das noch unversehrte

168 s. Anm. 18; bei Herrad bekämpfen sich die Tugenden und Laster in Gestalt von Rittern mit Rüstungen aus dem 12. Jh.; als einzige trägt die *Superbia* keine Rüstung, sonder „modische" Frauenkleider mit langen Schleppen an den Ärmeln. Interessanterweise ist in den Tugend- und Lasterzyklen von Paris und Chartres das Verhältnis umgekehrt: als einzige ist nun nur noch die Fortitudo mit einer Ritterrüstung ausgestattet.

Auge des bereits halb geblendeten Toren auf die Sehne legt. Ihr Opfer versichert: »du wisest mich wol«. In der anschließenden Szene richtet die Minne mit gesenktem Bogen an den vor ihr stehenden Weisen, der hier irrtümlich ebenfalls als „torsch" bezeichnet wird, die Frage: »ja soll ich dich wisen?«, worauf dieser antwortet: »ih wise dich baz«. Töricht ist also der, der sich von der Minne „weisen" läßt, während der, der sie abweist, weise ist. Das Bild macht allerdings zwischen der Darstellung des *torschen* und des *wisen* keinen Unterschied, da offenbar der Zeichner nicht auf ein Vorbild zurückgreifen konnte, wie es beispielsweise für die Minne der Fall ist, die als *Amor*[169] abgebildet ist. Eine zweite Darstellung eines Liebestoren gibt fol. 16v als Illustration der Worte: »die toren netz ist weibes schoene« (V.1003). Das *schoene wip* hält dem Toren ein Schmetterlingsnetz vor, in das dieser hineinkriecht. Die Schönheit der Frauen ist also ein Netz oder die Falle, die der tugendhafte Ritter zu vermeiden aufgerufen wird.

Die Zuordnung zwischen Liebe und Torheit und Weisheit als Vermeiden der Liebe läßt an die Haltung der Stoiker gegenüber dem Begriff *pathos* denken, wie ihn Cicero im 3. Buch der *Tusculanum Disputationes*[170] im Gespräch mit Brutus erörtert. Der dargelegte stoische Beweisgang[171] beginnt mit der Feststellung, daß der Weise dadurch definiert sei, daß er frei sei von jeder Form von Leidenschaften oder Krankheiten, die die Griechen mit dem Begriff *pathos* benennen. Umgekehrt würde das heißen, daß alle diejenigen, die von Leidenschaften oder Krankheiten befallen sind, Unwissende (insipientes) sind. Denn da die Stoiker mit *pathos* nicht nur Kummer, Zorn und Begierde, sondern auch Mitleid, Neid, Vergnügen und Freude bezeichnen, behaupten sie, daß keine Unwissender frei von *pathos* sei. Wer aber von *pathos* befallen ist, ist nicht gesund, und die Unwissenden sind krank. Folglich ist die Weisheit die Gesundheit der Seele, während die Unwissenheit

169 Emil Panofsky *Studien zur Ikonologie*. Köln, 1980, Kap.IV, S. 159 bezeichnet darin Zerklaere als den unmittelbaren Nachfolger des Mythographen III (Alexander Neckham), der die Blindheit erstmals den älteren Attributen Amors, dem Köcher mit den Pfeilen und dem Bogen, hinzufügt. Sie dürfte sich allerdings nicht überall durchgesetzt haben. Bei Fritz Saxl *Aller Tugenden und Laster Abbildung*. In: Festschrift für Julius von Schlosser, Zürich, 1926, S. 104f ist eine deutsche Handschrift von 1402 (Cod. 1404 der Bibliothek Casanatense in Rom) erwähnt, die auf fol. 4 einen „amor fatuus" als nackten Knaben mit Schwert und Fackel darstellt.

170 vgl. Olof Gigon *Marcus Tullius Cicero. Gespräche in Tusculum*. 3. Buch, 7; Stuttgart: Reclam, 1985, S. 93 und R. Philippson *Das dritte und vierte Buch der Tusculanen*. In: Hermes, Nr. 67, 1921, S. 245f;

171 Gigon, Cicero, S. 94

eine Art Krankheit sei, die man eben mit *dementia* oder *amentia* (von Sinnen sein, Wahnsinn) bezeichne.

Nehmen also die Stoiker die Unwissenheit als Voraussetzung dafür an, von *pathos* befallen zu werden, was offenbar mit Verstand verlieren gleichgesetzt wird, und Thomasin die Torheit als Voraussetzung für die Gefahr, von der Minne geblendet zu werden, sagen beide im Grunde dasselbe wieThomas von Aquin, wenn dieser, ganz in stoischem Sinn, einmal die Dummheit als „natürliche Form" definiert, *sicut patet in amentibus*, ein anderes Mal die Dummheit im Sinn Thomasins als „sündhafte Form", für deren Entstehen er die Unzucht (luxuria) verantwortlich macht.

Aus einer anderen Stelle[172] bei Thomasin geht hervor, daß die Herrschaft der Gefühle über den Verstand den Menschen offenbar mit einem Tier auf die gleiche Stufe stellt. Dieser Befürchtung gibt er in folgenden Worten Ausdruck: „Männer und Frauen besitzen fünf Dinge an ihrem Körper und fünf, die nicht an ihren Körper gebunden sind. Über diese muß die Seele regieren, sonst bewirken sie große Untugend bei Alten wie bei Jungen. Die fünf, die man am Körper trägt, sind: Stärke, Behendigkeit, Gesundheit, Schönheit und Geschicklichkeit. Die fünf Güter außerhalb des Körpers sind: Macht, Adel, Reichtum, Ansehen und Herrschaft. Wer diese nicht mit seinem Verstand beherrschen kann, *der soll nicht Mensch heißen.*"

Gegenüber der traditionellen christlichen Lehre, die davon ausging, daß der Mensch wählen müsse zwischen der Verführung der Welt und den Freuden des ewigen Lebens, haben die geistlichen und höfischen Dichter das Idealbild eines Ritters konzipiert, das den Anspruch stellt, religiöse und weltliche Forderungen durch moralische Erziehung des geistigen Sinns und durch die Beherrschung des Gefühlslebens auszugleichen[173].

Ein frühes Zeugnis dieses Gedankens bildet die Figur des *iuvenus* im *Anticlaudianus*[174] des Alanus von Lille (1130 – 1200), worin die Fahrt der *Prudentia* zu Gott beschrieben ist, den sie darum bittet, dem Jüngling, den sie mit Hilfe von *Natura* geschaffen hat, eine Seele einzuhauchen, damit ein

172 zit. bei Bumke, Höfische Kultur, Bd.2, S. 420;

173 ibidem, Bd.2, S. 428f

174 vgl. Linda E. Marschall *The Identity of the "New Man" in the «Anticlaudianus» of Alain of Lille.* In: Viator, 1979, Vol. 10, S. 77 – 94; zu Text und Werk vgl. Peter Ochsenbein *Studien zum Anticlaudianus.* Diss. Basel, 1969; zum Verhältnis von Text und Illustration vgl. Christel Meier *Die Rezeption des Anticlaudianus des Alanus von Lille in Textkommentierung und Illustration.* In: Text und Bild: Aspekte des Zusammenwirkens zweier Künste im Mittelalter und früher Neuzeit. Wiesbaden, 1980, S. 408 – 549;

neues Menschengeschlecht entstehe, das durch körperliche Schönheit und geistige Klugheit ausgezeichnet sei. In einem solchen Bild könnte sich Thomasin den idealen Leser seines Werkes vorgestellt haben, der seine Lehre lobend aufnimmt. Diejenigen, die seiner Lehre spotten, möchte Thomasin von vornherein von der Lektüre seines Werkes ausnehmen. Wen er damit meint, geht aus der Illustration (Abb. 36) auf fol. 2 ganz am Anfang des Buches hervor. Es sind die „Bösewichter", die in ihrer Häßlichkeit und Tierhaftigkeit „höchstens an die ungeheueren Vertreter der Hölle mit ihren deformierten Riechorganen heranreichen", wie es Friedrich Neumann[175] formuliert hat.

175 nach Neumann, S. 175 tritt im Wälschen Gast zum ersten Mal eine bildliche Personifizierung des Begriffs „Bosheit" auf, die die „spätmittelalterliche Gepflogenheit, das Schlechte häßlich darzustellen", zum Ausdruck bringe; zum Vorbild des *Affen* als „häßlichem Menschen" vgl. H.W. Janson *Ape and ape lore in the Middle Ages and the Renaissance*. (= Studies of the Warburg Institute, Bd.20), London, 1952, S. 199; Beispiel einer Handschrift, in deren Randillustration Affen die Rolle von Menschen spielen, ist das *Pontifikale* des Guillaume Durand aus der 2. Hälfte des 14. Jh., Paris, Bibl.Ste.Geneviève, ms.lat.143;

V. Toren und Narren in der naturkundlichen und in der juristischen Sicht des 14. und 15. Jh.

Im 14. Jh. ist die Interpretation der Mimik, Gestik, des Verhaltens und der äußeren Erscheinung eingebettet in die doppelte Vorstellung vom Menschen als Ebenbild Gottes und als Träger der Erbsünde. Obwohl das, was von Gott geschaffen ist, nur schön sein kann und moralisch gut[176], soll das Häßliche[177] dem Menschen helfen, sich seiner Schönheit und der des Universums bewußt zu werden. Es hat somit Offenbarungsfunktion und daher seinen Platz in der von Gott gewollten Ordnung. Besonders im *Vergleich mit dem Tier* wird das Häßliche als ein Wahrnehmungsproblem eine relative Angelegenheit. In seiner Schrift *De natura boni contra Manichaeos*[178] greift Augustinus auf den Vergleich des Menschen mit dem Affen zurück, den schon Heraklit von Ephesus beschrieben hat (Fragmente 94f.): „Der schönste Affe ist häßlich. Vergleiche ihn mit dem Menschen. Der weiseste Mensch, wegen seiner Weisheit und all seiner Tugenden mit der Göttlichkeit verglichen, erscheint als ein Affe. Verglichen mit der Schönheit des Menschen wird die des Affen als häßlich wahrgenommen“[179]. Im Psalmkommentar[180] ist dieser Gedanke weiter ausgeführt: „Das körperliche Auge (oculi carnis) nimmt nur die äußere Schönheit der Wesen der Dinge wahr, hingegen das Auge des Herzens (oculi cordis) die wahre Schönheit, die im Menschen ist.“ Der Standpunkt, daß zwischen der äußeren Erscheinung und dem inneren Charakter eines Menschen ein Unterschied besteht, scheint aber für die spätmittelalterliche *Physiognomielehre*[181] gerade nicht gegolten zu haben. Hier wird das ästhetisch

176 vgl. Thomas von Aquin *Summa contra gentiles*. III, 97; zit. bei Claude Lecouteux *Les monstres dans la littérature allemande du moyen-âge*. In: Göppinger Arbeiten zur Germanistik, Nr. 330 (I), Göppingen, 1982, S. 154;

177 Lecouteux, S. 157;

178 Cap.XIV. (Migne, P.L., Bd.42, Sp. 555) zit. bei Lecouteux, S. 161;

179 vgl. *Die Darstellung des Häßlichen im Spät- und Hochmittelalter*. In: Dt. Literatur des späten Mittelalters. Hrsg. v. W. Warms und L.P. Johnson Berlin, 1975, S. 9 – 34

180 Augustinus *Ennarrationes in psalmos. PsXXXIII,11* (= Migne, P.L., Bd.36, Sp. 316 Abschn.15) und Lecouteux, S. 161

181 vgl. Michael Richard Bower *Relations between art and physiognomics 1400 – 1550*. Diss.phil. London, 1973, S. 12f

Häßliche eindeutig als moralisch schlecht, und umgekehrt, das ästhetisch Schöne dem moralisch Guten zugeordnet.

A. Das physiognomische Bild von Toren und Narren im *Buch der Natur* des Konrad von Megenberg

Eine solche Zuordnung von äußeren Körpermerkmalen und inneren Charakterzügen enthält das 1. Buch des *Buchs der Natur* des Konrad von Megenberg[182]. Es ist 1350 als eine freie Übertragung des um 1233 – 40 verfaßten *Liber de natura rerum* des Thomas von Cantimpré[183] entstanden. Gegenüber den 19 Büchern seiner lateinischen Vorlage ist Konrads Werks in nur 8 Bücher unterteilt und enthält zwei wichtige Veränderungen. Zum einen fehlt das 2. Buch De anima[184], zum anderen hat Konrad im 1. Buch, das *Von dem menschen in seiner gemainen natur* handelt, im Anschluß an die Anatomie unter dem Titel *von den zaichen der natürlaichen siten* eine Übersetzung[185] der Physiognomielehre angehängt, wie sie »Rasis hat gesetzt in seiner ärznei«.

182 Hrsgg. von Franz Pfeiffer Stuttgart, 1861; s.a. Helmut Ibach *Leben und Schriften des Konrad von Megenberg*. Diss. Würzburg, 1938

183 Hrsgg. von Hans Boese Berlin/New York, 1973; zu Thomas von Cantimpré vgl. Leopold Delisle *Histoire littéraire de la France*. Paris, 1888, Bd.30, S. 365f; zum Verhältnis von Konrad von Megenberg zu Thomas von Cantimpré vgl. Annemarie Brückner *Quellenstudien zu Konrad von Megenberg. Thomas Cantimpratanus «De animalibus quadrupedibus« als Vorlage im „Buch der Natur"*. Diss. Frankfurt, 1961; zur niederländischen Übersetzung durch Jacob van Maerlant (1235 – 1300) und seinem Verhältnis zu Thomas von Cantimpré und Konrad von Megenberg vgl. Pieter Boeynaems *Der Einfluß Salernos auf die Niederlande vor der Gründung der Universität Löwen (1425)*. In: Medizin im mittelalterlichen Abendland, op.cit., S. 184f u. T.-M. Nischik *Das volkssprachl. Naturbuch im späten Mittelalter* (...). In: Hermaea, N.F., Bd. 48, Tübingen, 1986

184 v.a. in der ersten Fassung des Buchs der Natur; es erscheint als Buch „von der sel" erst in seiner zweiten Ausgabe für Rudolf IV, die 1358/62 beendet ist. vgl. Georg Steer *Konrad von Megenberg. Von der sel*. München, 1966, S. 12 – 15;

185 Pfeiffer, Das Buch der Natur, S. 43; zur Übernahme des Physiognomie-Traktats aus dem *Liber Almansoris* des Rasis vgl. Bower, op.cit., S. 16; zur Übereinstimmung mit dem lat. Rasis-Text vgl. Richard Foerster *Scriptores Physiognomonici Graeci et Latini*. 2 Bde. Leipzig, 1893, Bd.2, S. 163 – 179: *Abubecri Rasis ad Regem Mansorem De re medicina Liber II*. Translatus ex Arabico in Latinum a Gerardo Cremonensi; s.a. Leo Jordan *Physiognomische Abhandlungen* In: Romanische Forschungen, Bd.XXIV, 1911, S. 680 – 720; Fritz Neubert *Die volkstümlichen Anschauungen über Physiognomik in Frankreich bis zum Ausgang des Mittelalters*. In: Romanische Forschungen, Bd.XXIX, 1911, S. 557 – 679; zur Verbreitung physiognomischer Traktate im Spätmittelalter vgl. Anne *Denieul La très ancienne phisiognomonie de Michel de Savanarole*. In: La Biologie medicale, Hors Serie, Vol. XLV, 1956; zur Übernahme des Rasis-Texts in die medizinische Enzyklopädie des

Dem bekannten Schema „von Kopf bis Fuß“ folgend, gibt diese Physiognomielehre eine Beschreibung der einzelnen Körpermerkmale unter dem Gesichtspunkt ihrer Klassifizierung nach gut und böse.

So bedeuten beispielsweise viele Haare auf den Schultern und auf dem Hals *klainmüetichait und widerstreben oder wiederspenichait* (dementia et obstinatio), feuerrote Haarfarbe jemanden, der *unstaet und töbig* (irascibilis et maniacus) ist, tiefliegende Augen einen *betrieger* (deceptor), hervortretende Augen einen, der *unschämisch und kleppisch und ain tôr* (inverecundus et loquax et stolidus) ist.

Mit der Bezeichnung *tôr* ist versehen, wer kleine und wie *Krebsaugen* hervortretende Augen habe, denn *diu bezaichnent tôrhait und närrischeit und einen menschen, der seinen flaischlichen gelüsten nâch volget* (stultitiam significabunt et stoliditatem et suas sequentem cupiditates). Sind die Augen groß und hervortretend, so bezeichnen sie jemanden, der *klainmüetig* (amens) sei. Ein *tôr* ist auch, wer eine kleine Stirn hat, große Lippen, ein *sinwel antlütz* (fecies vehementer rotunda), große Ohren, eine schöne Stimme, einen langen Hals, eine starke Brust, hochgezogende Schultern, kurze Hände, die, wenn sie sehr klein oder sehr groß sind, einen *wüeterich* (tyrannus) und einen *tôrn* (stultus) bedeuten[186].

Aus dem von Konrad übersetzten physiognomischen Merkmalskatalog des Rasis ergibt sich also der Eindruck, daß der „gemaine Mensch“ mit einer Ebenbildlichkeit Gottes nichts zu tun hat. Die häufige Nennung von Tiernamen bei der Charakterisierung der einzelnen Körperteile zeigt, daß der Vergleichsmaßstab die *Tiere* sind. Je ähnlicher ein Körper des Menschen dem eines Tieres ist, desto mehr neigt der Merkmalskatalog dazu, nach dem „pars pro toto-Prinzip“ das Wesen des als Vergleichsmaßstab benutzten Tieres mit dem Wesen dieses Menschen zu identifizieren. Mit dem Begriff *tôr* (stultus) werden Menschen aber nicht nur dann bezeichnet, wenn sich in ihrem Aussehen, dem Verhalten, oder dem Gang eine Verwandtschaft mit demjenigen einer Tierart finden läßt. Vielmehr bezeichnet er den Schluß, der aus einer solchen Feststellung gezogen wird: Menschen, in deren Physiognomie ein Bestandteil nachweisbar ist, den sie mit einer Tierart teilen, wird, wie den Tieren im allgemeinen, das Vorhandensein der Eigenschaft abgesprochen, die im allgemeinen als eine ausschließlich Menschliche gilt, des *Verstandes*.

Aldebrando von Siena vgl. Bower, op.cit., S. 19 und Louis Landozy und Roger Pepin *Aldebrando da Siena. Le régime du corps. Texte frc. du XIII siècle (...) d'après les mss. de la Bibliothèque Nationale et de la Bibliothèque de l'Arsenal.* Paris, 1911; Genf, 1978;

186 Pfeiffer, Das Buch der Natur, S. 43 – 48;

Wie der letze Abschnitt der Physiognomielehre zeigt, der von den *Eunuchen* (von den maiden) handelt, ist der Markmalskatalog u.a. auch dafür verwendet worden, um vor dem Kauf auf dem Markt die Gesinnung von Sklaven an ihrer äußeren Erscheinung ablesen zu können[187]. Es ist daher auch nicht weiter verwunderlich, wenn die Physiognomielehre Teil von Schriften ist, die ursprünglich für den Gebrauch von Fürsten[188] verfaßt wurden. Das Traktat des Rasis befindet sich in der *Ad Mansorem* gewidmeten Schrift, das dem Aristoteles zugeschriebene *Liber Secretum secretorum*[189] ist Alexander gewidmet, oder das von Michael Scotus verfaßte *Liber introductorius* Friedrich II.[190]. Erst Konrads *Buch der Natur* stellt hierin eine Ausnahme dar[191]. Gegenüber der lateinischen Vorlage ist es nicht nur in deutscher Sprache verfaßt, sondern auch um ein Kapitel erweitert, das dem Wissen von der *Natur* im allgemeinen und der des Menschen im besonderen eine *moralische* Auslegung desselben beifügt. Es ist nicht zu verkennen, daß dieses moralische Urteil über die menschliche Gestalt von dem Ideal der Wohlproportioniertheit ausgeht, mit dem er den „Weisen“ unter den *Charakterporträts* beschreibt, die im Anschluß an die allgemeine Physiognomielehre folgen. Dieser ist das Vorbild des gotthaften Menschen *guter site*, dem also auf der anderen Seite das tierhafte Äußere des Menschen *poeser site* gegenübersteht.

Das Traktat *von den Zaichen der natürlaichen siten* am Schluß des ersten Buches ist aber nicht die einzige Stelle, an der Konrad von toren spricht. Im 8. und letzten Buch, wo von *wundermenschen*[192] die Rede ist, bespricht er davon zwei Arten. Die eine Art seien die, die eine menschliche Seele hätten,

187 Pfeiffer, S. 52; vgl. Youssef Mourad *La physiognomonie arabe et le Kitab al-Firasa de Fakhr al-Din-al-Razi.* Diss. Paris, 1939

188 so ist beispielsweise die *Physiognomia* des Rolandus Scriptor (Roland L'Escripvain) der Lissaboner Bibliothek d'Ajuda, ms. 52-XIII-18, um 1380/88, Jean de France, dem Herzog von Berry gewidmet; vgl. hierzu Antonio Da Silva Carvalho *Notice sur deux manuscrits de médecine.* (= VIè Congrès international d'histoire de la médecine. Leiden-Amsterdam, 1927) Anvers: De Vlijt, 1929, S. 152 – 155;

189 zum Secretum Secretorum vgl. *Pseudo-Aristotle The Secret of secrets: sources and influences.* London, University of London: Warburg Institute, 1982;

190 vgl. Ulrike Bauer *Der Liber introductorius des Michael Scotus in der Abschrift Clm. 10268 der Bayer. Staatsbibliothek München: ein illustrierter astronomisch-astrologischer Codex aus Padua, 14. Jh.* München, 1983

191 die zweite Fassung des Buchs der Natur ist hingegen Rudolf IV. gewidmet; s. Anm. 184 die Angaben bei Steer

192 zu den Wundermenschen bei Konrad von Megenberg und Thomas von Cantimpré und ihren Quellen vgl. Rudolf Wittkower *Allegory and the migration of symbols.* London: Thames and Hudson, 1977, S. 50 und 57;

die anderen hätten keine solche. Die Art von Wundermenschen, die eine menschliche Seele hätten, seien die, die ein *Gebrechen* haben. Die unbeseelten Wundermenschen hätten zwar menschliche Gestalt, aber keine menschliche Seele. Konrad hat hier also möglicherweise an *Affen* gedacht. Von den Wundermenschen mit einer menschlichen Seele unterscheidet er zwei Unterarten. Die eine habe *körperliche*, die andere *seelische* Gebrechen. Beide stammten jedoch von Adam ab und von seinen Sünden, denn er glaubt, wie es auch Hildegard in Bezug auf das Phlegma ausdrücklich festhält, daß, „wenn der erste Mensch nicht gesündigt hätte, wären alle Menschen ohne Gebrechen geboren". Die Wundermenschen, die ihre Gebrechen von *Geburt* hätten, also diejenigen mit *körperlichen* Gebrechen, bezeichnet er als die *natürleichen tôren, die ze latein muriones haizent*[193]. Ihr Kopf sei *ungeschikket*, d.h. entweder zu groß oder zu klein. Die Wundermenschen, die ihr Gebrechen von Gewohnheit hätten, also diejenigen mit *seelischen* Gebrechen, seien die, die »in den wälden erzogen werdent vern von den vernünftigen läuten und lebent samt daz vieh«[194]. Da dieser Passus in der lateinischen Vorlage, dem *Liber de natura rerum* des Thomas von Cantimpé aber *nicht* enthalten ist, wissen wir nicht, aus welcher Vorlage Konrad diese Angaben entnommen hat. Es soll daher im folgenden untersucht werden, welches Bild sich aus dem spätmittelalterlichen Schrifttum und der Bildkunst hinsichtlich einer Klärung der Begriffe *Toren* und *Narren* gewinnen läßt.

B. Das Bild des „rechten toren" oder „sinnelosen" im *Sachsenspiegel* des Eike von Repgow

Konrads Definition eines „natürlichen Toren" fußt auf seiner Beobachtung, daß es sich hierbei um Menschen handelt, die ein *körperliches* Gebrechen, einen zu großen oder zu kleinen Kopf besitzen. Möglicherweise hat er dabei an riesenhafte oder zwergwüchsige Menschen gedacht, deren Kopf ihm im Verhältnis zum Körper zu groß oder zu klein erscheint. Hierin wäre jedenfalls ein Grund zu erkennen, warum er sie im Zusammenhang mit „Wundermenschen" bespricht.

Geht Konrads Definition des „natürlichen Toren" von einem *körperlichen* Gebrechen aus, so scheint die *rechtliche* Definition von „Toren" gerade umgekehrt von der *geistigen* Verfassung als Beurteilungsgrundlage auszuge-

193 Pfeiffer, S. 486

194 ibidem, S. 488; es scheint sich hierbei um Wald- oder Wildleute zu handeln.

hen. Im 3. Buch des Landrechts im *Sachsenspiegel*[195] handelt der 3. Abschnitt von *wibe die lebende kint treit. Von rechten toren unde sinnelosen luten*. Dazu heißt es im Text weiter: »ubir rechte toren unde sinnelosen man es sal man ouch niht richten. Wenne se abir schaden thon, ir vormunde sal ez gelden«.

Beim *Sachsenspiegel* handelt es sich um die erste schriftliche Niederlegung geltender Rechtsbräuche, die um 1220 – 35 durch den ostsächsischen Ritter Eike von Repgow verfaßt worden ist. Um 1335 erscheint unter dem Titel *Richtsteig Landrechts*[196] eine systematische Darstellung des Rechtsgangs der Landgerichte beinhaltende Glosse zum *Sachsenspiegel* von Johannes Buch, demselben, der auch eine andere *Glosse* zum *Sachsenspiegel* unter Beizug von Quellen fremden Rechts verfaßt hat, die von Christoff Zobel (1499 – 1560) in der glossierten Ausgabe des *Sachsenspiegels* enthalten ist[197].

Bereits gegen Ende des 13. Jh. sind vom *Sachsenspiegel* Handschriften mit kolorierten Federzeichnungen angefertigt worden[198], deren Urform die 1336 im Kloster Rastede niedergeschriebene Oldenburger Bilderhandschrift[199] am nächsten kommt. Am bekanntesten ist die etwa 1350 – 70 im Meißnischen geschriebene Dresdner Bilderhandschrift[200], von welcher die Wolfenbütteler[201] von 1364 abstammt. Der Urform nahe kommt aber die um 1325 entstandene Heidelberger Bilderhandschrift[202].

195 vgl. Claus v. Schwerin *Sachsenspiegel (Landrecht)*. Stuttgart: Reclam, 1982, S. 98/99; zur Geschichte des Sachsenspiegels s. Karl August Eckhardt *Eike von Repgow und Hoyer von Falkenstein*. Hannover, 1966;

196 Hrsg. Carl Gustav Homeyer Berlin: Reimer, 1857

197 die hier benutzte Ausgabe ist Mainz: Schoeffer, 1533; eine weitere Ausgabe ist Leipzig: Vögelin, 1561

198 vgl. Carl Gustav Homeyer *Die deutschen Rechtsbücher des Mittelalters und ihre Handschriften*. Weimar, 1931 – 34; zu den Bilderhandschriften des Sachsenspiegels vgl. Ruth Schmidt-Wiegand *Text und Bild in den Codices picturati des Sachenspiegels*. In: Text-Bild-Interpretation, op.cit., S. 11f; s.a. Hella Frühmorgen-Voss *Mittelhochdeutsche weltliche Literatur und ihre Illustration*. (= Münchener Texte und Untersuchungen, Bd.50) München, 1975, S. 1 – 56

199 Oldenburg, Großherzogl. Privatbibliothek, A1,1; Hrsg. v. August Lübben *Oldenburger Codex Picturatus von 1336*. Oldenburg, 1876; Amsterdam 1970.

200 Dresden, Sächs. Landesbibliothek, M.32; Hrsg. v. Karl von Amira *Die Dresdner Bilderhandschrift des Sachsenspiegels*. 2 Bde. Leipzig, 1902 – 1926; Osnabrück, 1969; s. a. ders. *Die Genealogie der Bilderhandschriften des Sachsenspiegels*. In: Abh. der I. Classe der kgl. Akad. d. Wiss., 22. Bd., 2. Abtlg., 1902, S. 327f

201 Wolfenbüttel, Herzog-August-Bibliothek, Cod.Guelf.3,1 Aug.8; vgl. Ruth Schmidt-Wiegand *Die Wolfenbütteler Bilderhandschrift des Sachsenspiegels*. (Wolfenbütteler Hefte 13) Göttingen, 1983

202 Heidelberg, Universitätsbibliothek, Cpg.164; veröffentl. v. Walter Koschorreck Frankfurt: Insel; 1970

In den hier herangezogenen Dresdner und Heidelberger Bilderhandschriften zeigt die Illustration zum 3. Abschnitt des 3. Buches des Landrechts jeweils eine Doppelszene mit vier Figuren, die einander paarweise zugeordnet sind[203]. Links ist der *rechte tor* oder *sinnelose man* dargestellt, wie er mit einem Dreschflegel (Dresdner Handschrift) (Abb. 37) oder einem Hammer (Heidelberger Handschrift) (Abb. 38) *Schaden* anrichtet, d.h. sein Gegenüber am Kopf verletzt. In der Heidelberger Handschrift ist es offenbar ein Kind[204], das so verletzt ist, daß der Zeichner den Blutspritzer am Kopf festgehalten hat. In beiden Handschriften ist der *rechte tor* oder *sinnelose* barfuß und in ein langes, ungegürtetes und gestreiftes Gewand gekleidet, das mit zahlreichen Schellen oder Glöckchen[205] besetzt ist. In der Hand hält er das Werkzeug, mit dem er Schaden stiftet. Außer durch Kleidung und Attribute ist der „Tor" auch physiognomisch gegenüber den anderen mitabgebildeten Personen durch grobe Gesichtszüge[206], und geschorenes bzw. zerzaustes Haar und Bart[207] unterschieden. Durch das auffällige Äußere wird der Tor nicht nur optisch von den Begleitfiguren abgesetzt, sondern auch als „häßlich" bzw. „verwahrlost" charakterisiert. Im Sinn der Physiognomielehre müßte er als ein Mensch „böser Sitte" angesehen werden. Wie aus der Glosse hervorgeht[208], handelt es sich bei dem *Schaden*, den der *rechte tore* oder *sinnelose man* angestiftet hat, um einen *Verwandtenmord*. In dem Fall, den die Glosse bespricht, scheint es sich bei dem „rechten Toren" um ein *Mündel* zu handeln, das nicht mehr im Kindesalter steht: »So frage wy jung eyn kint sulle syn, das ys syner kintheit an desin sachen sulle genesin. so vint man, dy wile ys *bynnen synen iaren ist, das sint drizcen iar und sechs wochen*«. Die Rechts-

203 fol. 37 (Dresdner Hs.) und fol. 13 (Heidelberger Hs.)

204 vgl. Koschorreck, S. 84

205 Schellen sind im Spätmittelalter Zierde von Prachtgewändern: vgl. *Tintinnabula*. In: Schramm, Herrschaftszeichen und Staatssymbolik, op.cit., Bd.2, 1955, S. 554 – 559 zu den Glöckchen am weltlichen und geistlichen Gewand; sie befinden sich aber vor allem an Bordüren und Säumen und sind nicht über das ganze Gewand verteilt (z.B. im *Bildteppich* des Wilhelm von Orlens, Mittelrhein, um 1410 im Frankfurter Museum für Kunsthandwerk); zu den Schellen als Zeichen einer Strafe vgl. Jacob Grimm Dt. Rechtswörterbuch, Bd.14, S. 2497: Schellen mußten sogenannte „Schellenbuben" tragen, d.h. zu öffentlicher Arbeit verurteilte junge Menschen (Schellenwerk).

206 eine Bildparallele ist David, der sich verrückt stellt, in der Bibel von Citeaux aus dem 12. Jh.: vgl. S. 23–24 und Anm. 32 u. 33

207 zum Scheren des Haars als Vergeltung für kleine Missetaten (z.B. Frevel, Übeltaten, die die Habe betreffen), die keine Ungerichte darstellen (Übeltaten, die den Leib, d.h. Hals, Hand, Haut und Haar betreffen) vgl. Hans Fehr *Deutsche Rechtsgeschichte*. Berlin, 1962, S. 144;

208 Homeyer, *Richtsteig*, S. 279

mündigkeit tritt also mit dreizehn Jahren und sechs Wochen ein. Das heißt aber nicht, daß damit bereits die Verantwortlichkeit für die Tat entschieden ist. Da es sich in diesem Fall um ein *Mündel* handelt, dessen Vormund bei der Verhandlung nicht anwesend ist, muß die Frage der Verantwortlichkeit, d.h. ob »sys den mort durch torheit noch durch unsynnekeit getan habe, sunder durch frevels wille unde durch des unrechtin wille« durch den Richter zuerst geklärt werden. Zusammen mit sechs beigezogenen ‚Biedermännern' stellt er fest, daß »der tore als wise ist, das ihm dy torheit oder der toren recht nicht helfen moge«, daß das Mündel also kein Kind mehr ist und ihm das Recht der Unmündigen nicht helfen kann. Als rechtsfähig und damit als verantwortlich angesehen, geht ihm die Strafe daher an den *Hals*. Daraufhin wird der Kläger befragt, was der Beklagte, wenn er »nicht synen lip vorwirken moge« als Busse entrichten solle. Man kommt überein, daß es das *wergelt des der da tot ist* sein solle. Das *wergelt* soll aber von dem Vormund aus dem Mündelgut bezahlt werden.

Das Bild stellt also in beiden Fällen einerseits den Moment des Schadenstiftens dar, wobei nicht klar ist, ob es sich in jedem Fall um einen Verwandtenmord gehandelt hat, andererseits den Moment des Bezahlens des Wergelds durch den Vormund an den Kläger. Der *rechte tore* oder *sinnelose man* scheint also zwar ein Mündiger zu sein, gleichzeitig aber ein Mündel. Für seine Tat wird er daher nicht selbst haftbar gemacht, sondern der Vormund. Im 1. Buch des Landrechts, Abschnitt 23, Absatz 2 wird diese Vormundschaft näher beschrieben. Wenn ein Kind zu seinen Jahren kommt, soll sein „rechter Vormund" es an seinem Gut vertreten nach seinem Bedürfnis, und seinem Herrn an des Kindes statt nach des Kindes Recht dienen, *solange es sich selbst nicht bedenken kann wegen seiner Torheit oder Kindheit oder aus Kraftlosigkeit seines Leibes.* Obwohl den Jahren nach kein Kind mehr, scheinen Heranwachsende also solange bevormundet worden zu sein, bis sie fähig sind, für sich selbst zu entscheiden. Die Kriterien, nach denen die Unfähigkeit zur Selbstverantwortlichkeit beurteilt wird, sind also „Torheit oder Kindheit" und die „Körperkraft". Der Zusatz „Torheit"[209] ist allerdings nicht in allen Handschriften nachweisbar, da, wie Hermann Conrad[210] betont, der *Sachsenspiegel* noch auf dem Grundgedanken des deutschen Rechts basiert, nach dem die *Körperkraft* für die Beurteilung der Rechtsfähigkeit

209 vgl. Karl August Eckhardt (Hrsg.) *Sachsenspiegel. Land- und Lehnrecht.* Göttingen, 1955 – 56, S. 90; die Ausgabe von Schwerin, S. 34 enthält diesen Zusatz beispielsweise nicht

210 Hermann Conrad *Deutsche Rechtsgeschichte.* Karlsruhe, 1962, Bd.I, S. 398

entscheidend ist. Der Zusatz „wegen Torheit" könnte also ein Hinweis darauf sein, daß gegen das Ende des 13. Jh. sich bereits „der Einfluß des römisch-kanonischen Rechtsgedankens, daß nicht die Körperkraft, sondern die *mens sana* für die Wirksamkeit einer Verfügung entscheidend ist, diesen Grundgedanken des deutschen Rechts zu verdrängen beginnt." Die körperliche Verfassung als Bestimmung der Rechtsfähigkeit anzusehen, scheint also spezifisch deutsch zu sein. Aus dem isländischen Rechtsbuch, der *Gragas* oder Graugans[211] aus dem 12. Jh. geht hervor, daß die Beurteilungsgrundlage die *geistige* Verfassung gewesen sein muß. Als Kriterium galt, ob einer unterscheiden konnte, ob der Sattel richtig oder verkehrt auf dem Pferde liege, oder ob man selbst auf demselben sitzend mit dem Gesicht nach dem Kopf oder nach dem Schwanz gerichtet sei. Diese „Sattelprobe" als Prüfung des gesunden Menschenverstandes bzw. des Wirklichkeitssinns scheint jedoch auch auf dem Festland bekannt geworden zu sein. An sie lehnt sich jedenfalls ein Medaillon aus dem Randdekor (Abb. 39) des *Schwarzen Stundenbuchs* des Galeazzo Maria Sforza[212] aus dem 15. Jh. an. Es zeigt auf fol. 23 einen Narren in der Hofnarrentracht des 15. Jh., der verkehrt auf einem Esel sitzt[213].

Die Feststellung der Rechtsfähigkeit der Person ist also der erste rechtliche Schritt, die Feststellung der Verantwortlichkeit für die Tat der zweite. Mit dem Begriff der „Torheit" oder „Kindheit" scheint aber das Fehlen der Urteilsfähigkeit gemeint zu sein, d.h. das Unvermögen, gemäß dem Verstand zu handeln, wie es im allgemeinen dem Kindes- und Jugendalter zugeschrieben wird. Andererseits bezeichnet er aber auch den Zustand des die „Sinne Verlierens", oder des von Gefühlen beherrscht Seins. Auf einen solchen Zusammenhang macht beispielsweise eine Stelle aus der *Braunschweiger Reimchronik*[214] aus dem 13. Jh. aufmerksam, an der unter Herzog Lothars Tugenden auch sein „von törichten Sinnen unbesessenes Herz" gerühmt wird. Während die *Hamburger Handschrift* aus dem 13./14. Jh. zu dieser

211 Conrad, op.cit., S. 399; und Beek, Waanzin in de middeleuwsen, S. 159; Alexa Francke *Entmündigt und was nun?* In: Psychologie heute, April 1988, S. 50

212 Wien, Nationalbibliothek, Cod.Vind.1856; vgl. Otto Smital *Das Schwarze Gebetbuch des Galeazzo Maria Sforza.* Wien, 1930;

213 Ruth Mellinkoff *Riding backwards: Theme of Humiliation and symbol of Evil.* In: Viator, Vol. 4, 1973, S. 153 – 176 erklärt das rücklings Reiten als Symbol der verkehrten Welt;

214 Ludwig Weiland (Hrsg.) *Braunschweigische Reimchronik.* (= Monumenta Germaniae historica, Dt. Chroniken, Bd.2) Hannover, 1877, S. 487 V.2216 – 2219: »Herzoge Luther, dher tugenden phant/dhes libes eyn helt vormezzen/dhes hertze ouch was unbesezzen/von *torhaftelichen* sinnen«. Gemäß Anm. i derselben Seite hat die Wolfenbütteler Handschrift *tornhaftigen* sinnen an dieser Stelle.

Stelle (V 2216 – 2221) den Begriff *torhaftelichen sinnen*[215] führt, hat die *Wolfenbütteler Handschrift* aus dem 15. Jh. hier *tornhaftigen sinnen*[216]. Offenbar besteht also ein leicht verwechselbarer Zusammenhang zwischen „törichten“ und „zornigen“ Sinnen. Eine solche Unterscheidung trifft beispielsweise auch das Römische Recht, das zwischen dem *insanus* als dem, offenbar aus körperlichen Gründen, beschränkt Handlungsfähigen, und dem *furiosus*, dem Rasenden, der als nicht handlungsfähig erachtet wird, trennt[217].

Eine Verbindung zwischen Zorn und Torheit haben auch die spätmittelalterlichen *Tierbücher* und *Bestiarien* etabliert, in den Analogien zwischen tierischen und menschlichen Eigenschaften hergestellt werden. Diese Moralisierung tierischer Eigenschaften geht vor allem auf den *Physiologus*[218] als Quelle zurück. In den *Pluomen der Tugent*[219], die Hans Vintler 1411 als deutsche Übersetzung der um 1320 von Tommaso Leoni verfaßten *Fiori di virtu*[220] angefertigt hatte, findet sich im 15. Kapitel »von der Torheit oder Unweyseit« der Vergleich des Toren mit dem *wilden Ochsen*, der, wenn er der roten Farbe ansichtig wird, *rasend* wird[221]. In einer mit Federzeichnungen

215 Hamburg, Stadtbibliothek, ms.8, aus dem 13./14. Jh. vgl. Weiland, S. 452

216 Wolfenbüttel, Herzog-August-Bibliothek, Aug.81.14, 15. Jh.; vgl. Weiland, S. 454

217 Gigon, *Gespräche in Tusculum*, S. 260 und Anm. 11; s.a. Marco Boari *Qui venit contra iura: il «furiosus» nella criminalistica dei secoli*. Milano, 1983, S. 21 zur Entmündigung und S. 60 – 75 zu den „signa furoris“, die nicht physiognomisch, sondern hauptsächlich verhaltensmäßig festgelegt wurden.

218 vgl. Wolfgang Stammler *Schrifttum und Bildkunst im deutschen Mittelalter*. In: Deutsche Philoolgie im Aufriß. Bd.III, 1955, S. 684; Pauly-Wissowa, Realenzyklopädie d. class. Altertumswiss., 1941, 39. Halbbd., Sp. 1074 – 1129; Friedrich Lauchert *Geschichte des Physiologus*. Straßburg, 1889; Adolf Kressner *Über die Thierbücher des Mittelalters*. In: Archiv für das Studium der neueren Sprachen und Literaturen, Bd.LV, 1876, S. 241 – 296; hierzu neu Jürgen Leibbrand *Speculum Bestialitatis*. Diss. Freiburg, 1983;

219 Hrsg. v. Ignaz Zingerle Innsbruck: Wagner, 1874; zu Hans Vintler vgl. Gustav Ehrismann *Geschichte der deutschen Literatur bis zum Ausgang des Mittelalters*. Teil 2, Schlußband, 1935, S. 638 – 639 und Karl Goedeke *Grundriss zur Geschichte der deutschen Dichtung*. Dresden 1884, Bd.1, S. 291/292;

220 Hrsg. v. Johannes Ulrich In: Zeitschrift für Philologie, Bd.19, 1895, S. 235f und S. 431f; S. 244f: Cap.IV: Mactecze oy stultitia; nach Carlo Frati *Ricerche sul fiore di virtu*. In: Studi di filologia Romanza, Bd.VI, 1893, S. 269 ist jedes Kapitel des Fiore klar in 4 Teile zu unterscheiden: a) Definition der Tugend oder des Lasters b) Tiervergleich c) zitierte Autoritäten jeder Art d) exempla aus der Bibel, Heiligenleben und der römischen Geschichte; nach demselben Prinzip sind auch die „Pluomen der Tugend“ aufgebaut.

221 Zingerle, Pluomen, S. 96; die „Pluomen“ bestehen aus 36 Kapiteln, von denen 18 den Tugenden und ebensoviele den Lastern gewidmet sind. Jedes Kapitel läßt sich in 5 Abschnitte unterteilen: a) Definition der Tugend oder des Lasters b) Tiervergleich c) Zitate d) Gebete e) Historien. Gemäß dieser Unterteilung wird die Torheit bei Vintler als „widerwärtichait“

illustrierten Handschrift der *Blumen der Tugend*[222] aus dem Jahr 1468 stellt das Bild zu dieser Stelle auf fol. 110 tatsächlich einen „wilden Ochsen" dar, zu dem der beigefügte Text anmerkt: »dem torn oder unweysen, wan er mit tsorn pesessen ist«. Denselben Vergleich zieht auch Leonardo da Vinci in seinem *Physiologus*[223]. Wenn also der Zorn eine Eigenschaft des *Toren* ist, läßt sich auch erklären, warum die Illustration im *Sachsenspiegel* das Gewicht auf die *Kleidung* desselben legt. Die Werkzeuge, der Dreschflegel und der Hammer, weisen ihn als Schadenstifter aus, die Gesichtszüge und das Haar als Menschen „böser Sitte". Gleichzeitig ist er aber auch mit einem Gewand bekleidet, das *ohne* die Schellen oder Glöckchen ihn als einfachen Verwahrlosten oder Armen bezeichnen würde, *mit* den Schellen aber den Charakter einer Art *Schandkleidung* gewinnt. Wenn der Vormund als Rechtsvertreter die Busse in Form von Münzen abgilt und sein Mündel selbst nicht gerichtet wird, so zeigt das Anlegen eines Spottkleids doch soviel, daß er zumindest einer *moralischen* Strafe unterworfen wird. Diese Strafe scheint der *öffentliche Spott* zu sein. Alwin Schultz[224] hat auf eine Stelle aus dem Fastnachtsspiel verwiesen, aus der hervorgeht, daß ein solcher Sträfling »sein har mit weichem pech sol netzen und sol in drei tag dornach setzen bei der fleischprucken in den stock. *An legen einen langen groen rock*«. In Regensburg sei im Jahr 1510 hingegen einer entblößt (deprehensus habitu suo) in ein *Narrenhäuslein* (aediculam morionum) zum Anblick und zum Urteil aller

definiert, die aus fünferlei Ursachen entstünde: a) aus dem nicht Nachdenken b) dem unüberlegt und zu schnell Handeln c) dem keinen Rat hören wollen d) dem Unterlassen eines Tuns, zu dem man verpflichtet wäre und e) dem Bevorzugen des Unwichtigen; als Tiervergleich wird das Beispiel des wilden Ochsen, als Zitate Spruchweisheiten Salomons herangezogen; auf die an Christus gerichteten Gebete folgt schließlich die Historie von Aristoteles, Alexander und dem Narren an der Wegkreuzung; sie ist Gegenstand der Illustration des Kapitels im Druck der „Blumen der Tugend" von 1486 von Johannes Blaubirer in Augsburg: vgl. Albert Schramm *Der Bilderschmuck der Frühdrucke*. 18 Bde. Leipzig: Hiersemann, 1920 – 35, Bd.IX, 1926, S. 18f und Abb. 538.

222 St. Gallen, Kantonsbibliothek, ms.Vad.484, fol. 109; nach Hans Fehrlin *Zwei deutsche Prosa-Handschriften der „Blumen der Tugend"*. In: Festgabe für Samuel Singer, Tübingen, 1930, S. 82 – 97 ist, wie auch im Fall der Handschrift der Hamburger Stadtbibliothek ms.Scrin 106, allerdings nicht Hans Vintler, sondern ein anderer Übersetzer namens Arigo anzunehmen. Die St. Galler Handschrift hat noch in einem anderen Zusammenhang Aufsehen erregt, da sie als Illustration Kupferstichabzüge der Kardinaltugenden aus dem dem Mantegna zugeschriebenen *Tarockspiel* enthält. S. weiter unten, S. 134 u. vgl. Anm. 366

223 Anton Springer *Über den Physiologus des Leonardo da Vinci*. In: Berichte über die Verhandlungen der kg. sächs. Gesellschaft der Wiss. zu Leipzig. Phil.-hist. Classe, Bd.36, 1884, S. 244 – 271;

224 *Deutsches Leben im XIV und XV. Jh.* Wien: Tempsky, 1892, S. 50 Anm.6 nach Adalbert von Keller, Fastnachtsspiele, 157, 20;

(omnibus spectandus et decidendus) gesetzt worden. Zwischen dem 14. und 16. Jh. scheint sich also aus der eher einfachen Maßnahme des Spottkleids und des „Stocks“ für schadenstiftende Toren die eines festeren Gewahrsams entwickelt zu haben. Besonders aus dem 15. Jh. häufen sich Nachrichten über den Bau von *Käfigen*, die in Befestigungstürmen eingelassen wurden[225], unter Brücken oder auf dem Marktplatz[226] standen oder am Rathaus. Die Funktion eines *Prangers* hatte beispielsweise das *Narrenhäuslein* von Nördlingen, das um 1460 gebaut worden war[227]. In den Räumen unter der Freitreppe des Rathauses, die sich mit Maßwerkfenstern gegen außen öffnen und zu denen ein schweres Rundbogentor führt, waren ursprünglich Gefängniszellen eingebaut, dem zu ebener Erde das Narrenhäuslein, ein einfacher Raum mit vergittertem Fenster, anschließt. Auf seine Rolle als *Pranger* weist das am Podestunterbau auf der Südseite angebrachte Relief eines *Hofnarren* mit eselsohriger Kapuze hin. Die Narrentracht fungiert hier, wie die Schellentracht des Toren in den Illustrationen des *Sachsenspiegels*, als Spottkleidung. Nach Karl von Amira[228] hat es sich bei der Schellentracht des Toren im *Sachsenspiegel* aber nicht um die Spottkleidung eines „Sträflings“ gehandelt, sondern um das symbolische Gewand von „Geisteskranken“, wobei die Schellen oder die Glöckchen eine Art „Standesabzeichen“ seien. Dagegen meint Theodor Kirchoff[229], daß damit „gewiß nur *Narren* gemeint“ sind, „denn eine besondere Tracht für Irre finden wir sonst nirgends erwähnt“. Eine Kennzeichnung von *Kranken* durch eine besondere Kleidung geht beispielsweise aus den Beschreibungen und Bildern der medizinischen und chirurgischen Lehrschriften nicht hervor. Inwieweit *Sträflinge* durch eine kennzeich-

225 ibidem, S. 50: „In Breslau war übrigens schon im XV. Jh. ein *Käfig* am Rathaus, in denen Trunkenbolde usw. eingesperrt wurden, das sogenannte „Zeisigengebauer“; in Caen befand sich ein solcher Käfig, der einer „cabane roulante“ eines Hirten glich, in einem der Befestigungstürme der Stadtmauer, dem *Tour Chatimoine*, der im 16. Jh. bereits den Namen *Tour des Fous* trägt. Vgl. Aristide Joly *Du sort des aliénés en Normandie avant 1789*. In: Mémoires de l'Académie Impériale des sciences, Arts et Belles-Lettres de Caen, 1869, S. 15 und S. 19; s.a. Claude Quétel *Les fous et leurs médecines: de la renaissance au XXe siècle*. Paris: Hachette, 1979, S. 144;

226 s. Problemstellung, Anm. 4

227 vgl. Karl Gröber und Adam Horn Die *Kunstdenkmäler von Schwaben und Nördlingen*. München, 1940, S. 197 und Abb. Der Pranger galt gegenüber den Kerkern und Verliesen als die mildere Strafform, die für „alle Arten von losen Buben“ angewendet wurde. Vgl. hierzu Gustav Adolf Zipperer *Nördlingen. Lebenslauf einer schwäbischen Stadt*. Nördlingen, 1979, S. 43;

228 Amira, *Die Dresdner Bilderhandschrift des Sachsenspiegels*, S. 40;

229 Kirchoff, *Geschichte der Psychiatrie*, S. 8;

nende Kleidung abgesondert worden sind, läßt sich hier nicht klären. Kennzeichnende Kleidung im Sinn einer Absonderung trugen außer den *Juden*[230] sonst nur ansteckend Kranke, wie etwa die *Leprösen*. Sie waren seit dem 3. Laterankonzil von 1179 gehalten, außer einer kennzeichnenden Kleidung als Warnsignal akustische Instrumente (Horn, Glocke, Klapper) mit sich zu führen[231]. Gemäß Michel Foucault[232] hat sich die Maßnahme, ansteckend Kranke, wie die Leprösen, abzusondern, später auf die „Geisteskranken“ übertragen. Ob das „Spottkleid“ des Toren aber als kennzeichnende Kleidung im rechtlichen und im medizinischen Sinn gesehen werden kann, müßte eine genauere Untersuchung der spätmittelalterlichen Rechtsbräuche zeigen. Die einzige kennzeichnende Tracht, die das Spätmittelalter für Toren und Narren kennt, scheint die Tracht des *Hofnarren* zu sein, die aber, wie noch gezeigt werden soll, Ausdruck einer „Amtswürde“ ist. Zweitens kann aus dem Text des *Sachsenspiegels* zwar die Erkenntnis abgeleitet werden, daß es sich bei dem Toren um einen Geistesgestörten handelt, nicht aber diejenige, daß es sich dabei um einen Kranken handelt. Dies wird auch in der lateinischen Übersetzung des *Sachsenspiegels*[233] deutlich, wo den Begriffen „Tor“ oder „Sinneloser“ keine medizinischen Fachbegriffe, wie „melancholicus, freneticus, amens“ etc. entsprechen, sondern die Begriffe „fatuos et furiosos“, also *Blödsinnige* und *Rasende*. Geht man der Bedeutung des Wortes „Tor“ in der außerrechtlichen Sphäre nach, so stellt sich heraus, daß es noch im 12. Jh. für den *Tauben*[234] steht. Wenn der Begriff „Tor“ im Spätmittelalter also nicht nur die Bedeutung „Blödsinniger“, sondern auch „Tauber“ umfaßt, ist damit kein Krankheitsbild gemeint, sondern bezeichnet „einen körperlichen De-

230 nach Amira, *Die Dresdner Bilderhandschrift des Sachsenspiegels*, S. 39 wurde auf dem 4. Laterankonzil von 1215 das Gebot erlassen„ daß Juden sich jederzeit öffentlich von Christen unterscheiden sollten; in der Bibelillustration des 13. Jh. werden Juden durch einen „Spitzhut“ gekennzeichnet, wie er beispielsweise für die Darstellung des *insipiens* im Initialbuchstaben von Psalm 52 im Psalter von St. Louis, Paris, Bibl. de l'Arsénal, ms.1186, fol. 77 verwendet wird.

231 vgl. G. Keit *Aussatz* In: Lexikon des Mittelalters. München und Zürich, 1980, S. 1249 – 1257; s.a. K. Grön *Lepra in Literatur und Kunst*. In: Hdb. der Haut- und Geschlechtskrankheiten. Hrsg. v. J. Jadassohn, B.X,2, 1930, S. 806f;

232 Foucault, *Wahnsinn und Gesellschaft*, S. 21f

233 vgl. die Glosse zu Art. 3 Abschn.3 in der Ausgabe von Zobel, 1533; die hochdeutsche Entsprechnung ist nach Eckhardt, *Sachsenspiegel*, (Glossar), S. 225: „dôre“ = Dummkopf, Schwachsinniger und S. 239: sinnelôs = schwachsinnig; die modernen Ausgaben setzen an dieser Stelle „Schwachsinniger und Geisteskranker“: vgl. Koschorreck, S. 85 und Claus-dieter Schott (Hrsg.) *Eike von Repgow. Sachsenspiegel*. Zürich: Manesse, 1987, S. 161;

234 Könneker, Wesen und Wandlung, S. 21;

fekt, der sich zugleich auch, im Sinne der Verschlossenheit gegen die Außenwelt, auf den Geisteszustand auswirkt. Erst im übertragenen Sinn heißt dann auch ein seltsames oder allgemein widersinnig erscheinendes Verhalten töricht"[235], eine Eigenschaft, die insbesondere die Unerfahrenheit des Jugendalters kennzeichnet.

In der spätmittelalterlichen Literatur ist das berühmteste Beispiel für einen solchen Fall *Parzival*[236], dessen „tumpheit"[237] Ausdruck seiner wesensmäßigen, sowohl höfischen als auch sittlichen und religiösen Unerzogenheit ist. Aufgrund seines gesamten äußeren Aufzuges ruft Parzival bei seinem ersten Ausritt in die „Welt" entsprechendes Befremden bei der höfischen Gesellschaft hervor[238] und gibt sich dadurch als ein „Tor" zu erkennen. Der äußere Aufzug Parzivals wird bei Wolfram von Eschenbach als *tôren cleit* beschrieben (Parzival I, 3). Er besteht danach aus einem „Sacktuch", das in Hemd und Hose so unterteilt ist, daß es als aus einem Stück erschein. Es ist knielang und läßt das „blanke Bein" hervorsehen. Das Schuhwerk bilden zwei Bauernstiefel aus Kalbshaut. Als Kopfbedeckung ist eine *Gugel* verlangt, d.h. eine den Kopf vollständig umschließende und bis auf die Schultern reichende Kapuze[239]. Wie die neueste Forschung ergeben hat, handelt es sich bei dem „Aufzug" Parzivals um die Tracht keltischer

235 ibidem, S. 22;

236 Walter Hofstaetter (Hrsg.) *Wolfram von Eschenbach, Parzival.* (Auswahl). Stuttgart: Reclam, 1985; s.a. Wolfgang Spiewok *Wolfram von Eschenbach. Werke.* Stuttgart: Reclam, 1981;

237 zu Parzivals „tumpheit" vgl. Könneker, S. 23; Alois Haas *Parzivals tumpheit bei Wolfram von Eschenbach.* Berlin, 1964; Prof. Haas möchte ich an dieser Stelle für seine zahlreichen Anregungen und Ermutigungen und die freundliche Hilfe bei der Literatursuche herzlichst danken. Irmgard Meiners *Schelm und Dümmling in Erzählungen des deutschen Mittelalters* (= Münchener Texte und Untersuchungen zur deutschen Literatur des Mittelalters, Bd.20) München: Beck, 1967, S. 122;

238 Könneker, S. 22

239 nach Jakob Falke *Zur Costümgeschichte des Mittelalters.* In: Mitteilungen der k.k. Central-Commission zur Erforschung und Erhaltung der Baudenkmale, Bd.5, Wien, 1860, S. 219 wird die Gugel von Leuten niederen Standes und von Reisenden, später auch von Jägern getragen. Gegen Ende des 14. Jh. gehe sie auf die Bauern über und von dort auf die Narren, „bei dem sie wohl auch mit Eselsohren versehen wurde" (S. 222). Außer Parzival trägt die Gugel auch Tristan nach der Beschreibung des Heinrich von Freiberg (V.5134). Nach W. v. Wartburg *Frz. etymolog. Wtb.* Basel, 1944, Bd.2, S. 1452 leitet sich das Wort Gugel von dem lateinischen Namen der Mönchskutte, der *cuculla* her; auf diesen Ursprung verweist auch Grimm, DWB, Bd.4/I/6, S. 1047; s.a. Johannes Cassianus *De Inst. coenob., Lib.I, cap.IV De habitu monachi* (= Migne, P.L., Bd.49, S. 59f);

Bauern[240]. Möglicherweise hat Wolfram die Beschreibung des *tôren cleit* aus der älteren Vorlage der *Contes de Graal* des Chrétien de Troyes übernommen, die die keltische Sage vom Dümmling Peredur mit der Gralsüberlieferung verbindet.

In den ältesten Bilderhandschriften ist Parzival nicht durch eine bestimmte Tracht von den anderen Figuren unterschieden, sondern nur durch seinen Namen auf einem beigefügten Schriftband kenntlich gemacht[241]. Die Charakterisierung durch eine „Torentracht" findet sich erst in Bilderhandschriften des 15. Jh., so in der *Handschrift Cod.AA 91* der Berner Stadtbibliothek. Auf fol. 23v erscheint Parzival ganz entgegen der Beschreibung im Text als „wilder" Ritter dargestellt. Als Rüstung trägt er ein enganliegendes *Fell*, das am Kopf in lange Ohren mit daran befestigten Glöckchen ausläuft. Die als Turnier wiedergegebene Szene zeigt Parzival im Begriff, von seinem ungesattelten *Esel* aus seinen schwergepanzerten Gegner mit der Lanze zu durchbohren.

Fassen wir die Beobachtungen zusammen, die sich bezüglich dem *rechten toren des Sachsenspiegel* und der Gestalt des *Parzival* ergeben, so scheint es sich in beiden Fällen um *Heranwachsende* zu handeln, die, zwar *körperlich* reif, aufgrund ihrer *geistigen* Unreife aber offensichtlich mit dem Namen „Tor" bezeichnet werden. Das Bild illustriert diesen Zustand im Beispiel des *Sachsenspiegel* durch das mit Schellen behangene „Spottkleid", im Beispiel des *Parzival* durch eine „Spottrüstung", die ebenfalls mit Schellen verziert ist.

240 Hofstaetter, Parzival, S. 10 Anm. 9;

241 so in der Handschrift in München, Bayer. Staatsbibl., cgm.19 aus dem 14. Jh.; vgl. die Abb. bei Bernd Schirok *Parzival. Die Bilder der illustrierten Handschriften*. Göppingen, 1985; zur Berner Hs. vgl. Karl Benzinger *Parzival in der deutschen Handschriftenillustration des Mittelalters*. (= Studien zur deutschen Kunstgeschichte, Heft 175), Straßburg, 1914, S. 7 und Abb.5;

VI. Zur Figur des Hofnarren in Schrifttum und Bildkunst des Spätmittelalters

Wenn Wolfram von Eschenbach als besonderes Merkmal des *tôren cleit* Parzivals eine *Gugel* oder Kapuze beschreibt, die aus dem 14. Jh. stammende Illustration im Sachsenspiegel zur Kennzeichnung eines Toren außer den *geschorenen* oder *zerzausten Haaren*, ein mit *Schellen* behangenes Kleid benutzt und die Illustration zum Parzival aus dem 15. Jh. dazuhin ein *Tierfell* und einen *Esel* verwendet, sind damit fast alle Elemente vorhanden, die seit dem 15. Jh. im Zusammenhang mit der Tracht eines *Hofnarren*[242] stehen. Den Angaben Monique Santuccis[243] zufolge läßt sich die Einrichtung des Hofnarrentums als eines höfischen Amts seit dem Zeitpunkt nachweisen, zu dem Karl V. den ersten Hofnarren *en titre d'office* instauriert. Mit der Geschichte des Hofnarrentums verknüpft ist aber auch der lateinische Begriff „morio", der bei Konrad von Megenberg als Bezeichnung für die *natürleichen tôren* begegnet.

A. Der „natürliche Tor" oder *Morio* als Porträt

Der „natürliche Tor" oder *Morio* wird im *Buch der Natur* des Konrad von Megenberg zu den *Wundermenschen* gerechnet, deren Merkmal ein zu großer oder zu kleiner Kopf ist. Den Angaben Barbara Könnekers[244] zufolge leitet sich dieser Begriff von dem griechischen *moros* (dumm, albern) ab, das im Neuen Testament, insbesondere bei Paulus im Sinn des *stultus propter Christum*, einen positiven Bedeutungsgehalt einnimmt. Aber abgesehen von den wenigen Stellen, an denen *moros* in spezifisch Paulinischem Sinn gegen die „Weltweisheit" ins Positive umgedeutet wird, bezeichnet *moros* im Alten und Neuen Testament „ursprünglich einen körperlichen oder auch geistigen

242 vgl. hierzu die ausführlichen Beschreibungen bei Heinz Wyss *Der Narr im Schweizerischen Drama des 16. Jh.* Bern, 1959;

243 Monique Santucci *Le fou dans les lettres françaises médiévales*. In: Les lettres Romanes. Bd.36, 1982, S. 203;

244 Könneker, *Wesen und Wandlung der Narrenidee*, S. 11, Anm.29

Mangel bei Tieren und Menschen, wurde jedoch beim Menschen überwiegend in psychologogischem Sinn gebraucht und deutet auf einen Mangel oder ein Versagen der Urteilskraft bzw. Willensentscheidung hin". Mitunter meine es auch eine „die den Menschen beherrschende Macht, die seinen Verstand verwirrt, ihn zu wahnwitzigem Handeln verleitet, ihn den rechten Weg nicht finden läßt, dann auch ein Handeln unter dem Einfluß der Triebe". Die lateinisierte Form von *moros, morio* findet sich jedoch an keiner Stelle im Text der Vulgata[245]. Hingegen gebraucht *Augustinus* den Begriff *morio* an mehreren Stellen seines Werkes[246], um damit die Natur von *albernen* oder *blödsinnigen* Menschen zu bezeichnen, die er mit *Schafen* vergleicht. Der Studie Hermann Reichs[247] zufolge ist der Begriff *morio* der *Hofnarrentitel* der römischen Antike. Wie Riesen und Zwerge scheinen Morionen zu den *Luxussklaven* Roms[248] gehört zu haben. Nach Martial[249] sind sie aber nicht unbedingt blödsinnig gewesen, sondern dürften, wie Plutarch[250] berichtet, zu

245 ibidem, S. 12

246 Augustinus *Contra Pelagianum Lib. III.cap.IV* (= Migne, P.L., Bd.44/45, Sp.707: „... Quis autem nesciat, quos vulgo moriones vocant, natura ita fatuos, ut quibusdam eorum pene sensus pecorum conferatur?" In diesem Sinn spricht er auch von »moriones« in seinen Briefen vgl. *Epistolarum classis III, Epist.166, cap.VI,18* (= Migne, P.L., Bd.33, Sp.728), während er in *Epist.143,3* (Sp. 586), wo von „Tullius" und der Redekunst die Rede ist, in Bezug auf das Lob meint: ... tamen credibilior est de nimium fatuo, quam de sapiente perfecto. Nam illi quos vulgo moriones vocant, quanto magis a sensu communi dissonant, magisque absurdi et insulsi sunt, tanto magis nullum verbum emittunt quod revocare velint; quia dicti mali, vel stulti, vel incommodi poenitare, utique cordatorum est. Ein „morio" achtet also nicht auf seine Worte, wie der Weise, da seine Hauptbeschäftigung das Hervorrufen von Gelächter ist, wie aus der Stelle im *De peccatorum meritis et remissione. Lib.I, capXXII* (= Migne, P.L., Bd.44/45, Sp. 127,32) hervorgeht: „...sed ita excordes ut etiam cirrati ad movendum risum exhibeant cordalis delicias fatuitatis quorum nomen ex graeco dervatum moriones vulgos appelat?"

247 Hermann Reich *Der Mimus*. Königsberg, 1902, S. 820f;

248 zu den Zwergen, Riesen und Mißgeburten als „Luxussklaven" vgl. Ludwig Friedländer *Darstellungen aus der Sittengeschichte Roms (...)*. 4 Bde. Leipzig: Hirzel, 1921 – 23, Bd.2, S. 372; als solcher ist er bei Plinius *Epistel 9,17.1* bezeugt: ... quia nequaquam me ut inexpectatum festivumve delectat, siquid molle a cineado, petulans a scurra, *stultum a morione* profertur (Hervorhebung d.d.V.);

249 Martial Liber epigrammata 8, carmen 13, Vers 1: „... Morio dictus erat: viginti milibus emi; redde mihi nummos, Gargiliane: sapit!"; Martial beklagt sich also darüber, daß er die 20 000 Sesterzen umsonst ausgegeben hat, da der Morio sich als klug herausstellte;

250 nach Karl Friedrich Flögel *Geschichte der Hofnarren*. Leipzig, 1785; Hildesheim: Olms, 1977, S. 159 hieß „morio" bei den Römern „eine Art übel gewachsener Menschen, die durch große Buckel oder krumme Beine, große unförmige Köpfe, herabhängende Nasen, abenteuerliche Gesichter und dergleichen Abweichungen von der gewöhnlichen Menschengestalt sich auszeichneten und dabei blödsinnig oder Dummköpfe waren". Er beruft sich

den besonders „scheußlichen Sehenswürdigkeiten" des römischen Marktes gehört haben. In einer antiken lateinischen Quelle[251] wird ein *morio* als *Hofnarr* des Kaisers Trajan mit dem Namen *Massa* genannt und ausdrücklich vom *Hofzwerg* des Kaisers, Carus, unterschieden. Der Hofnarrentitel scheint im Verlauf der Zeit größeren Wandlungen unterworfen gewesen zu sein. Im frühchristlichen 6. Jh. heißt er *mimus regis*[252], seit dem 12. Jh. *ioculator regis*, aber auch *höfscher spilman*[253].

Als Hauptkennzeichen eines antiken *morio* gibt Reich[254] die *Kahlköpfigkeit* an, weswegen er in seiner Eigenschaft als *Mime* auch *mimus calvus* genannt werde. Aufgrund dieser Angabe identifiziert Meier(-Hanckel)[255] den *insipiens* der Psalmillustration des 13. Jh. mit diesem *mimus calvus*, den sie ihrer Interpretation zugrunde legt. Ihre Argumentation geht dabei von dem Beispiel eines nackten Kobolds am Fuß des Erfurter *Wolframleuchters*[256] aus, der einen Stock schultert, gerade so, wie der *insipiens* in der Psalmillustration des 13. Jh. Gegen eine solche direkte Gleichsetzung zwischen *insipiens* und *mimus calvus* spricht allerdings, daß gerade die frühe Psalmillustration dem Prinzip der Wortillustration des Psalmtexts und mit großer Wahrscheinlich-

dabei auf eine Stelle aus Plutarch *Peri polypragmosynis, 10C* (Über die Neugier) Leipzig: Teubner, 1925, Bd.3, S. 347, aus der sich allerdings nur entnehmen läßt, daß man in Rom Leute sähe, die Bilder, Statuen und wegen ihrer Schönheit bemerkenswerte Sklaven stehen ließen, um sich das Scheusslichste zu kaufen, was es von dieser Art gebe; zum Beispiel *Menschen ohne Beine oder mit verdrehten Armen, mit Köpfen mit drei Augen oder Straußenköpfen;* kurz, jegliches monstruöses Objekt, das sich ihrem Blick biete. (Hervorhebung d.d.V.)

251 Juvenal. Scholia, satira 1, Vers 35: «Massa murio fuisse dicitur et Carus nanus«; Prob. teste Valla ad 1: »Massa ... murio Traiani fuit«

252 Reich, S. 827 Anm.1 nach Gregor von Tours *De miraculis S. Martini lib.IV, cap.VII* (= Migne, P.L., Bd.71, S. 994 A, B): »... erat mimus regis, qui ei per verba oiculatoria laetitiam erat solitus exercitare«;

253 mit diesem Titel stellt sich Tristan vor (Gottfried von Straßburg *Tristan*, Zeile 7564 – 66) vgl. Bumke, op.cit., S. 695 und Anm.33; in einer Urkunde, die König Heinrich VI. am 6. Sept. 1189 in Speyer zugunsten des Klosters Steingaden ausgestellt hat, erscheint unter den Zeugen „Rupertus ioculator regis"; vgl. Bumke, *Höfische Kultur*, Bd.2, S. 676 und Anm.36

254 Reich, op.cit., S. 831f

255 Meier(-Hanckel), Der Narr, S. 1

256 es ist nicht ausgeschlossen, daß es sich bei diesem Kobold um eine „Drôlerie" handelt, mit denen die Füsse romanischer Leuchter verziert sind: vgl. Anton Springer *Ikonographische Studien IV: Der Bilderschmuck an romanischen Leuchtern*. In: Mitteilungen der k.k. Central-Commission ..., Bd.5, 1860, S. 309 – 322; die Gestalt des Wolfram-Leuchters ähnelt darüberhinaus auffallend der Darstellung eines stockschwingenden Affen, der in einer bei Janson, *Apes and ape lore*, Tf.XXXV, Fig.b abgebildeten Randillustration aus dem Rothschild-Gebetbuch im Begriff ist, einer Gans nachzustellen.

keit den Psalmkommentaren folgt und, wie im Fall des *Utrecht-Psalters* und den davon abgeleiteten Handschriften, den *insipiens* als einen *Tyrannen* personifiziert. Daß die Illustratoren einen Unterschied zwischen dem *insipiens* und einem *Hofnarren* gemacht haben, geht darüberhinaus aus der in derselben Studie zitierten Initiale (Abb. 41) des *Würzburger Psalters*[257] aus der zweiten Hälfte des 13. Jh. hervor, die den *insipiens* in einem langen, ungegürteten Hemd, barfuß, kahlköpfig und mit dem geschulterten Stock zeigt. Hingegen enthält das *Rankwerk*, das den Buchstaben „D“ formt, einen *Hofnarren* unter seinen „Drôlerie“-Figuren[258]. Das Gewand dieses Hofnarren wirkt im Gegensatz zu dem des *insipiens*, das sich mehr als ein *Büßerhemd* ausnimmt, mit seinem Zackenwams und der Kapuze wie ein *Kostüm* geschneidert. Die Identifizierung des *insipiens* mit dem Hofnarren scheint also am Ende des 13. Jh. noch nicht stattgefunden zu haben, auch wenn sich ein Wandel in diese Richtung in der Psalmillustration des 14. und 15. Jh. nachweisen läßt. Das sich aber die Idee, anstelle des nackten *insipiens* einen *Hofnarren* darzustellen, weder aus dem Psalmtext, noch aus seiner Exegese direkt herleiten läßt, scheint sie durch ein Gedankenspiel zustandegekommen zu sein, das auf der Gegenwart *Davids* im Psalminitial beruht. Aus dem Paar *David* und *insipiens* wird so in der Psalmillustration des 15. Jh. das Paar *König* und *Hofnarr*.

Zwischen dem *mimus calvus* und dem *morio* dürfte darüberhinaus derselbe Unterschied bestanden haben, wie zwischen *künstlicher*, d.h. gespielter und *natürlicher* Dummheit[259]. Das Ersetzen des *insipiens* durch eine Figur, die gewöhnlich im Zusammenhang mit der Welt der Unterhaltung genannt wird, ist ebenfalls nicht selbstverständlich, da der Psalter als Gebetbuch ja

257 München, Bayer. Staatsbibliothek, clm.3900, fol. 65; s. Meier(-Hanckel), *Der Narr*, S. 2 und Abb. 5

258 das früheste Beispiel eines kapuzentragenden *insipiens* findet sich in der Initiale des *Wilton-Psalters* in London, Library of the royal Coll. of Physiciens, ms.409, fol. 66v; s. Lucy Freeman Sandler *Gothic manuscripts 1285 – 1385* (= A survey of mss. illuminated in the British Isles, Bd.5) London, 1986, Bd.1, Abb. 214 und Morgan, op.cit., Cat.99 u. Abb. 19; solche „Kapuzenmännchen“ scheinen zum figürlichen Motivschatz englischer Psalterien um den *Peterbourough-Psalter* zu gehören (s. Anm.121 – 123); dieser zeigt auf fol. 41 in der Initiale zu Psalm 52 auch nicht David als Verkörperung der Herrscherfigur, sondern Saul, leitet das Bildprogramm der Initiale also nicht aus dem Titel oder Psalmkommentar ab, sondern aus der David-Vita gemäss dem 1. Buch Samuel. Das Leben Davids als Thema der Psalminitialen weist auch der *Ingeborg-Psalter* des Museé Condé in Chantilly aus dem 12. Jh. auf (hrsg. Florens Deuchler Graz, 1985); zum Davidleben als Bildprogramm vgl. Gude Suckale-Redlefsen *Die Bilderzyklen zum Davidleben von den Anfängen bis zum Ende des 11. Jh.* Diss., München, 1972

259 vgl. Barbara Swain *Fools and Folly during the Middle Ages and the Renaissance.* New York, 1932, S. 54 und John Doran History of court Fools. Boston (Mass.), s.d., S. 65;

religiös gebunden ist. Es dürfte sich also um einen *natürlichen Toren* handeln, der in der Psalmillustration aufgenommen wird und nicht um seinen *künstlichen* Bruder, den Mimen. Schließlich wären hier auch die weiter vorn behandelten Definitionen der Dummheit durch Thomas von Aquin zu berücksichtigen, der für den Fall sündhafter Dummheit das Beispiel des „naturhaften Menschen" (homo animalis) nach 2 Kor. 2,14 heranzieht. Daß es sich bei Haus- und Hofnarren ursprünglich um *natürliche Toren* gehandelt hat, geht auch aus der *Chronik des Grafen von Zimmern*[260] hervor. Danach tritt die Mode, einen Hausnarren in Diensten zu haben, erst in der Epoche des „alten Herrn" Wernher von Zimmern um 1420 – 83 auf. Dieser hatte einen *dorechten, kindischen armen Menschen, einen unbesinnten dor* an seinem Hof[261]. An einer anderen Stelle berichtet der Chronist von *Schalksnarren* und anderen *dorechten* Menschen, und was sie zu dieser Zeit für *guter Schwenk getrieben* haben[262]. Im 14. Jh. gehörte zur Haushaltung der Grafen von Tirol zwei *Hausnarren*, Wolflinus Narro und Hartel Narre[263].

Das älteste Porträt eines morio oder „natürlichen Toren" als Verkörperung des *insipiens*, findet sich in der Initiale zu Psalm 52 im *Stundenbuch der Bonne von Luxembourg*[264], das Jean le Noir um Jahr 1348 – 49 ausgemalt hat. Auf fol. 83v (Abb. 42) ist eine Gestalt dargestellt, die ein knöchellanges Gewand in der Art einer Mönchskutte trägt, deren aufgesetzte Kapuze in den Nacken gerutscht ist. Der *insipiens* trinkt aus einem großen Pokal und hält in der Hand einen dünnen Stab. Eine zweite Figur hält ihn am Zipfel seiner Kapuze fest und verdrischt ihn, als ob sie ihn bei etwas Verbotenem ertappt habe. Das Bemerkenswerteste an der Darstellung dieses *insipiens* sind die mit großer Genauigkeit festgehaltenen Gesichtszüge. Aus der kurzen und flachen Stirn tritt eine starke, im Ansatz etwas gebogene Nase hervor, die Augen sind groß, ebenso die Ohren, der Oberkopf klein und spitz, der Nacken gedrungen und die Haare kurzgeschoren. Der ebenfalls kurzgeschnittene Bart läßt das Kinn stark hervorspringen. Die Gesichtszüge der zweiten Figur der Initiale wirken dagegen wenig individualisiert, so daß man in Bezug auf

260 Christoph Froben von Zimmern *Zimmerische Chronik*. Donaueschingen, Hofbibliothek, ms.580 – 581; hrsg. Hansmartin Decker-Hauff 3. Bde Stuttgart, 1964, Bd.I, S. 259;

261 ibidem, Bd.II, S. 129;

262 zur Geschichte der Hofnarren vgl. Enid Welsford *The fool. His social and literary history*. Gloucester (Mass.), (1935) 1966; Paul V.A. Wiliams (Hrsg.) *The Fool and the trickster. Studies in honor of Enid Welsford*. Suffolk 1978, Cambridge, 1979;

263 Bumke, op.cit., Bd.2, S. 701

264 New York, Metropolitan Museum of Art, Cloisters Collection, Inv.nr.6986; Abb. bei Charles Sterling *La peinture médiévale à Paris: 1300 – 1500*. Paris, 1987, Abb.56;

den *insipiens* von einem *Porträt* sprechen kann. Es ist allerdings fraglich, ob dieses *nach der Natur* gearbeitet oder nach den Angaben etwa eines physiognomischen Merkmalkatalogs *aus dem Gedächtnis* entstanden ist. Dieselben Züge des *insipiens* hat Jean le Noir auch dem Doppelgesicht des *Janus* in der Randillustration zum Kalenderblatt des Monats Januar auf fol. 1v (Abb. 43) verliehen, dessen Züge allerdings wesentlich gröber und flüchtiger gezeichnet sind und nach der Arbeit eines Gehilfen wirken. In der Forschung[265] ist der *insipiens* mit dem Hofnarren Johanns des Guten (1319 – 64) identifiziert worden.

An der Wandlung des *insipiens* der Psalterien in den Hofnarren eines Stundenbuchs haben möglicherweise die *Historienbibeln*[266] mitgewirkt. Bei einer Historienbibel handelt es sich um die Fassung der Bibel als Geschichtsbuch durch Guyart Desmoulins um 1295. Diese Fassung basiert ihrerseits auf der *Historia scolastica* des Petrus Comestor. In den Historienbibeln läßt sich eine Weiterentwicklung der Gestalt des *insipiens* deutlich verfolgen. Es fällt auf, das sich hier die Illustration vom Initialbuchstaben gelöst hat und als selbstständiges Bild auftritt. Gegenüber der Initialillustration treten in den textunabhängigen Miniaturen der Historienbibeln naturalistische Elemente wie Bäume oder Gras auf, die dem Bildhintergrund das Gepräge von „Landschaft" vermitteln. Eine entsprechende Tendenz läßt sich auch an den Zügen des *insipiens* aus der *Historienbibel ms.fr. 152* der Pariser Nationalbibliothek aus dem 14. Jh. nachweisen. Fol. CLXXIXV zeigt den *insipiens* in Gegenwart eines Königs, bärtig, mit einer starken Nase und finsterem Blick. Er trägt ein Prachtgewand mit spitzer Kapuze, das mit Hermelin besetzt ist und bis zum Boden reicht. In den Händen hält er eine Rute und einen Kelch.

Daß es sich bei den Hofnarren offenbar um „verwachsene" Gestalten gehandelt haben muß, geht aus dem heute verschollenen Tafelbild (Abb. 44) eines *Jagdfests Philipps des Guten* hervor, das nach Angaben Paul Posts[267] jedoch in einer detailgetreuen Kopie vom Beginn des 16. Jh. im Schloß von Versailles erhalten ist und im Jahr 1431 von Jan van Eyck nicht für Karl den

265 Sterling, S. 110;

266 zur Geschichte der Historienbibel oder *Bible historiale* vgl. Samuel Berger *La Bible française au Moyen Age*. Paris, 1967, S. 151f; Beispiele für eine Weiterentwicklung des Bildhintergrunds auf Miniaturen zu Psalm 52 ist die *Bible française* Paris, Bibl.nat., ms.fr.5056, fol. 323v; die *Bible historiale* Paris, Bibl. de l'Arsenal, ms.5057, fol. 276v aus der Mitte des 14. Jh.

267 Paul Post *Ein verschollenes Jagdbild Jan van Eycks*. In: Jahrbuch der preussischen Kunstsammlungen, Bd.52, 1931, S. 132; Anne van Buren-Hagopian «Un jardin d'amour de Philippe le Bon au parc de Hesdin (...)» In: Revue du Louvre et des Musées de France, 1985, Nr. 3, S. 185 – 192;

Kühnen (1433 – 1477), sondern für seinen Vater, Philipp den Guten (1396 – 1467), gemalt wurde. Im rechten Bildrand ist eine Gestalt zu erkennen, die in einem farbigen Wams mit dunklen Beinkleidern dargestellt ist, ganz im Gegensatz zu den übrigen Festteilnehmern, die in Weiß gekleidet sind. Hier ist wieder das Auffälligste der Kopf, der im Profil festgehalten ist. Eine starke Nase markiert als Verlängerung der kurzen, fliehenden Stirn das Gesicht, der Kopf ist spitz, der Nacken gedrungen und die Haare nicht einfach kurzgeschoren, sondern in Form einer *corona clericalis*[268] tonsuriert. Der Hofnarr hat tiefliegende Augen, dicke Augenbrauen und hält den Mund weit offen. Er ist nicht bärtig, sondern hat ein glattes Kinn. In der Hand schwingt er einen Stock. Eine Nachzeichnung dieses Hofnarren (Abb. 45) Philipps des Guten ist in der Porträtsammlung des *Codex von Arras*[269] auf fol. 288 enthalten. Sie stimmt bis auf den Mund, der hier geschlossen ist, mit dem Vorbild des Gemäldes überein. Die Porträts scheinen also einem bestimmten Typ entsprochen zu haben, der zu den als *Hofnarren* bevorzugten Menschen gehört hat. Etwas abweichende Gesichtszüge trägt das Porträt eines Hofnarren, den Francesco Laurana 1460 auf einem *Marmorrelief*[270] und um 1461 – 66 auf einer *Medaille*[271] (Abb. 46) im Profil festgehalten hat. Wieder verfügt der Hofnarr, hier handelt es sich um *Triboulet*, den Hofnarren Renés von Anjou (1409 – 1480), über eine starke Nase, die fliehende Stirn, das durch den Bart hervorspringend wirkende Kinn, einen spitzen Oberkopf und einen gedrungenen Hals. Triboulet ist auf den Porträts von Francesco Laurana tonsuriert, allerdings nicht in der Form einer *corona clericalis*, sondern in derjenigen einer *Kappe*, die den Kopf im Verhältnis zum Gesicht besonders klein erscheinen läßt. Da Triboulet hier jeweils *bärtig* dargestellt ist, scheint er im besten Mannesalter, also um 30 oder 40 Jahre alt gewesen zu sein.

Er kann aber nicht mit dem *Triboulet* identisch sein, der sowohl in den Diensten Ludwigs XII. (1462 – 1515) als auch Franz I. (1494 – 1547) gestan-

268 in Anlehnung an Christi Dornenkrone auch Petrustonsur genannt; vgl. Gregor von Tours *Libri miraculorum Lib.I, cap.28.* De sancto Petro apostolo (= Migne, P.L., Bd.71, Sp.728) und Beda Venerabilis *Historia eccelesiastica, Pars IV, sect.III,cap.XXI – XXII* (= Migne, P.L., Bd.95, Sp. 277f) „was der Abt Geolfried von Papst Pascal (817 – 24) über die Tonsur setzt“: ... Formam quoque coronae quam ipse in passione spineam portavit in capite ut spineas ac tribulos peccatorum nostrorum portaret (...) ... doceant: ut coronam vitae aeternae (...) designent;

269 Arras, Bibl.municip., ms.266 von um 1563; s. Sterling, op.cit., Abb. S. 112; zur Porträtsammlung des Codex von Arras vgl. Lorne Campbell *The Autorship of the Recueil d' Arras.* In: Journal of the Warburg and Courtauld Institutes, Bd.XL, 1977, S. 301 – 313;

270 Oberlin, Ohio, Allen Memorial Art Museum, F.F. Prentiss Fund, 54.23; s.a. Erika Tietze-Conrat *Dwarfs and jesters in Art.* New York: Phaidon, 1957, S. 43 Abb.48;

271 Tietze-Conrat, S. 12 Abb.8 und Anm. S. 88f;

den hat und dessen Bildnis in einer *Kreidezeichnung* des Museé Condé in Chantilly[272] überliefert ist. Triboulet wird hier aber nicht im Profil, sondern frontal abgebildet, wieder bärtig, aber nicht mit einer überbetonten Nase. Das Haar ist kurz geschnitten und weist keine Zeichen von Tonsurierung auf. In das 16. Jh. fällt die Titelminiatur des *Debat de Triboulet et de la Mort in der Handschrift 71.G.61* [273] der königlichen Bibliothek von Den Haag, wo offenbar ein dritter *Triboulet*, wieder im Profil, im Zwiegespräch mit dem Tod auf fol. 16 dargestellt ist. Dieser Triboulet trägt ein hermelinbesetztes Prachtgewand, die Marotte, d.h. einen Stock mit einer Gesichtsmaske daran, in der Hand, und als besonderes Zeichen eine Art doppelter *corona clericalis*. Diese doppelte Tonsur begegnet äußerst selten, so in der von Gifford[274] zuerst veröffentlichen Initiale (Abb. 47) auf fol. 258v der *Historienbibel ms. Douce 211* der Oxforder Bodleian Library als Haartracht des *insipiens*. Möglicherweise soll mit der doppelten Tonsur auf den doppelten Begriff der Torheit, im christlich-religiösen wie im „natürlichen" Sinn hingewiesen werden. Die *corona clericalis* oder einfache Tonsur würde als Würdezeichen von Geistlichen im Paulinischen Sinn der Nachfolge Christi den religiösen Aspekt ausdrücken, während der weltliche Aspekt der *natürlichen Torheit* als „Würdezeichen" des Hofnarren durch das Hinzufügen einer zweiten Tonsur sichtbar wird. In diesem Sinn würde die Tonsur des Hofnarren mit umgekehrten Vorzeichen, auch eine Analogie zum symbolischen Würdezeichen der Herrscher- bzw. Papstkrone bilden. Die doppelte Tonsur als „Würdezeichen" eines Hofnarren tritt im 15. Jh. allerdings selten auf und scheint zudem eine Modeerscheinung burgundischer Hofnarren zu sein. So trägt beispielsweise *Scoccola*, der Hofnarr des Borso d'Este (1440 – 1471) auf dem *April-Fresco* der Sala dei mesi des Palazzo Schifanoja in Ferrara keine doppelte Tonsur, sondern eine Haarkappe wie der erstgenannte Hofnarr Philipps des Guten von Valois. Er ist in der unteren rechten Bildzone (Abb. 48) des Freskos, das

272 Tietze-Conrat, S. 42 Abb.47;

273 Koninklijke Bibliotheek, 71.G.61; auf diese Handschrift hat mich freundlicherweise Prof. Bruno Roy vom Institute d'Etudes Médiévales der Universität Montréal aufmerksam gemacht (briefl. Mitteilung): Triboulet ist hier nicht nur als Hofnarr, sondern auch als *Autor* anzusehen, wie aus dem Titel des „Débat" hervorgeht. Nach Swain, Fools and Folly, S. 63 und Doran, History of court Fools, S. 308 scheint der Name Triboulet das Pseudonym des französischen Dichter Clemens Marot gewesen zu sein.

274 Gifford, op.cit., Abb.74f; sei Bonifatius VIII. (1294 – 1303) enthält die Tiara zwei Ringe, seit Benedikt XII. (1303 – 1304) bzw. Clemens III. (1305 – 1314) drei, zum Ausdruck des Priester-, Hirten- und Lehramts.

um 1469/70 von Francesco Cossa[275] gemalt worden ist, in der Szene „Borso d'Este schenkt Scoccola eine Münze" festgehalten. Scoccola ist als ein kleingewachsener, bärtiger Mann dargestellt, dessen Nacken und dessen Kinnpartie (das Fresko ist an dieser Stelle leicht beschädigt) gedrungen wirken. Im Vergleich mit den umstehenden Höflingen ist er verhältnismäßig schmucklos gekleidet.

Ebenfalls aus dem 15. Jh. und von der Hand des Jean Fouquet stammt das Porträt eines anderen ferraresischen Hofnarren, des *Gonella*. Das *Tafelbild*[276] (Abb. 49), das im Wiener Kunsthistorischen Museum aufbewahrt ist, zeigt einen älteren Mann, dessen Gesicht in freundlich schmunzelnde Falten gelegt, und dessen Kopf von einer Pelzkappe bedeckt ist. Seine Gesichtszüge gleichen in keiner Weise den oben genannten Beispielen von Hofnarren. Über seine Körpergröße können wir uns kein Bild machen, da es sich bei dem Gemälde um ein Brustbild handelt und ein Vergleichsmaßstab fehlt. Ein ebenso unauffälliger Mensch scheint *Henricus Patenson*, der Hausnarr der Familie Morus gewesen zu sein. Auf der *Federzeichnung*[277] (Abb. 50) der öffentlichen Kunstsammlung in Basel, die Hans Holbeim um 1527 – 28 als Entwurf für das Gemälde *Thomas Morus und seine Familie* angefertigt hat, sind die einzelnen Personen des Gruppenbildes durch eine Beischrift mit ihrem Namen, ihrem Verwandtschaftsgrad und ihrem Alter bezeichnet. Als siebter in der Reihe, von links nach rechts gelesen, erscheint das Bild eines behäbigen Bürgers mit Barett und breitem Gesicht. Die Beischrift nennt ihn *Henricus Patenson*, er ist etwa 40 Jahre alt und der *mori morio*, der Hausnarr der Familie Morus. Als solcher wäre er ohne die Beischrift allerdings nicht zu erkennen. Weder in Kleidung noch in Aussehen, noch seine Statur enthalten Zeichen etwa körperlichen Mißwachstums. Der Beiname „patenson" weist darauf hin, daß der möglicherweise aus England stammende Hausnarr als eine Art Adoptivsohn in die Familie des Thomas Morus aufgenommen worden war. Damit würde sich auch die Unauffälligkeit seiner Erscheinung erklären lassen.

275 zum Fresko vgl. Eberhard Ruhmer *Francesco del Cossa*. München, 1959, S. 75; Abi Warburg *Italienische Kunst und internationale Astrologie im Palazzo Schifanoja in Ferrara*. In: Atti del X.Congresso Internazionale di Storia dell'Arte, Roma, 1922; s.a. G. Bargelleschi *Palazzo Schifanoja: gli affreschi nel Salone dei Mesi in Ferrara*. Bergamo, 1945.

276 Wien, Kunsthistorisches Museum, Inv.1840; vgl. den Ausstellungskatalog *Jean Fouquet*,. Paris, Louvre, 1981, S. 6, Nr. 1, Abb.1; zu Jean Fouquet vgl. Eberhard König *Jean Fouquet*. Berlin: Mann, 1982

277 Basel, Öffentliche Kunstsammlung, Inv.nr.1662.31; vgl. den Ausstellungskatalog Hans Holbein d.J. Zeichnungen aus dem Kupferstichkabinett der Öffentlichen Kunstsammlung Basel. Basel, Kunstmuseum, 1988, Kat.65; Paul Ganz Les dessins de Hans Holbein Genf, 1939;

Daß mit Haus- und Hofnarren aber häufig in irgendeiner Art verwachsene Leute gemeint waren, zeigt das Porträt des *Will Somers* als Verkörperung des *insipiens* in der Initiale (Abb. 51) des *Psalters Heinrichts VIII.*[278] des Britischen Museums, das ebenfalls von der Hand Holbeins stammt. Heinrich VIII. vertritt hier die Rolle des Königs, Will Somers die des *insipiens*. Letzterer ist als ein Buckliger dargestellt, im prachtvollen Wams eines Hofnarren.

Aus den genannten Beispielen geht hervor, daß unter Hofnarren Menschen zu verstehen sind, die, ganz im Sinn von Konrad von Megenbergs *natürlichen Toren* oder *Morionen*, körperlich mißgebildet sind, und deren *körperliche Gestalt* in erster Linie Anlaß ihres Amts als höfische Unterhalter ist. Erst in zweiter Linie dürfte das *Gewand* zum maßgeblichen Erkennungszeichen geworden sein und die Zugehörigkeit zu einer bestimmten (weltlichen) Ordnung bezeichnen, wie im Fall der Geistlichen die Mönchskutte und die Tonsur die Unterwerfung unter eine religiös geregelte Ordnung symbolisieren. Wenn die Mönchskutte und die Tonsur im letzteren Fall ihren Träger als Angehörigen des geistlichen Stands ausweisen, dessen Tätigkeit im wesentlichen eine geistige ist, bezeichnet umgekehrt die Tracht des Hofnarren seine mit den (körperlichen) Sinnen verbundene Aufgabe, zum Lachen zu reizen. Damit stehen sich also nicht nur König und Hofnarr als „Würdenträger" mit umgekehrten Vorzeichen gegenüber, sondern auch *Mönch* und *Narr*, homo spiritualis und homo animalis, als Verkörperungen der, ganz in der Art einer spätmittelalterlichen *Psychomachie* als gegensätzlich gefaßten Strebungen von Geist und Sinnen. Im Bild findet die Verkörperung dieser Strebungen hauptsächlich im Gewand symbolischen Ausdruck. Ein eigentliches *Gewand* zur Charakterisierung von *Narren* hat sich aber vor allem dort ausgebildet, wo Hofnarren nicht im Porträt, sondern als ein *figürliches Motiv* erscheinen.

B. Der Hofnarr als figürliches Motiv in der spätmittelalterlichen Randillustration

Die Initiale zu Psalm 52 in dem *Psalter ms.Laud.lat114*[279] (Abb. 52) der Bodleian Library in Oxford aus dem 15. Jh. zeigt auf fol. 71 als Verkörperung

278 London, Brit.Mus., ms.Roy.2a XLV, fol. 63v; s. Meier(-Hanckel), *Der Narr*, S. 4 und Abb.7; zur Tätigkeit Holbeins in England vgl. *Holbein and the court of Henry VIII*. London, 1978 – 79; Paul Ganz *The paintings of Hans Holbein*. London, 1950;

279 Oxford, Bodl.Libr., Laud.lat.114, fol. 71; Abb. Gifford, *Towards a definition of the medieval fool*, Nr. 74a;

des *insipiens* eine Gestalt, deren augenfälligstes Merkmal ein farblich zweigeteiltes Wams mit entsprechenden Beinlingen und eine mit Ohren besetzte Kapuze ist, die nur das Gesicht freiläßt. Den Saum der Kapuze und die Knie ziert jeweils ein Kranz von kleinen Schellen, in der Hand hält die Figur eine Marotte oder Narrenszepter und eine Flöte.

Die farblich zweigeteilte Kleidung hat *heraldischen Charakter*[280] und verweist auf ein höfisches Dienstverhältnis, während die einzelnen Attribute die Tätigkeit näher charakterisieren. So weist die Marotte auf die Hofnarrenwürde hin, die Flöte auf die Tätigkeit eines Musikanten oder Spielmanns. Im Unterschied zu den porträtierten Morionen oder *natürlichen Toren* ist in diesem Beispiel kein Versuch zu erkennen, etwa die Gesichtszüge physiognomisch hervorzuheben und dadurch einen Bezug zu „Narrheit" herzustellen. Dieser findet hingegen durch das Hinzufügen von *Tierohren* an der Kapuze statt. Ein Vorläufer dieser *Narrenkappe* findet sich wiederum in einer *Historienbibel* vom Ende des 14. Jh. So erscheint der *insipiens* der Miniatur zu Psalm 52 (Abb. Titelbild) auf fol. CCCXIX der *Bible historiale ms.159* der Pariser Nationalbibliothek in einem grauen, bodenlangen Gewand, an dessen Kapuze kleine rote Ohren befestigt sind. Hier läßt sich also zum ersten Mal das Element nachweisen, das im 15. Jh. kennzeichnendes Attribut des Hofnarrenkostüms wird.

Eine durch Ohren oder Zipfel besonders gekennzeichnete Kapuze ist vor dem 15. Jh. allerdings keinesfalls typisch für Hofnarren. Sie scheint vielmehr der Tracht der Spielleute anzugehören. So tragen beispielsweise die höfischen Musikanten und Tänzer (Abb. 53) aus der Handschrift des *Alexanderromans*[281] von Jehan de Grise aus dem 14. Jh. bereits zweizipflige Kapuzen,

280 nach Veronika Mertens *Mi-parti als Zeichen*. (= Kulturgeschichtliche Forschungen, Bd.1) Remscheid, 1983, S. 38f ist das Hofnarrenkostüm aus der Dienerkleidung des höfischen Spielmanns hervorgegangen, die durch Streifen bzw. das Mi-parti heraldisch gekennzeichnet ist und offenbar dem Wappen und den Farben des jeweiligen Dienstherrn entspricht. Aus der Entsprechung zwischen Muster und Farben von Dienstkleidung und Wappen kann nach Mertens auf das Bestehen eines festen höfischen Dienstverhältnisses geschlossen werden. Das *Flickenwams* des Spielmanns ist folglich Ausdruck der *wechselnden* Dienstverhältnisse, so daß hier auch nicht mehr von *höfischen* Spielleuten zu sprechen ist, sondern von *fahrenden*. Spezifisch für das *Narrenkostüm* sind aber weder das Mi-Parti, noch das Flickenwams, sondern die *Eselsohren* an der Kapuze, zu denen in manchen Fällen ein *Hahnenkamm* hinzukommt. Mertens, S. 59 – 60 deutet diese letzteren beiden Attribute als Zeichen für das Laster der geistigen Trägheit (acedia) bzw. den Hahnenkamm für das Laster der Wollust (luxuria); den Hinweis auf diese Arbeit verdanke ich Prof. Michel Pastoreau, dem ich an dieser Stelle für seine zahlreichen Anregungen herzlich danken möchte.

281 Oxford, Bodl.Libr., ms.264; Faksimile hrsg. M.R. James Oxford: Clarendon Press, 1933, fol. 84v; fol. 188v zeigt eine Reihe von 11 höfischen Musikanten in zweigeteilter oder gestreifter Kleidung mit jeweils unterschiedlichen Instrumenten; zu Jehan de Grise vgl.

die aber möglicherweise ein Kostüm oder eine besondere Modeerscheinung darstellen.

Tanzdarstellungen wie diese gehören zu den Beispielen höfischer Unterhaltung, die ein bestimmendes Thema der Drôlerie-Szenarien[282] im Randdekor spätmittelalterlicher Handschriften bilden. Höfische Unterhaltung als Thema des ornamental-figürlichen Randdekors umfaßt einen Bereich, zu dem außer sportlichen Tätigkeiten wie Turniere, Jagd- und Fischfang auch musikalische Darbietungen und die Vorführung akrobatischer Kunststücke gehören[283]. Die Figur des Narren als figürliches Motiv des Randdekors tritt vor dem 15. Jh. allerdings in äußerst seltenen Fällen auf. Ein Beispiel für die Verwendung der Narrenfigur als Motiv des Randdekors bildet das *Gebetbuch Karls des Kühnen* Cod.Vind.1857 der Österreichischen Nationalbibliothek in Wien, das De Schryver auf 1476[284] datiert. Auf dem unteren Rand von fol. 133 (Abb. 54) ist als figürliches Motiv ein Narr dargestellt, kenntlich an der ohrenbesetzten Kapuze und der Marotte[285]. Er wächst als ein pflanzlich-tierisches Wesen mit menschlichem Oberkörper und langem Schwanz aus

Harry Bober *Flemish miniatures from the atelier of Jehan de Grise*. In: Revue belge d'archéologie et d'histoire de l'art, Bd.17, 1947 – 48, S. 15 – 21; s.a. E.K. Chambers *The medieval stage*. Oxford, 1903, Titelbild;

282 vgl. Lilian Randall *Gothic images in the margin of medieval manuscripts*. New York/London, 1966; Raimond van Marle *Iconographie de l'art profane*. Paris, 1986; Jonathan Alexander und Paul Binski *The Age of chivalry*. London: Royal Academy of Arts, 1988;

283 das Breviar Paris, B.N., ms.lat.1029 aus dem 14. Jh. zeigt beispielsweise auf fol. 10 ein Duell zwischen einem Hasen auf einem Hund als Reittier und einem Hahn auf einem Fuchs; der Witz besteht in der Umkehrung der wirklichen Verhältnisse: Hase und Hahn werden gewöhnlich vom Hund und vom Fuchs gejagt; eine weiter Jagdszene enthält die Randillustration des Breviars aus dem 13. Jh. der Bibl.mun. von Cambrai auf fol. 1; eine Lautenspielerin enthält das Breviar der Marguerite de Bar vom Anfang des 14. Jh. (Verdun, Bibl.mun., ms.107, fol. 12), während die Biblia sacra der Pariser Bibliothèque Nationale, ms.lat.22 aus dem 13. Jh. auf fol. 44 und 203 jeweils Akrobaten, auf fol. 212 Harfenspieler, Akrobaten und Lautenspieler darstellt; vgl. Victor Leroquais *Les bréviaires manuscrits des bibliothèques publiques de France*. Tafelband, Paris, 1934

284 vgl. d. Faks. hersgg. v. Franz Unterkircher und Antoine De Schryver Graz: Akad. Druck- und Verlagsanstalt, 1969, S. 158; zum Problem der Randillustration vgl. Friedrich Gorrissen *Das Stundenbuch der Katharina von Kleve* (Textbd.) Berlin 1973, S. 858f;

285 zur Geschichte des Begriffs der Marotte gibt es so gut wie keine Literatur: vgl. „marotte" bei Antoine Furetière *Dictionnaire universel*. Paris, (1690) 1978, der sie a) als Verkleinerungsform von Marie und b) als eine auf einen Stock aufgesetzte Kopfpuppe erklärt. Ein Stock oder Stab mit einem geschnitzen Kopf am oberen Ende ist vermutlich ursprünglich ein *Kraftstab* gewesen, den insbesondere die germanischen Herrscher zum Zeichen ihrer Macht mit sich führten. Auf eine solche Funktion weist die bei Schramm, *Herrschaftszeichen*, S. 286 berichtete Gegebenheit, bei der Tassilo von Bayern bei seiner Unterwerfung Karl dem Grossen einen Stab aushändigt, an dessen oberem Ende das Bild eines Menschen

einem Blütentrichter heraus. Er hält einen Stock in seiner Hand, der am oberen Ende in ein Gesicht ausläuft, dessen Nase schnabelartig aus dem Gesicht ragt. Es erinnert an die Gesichter, die aus der Wurzel der Alraune hergestellt werden. Auf den tierischen Anteil seines Wesens verweisen außer dem Schwanz auch die Tierohren, die hier deutlich als „beweglich" dargestellt sind, was sie von menschlichen Ohren, die unbeweglich sind, unterscheidet[286]. Auf fol. 96v (Abb. 55) begegnet ein Hofnarr in farblich zweigeteilter „Amtstracht". Er schwingt seinen *Blasebalg* in der Hand, der mit Schellen besetzt ist, möglicherweise eine Anspielung des Miniaturisten auf den Begriff *follis*, der soviel wie „leerer Sack, Blase" bedeutet und im übertragenen Sinn als Synonym für *Narrheit* „Hohlkopf, Windbeutel" u.ä. meint. In einen *Wilden Mann*[287] verwandelt zeigt den Narren schließlich fol. 155 (Abb. 56). Die Tierhaftigkeit ist nicht mehr, wie im vorigen Beispiel, durch einen Schwanz bloß angedeutet, sondern ist hier das Merkmal überhaupt. Das Fell umgibt den Körper wie eine „zweite Haut" und läßt nur das (menschliche) Gesicht frei. Zum *Narrengewand* wird es aber durch das Hinzufügen von Ohren, die in der Art von *Eselsohren* stark vom Kopf abstehen. Dieselben abstehenden Ohren zieren die Kopfpartie der Marotte, die der als *Wilder Mann* gestaltete Narr in der Hand hält. Beide Gesichter kennzeichnen hier zudem lange Spitzbärte, die den Eindruck von „Alter" erwecken. Hier ist wieder an Konrad von Megenbergs Definition „beseelter Wundermenschen" zu denken, unter denen er nicht nur die natürlichen Toren oder Morionen aufführt, sondern auch die Leute, die fern von der zivilisierten Welt[288] in den Wäldern leben. Solche Wildmenschen hat sich der Miniaturist des Stundenbuches als Gestalten gedacht, die zwar dem Körperbau und der Haltung nach als Menschen, der zottigen Erscheinung des Körpers, dem „Fell" nach als Tiere anzusehen sind. Obwohl es sich bei den Wildleuten um rein imaginäre Gestalten handelt, ist der Glaube, daß Wildmenschen wirklich existiert haben, im 15. Jh. verbreitet gewesen, da fol. 37 (Abb. 57) desselben

eingeschnitzt war (cum baculo, in cuius capite similitudo hominis erat scultum). Flögel, op.cit., S. 59 verweist auf den Namen des *Rohrkolbens*, der vor Linné den Namen „Narrenzepter" (sceptrum Morionis) geführt habe.

286 vgl. Plinius *Nat. Hist., LibXI, Kap.50;*

287 zur Thematik der Wildleute vgl. Richard Bernheimer *Wild men in the middle ages and the renaissance.* Cambridge (Mass.), 1952 und Timothy Husband und G. Gilmore-House *The wild man. Medieval myth and symbolism.* Ausstellungskatalog New York: The Metropolian Museum of Art. 1980; Wells, David Arthur *The wild man from the Epic of Gilgamesh to Hartmann von Aue's Iwein* (...). Belfast, 1975

288 Pfeiffer, *Das Buch der Natur*, S. 488; s.o., S. 86

Stundenbuchs die Wildleute so darstellt, als hätte es sie tatsächlich gegeben. Links sitzt eine *Wildfrau* am unteren Rand des Bildfelds, im Begriff, das Kind in ihrem Arm zu säugen. Ihr gegenüber am rechten Bildrand steht der *Wildmann*, mit einem groben Aststück in der Hand. Das Fell ist hier nicht als Kostüm, sondern als Eigenschaft des Körpers dargestellt. In einer Folge von Miniaturen mit den *Vier Ständen* (Abb. 58) als Thema[289], hat Jean Bourdichon ein ähnliches Wildleute-Paar vor dem Eingang einer Höhle dargestellt. Die Haut ist hier allerdings nicht „zottig", sondern in der Art von Affen stark behaart. Die *Wildleute* repräsentieren neben den *Armen*, den *Handwerkern* und den *Edelleuten* also sogar einen eigenen Stand, den der *Wilden* oder der *Waldleute*, die „fern von den vernünftigen Leuten" leben, im Bild „fern von der Burg" im Hintergrund, dem Symbol der zivilisierten Welt.

Als ikonographisches Motiv begegnen Wildleute bereits im 14. Jh. Ein *Missale und Stundenbuch nach dem Gebrauch der Minoriten*[290] zeigt in der Initiale auf fol. 55 einen sich bekreuzigenden *Wilden Mann*. Das Motiv der Wildleute bezeichnet aber auch den Verlust der unsterblichen Natur durch den Sündenfall. So sind Adam und Eva in der *Weltchronik* des Johann Columna[291], die von der Genesis bis ins Jahr 1250 führt, als Menschenpaar des Paradieses nackt (fol. 24), als Sterbliche hingegen mit einem Fell bekleidet (fol. 24v). Der feine Unterschied, der zwischen dem Fell als natürlichem Haarkleid und dem Fell als *Kostüm* gemacht wird, sondert die Wildleute in „wirkliche", die außerhalb des christlichen-religiösen Gesichtskreises leben[292], und in Verkleidete, die die Rolle eines Wildmenschen nur spielen. Als verkleideter *Wildmann* hat Karl VI. eine gewisse Berühmtheit erlangt, als er

289 Paris, Ecole des Beaux-Arts; vgl. Grete Ring *A century of French Painting 1400 – 1500*. London, 1949, Cat.321A u. Abb.151 – 154

290 Paris, B.N., ms.lat.757; zu den Stundenbüchern der Pariser Bibl. Nat. vgl. Victor Leroquais *Les livres d' heures manuscrits de la B.N.* 3 Bde. u. Suppl. Paris, 1927;

291 Paris, B.N., ms.lat.4915; s.a. eine analoge Darstellung in der griechischen Handschrift der *Homelien des Mönches Jacques* aus dem 12. Jh., Paris, B.N., ms.gr.1208, fol. 49v

292 Lecouteux, op.cit., S. 16: „betrachtet man Städte, Burgen oder Dörfer als das zivilisierte Universum, bezeichnet der Begriff „Wildleute" (hommes sauvages) alle, die außerhalb dieser Zivilisation leben". Nach Ring, *A century of French Painting*, S. 12 wird den Wildleuten kein Wertgefühl zugeschrieben. Sie haben daher keine Kenntnis von Gott, aber auch nicht von Göttern. Der Status eines Wilden Mannes "was not better than that of the godless man in the psalter, whom medieval miniaturists depicted as insane, half naked and senselessy trying to bite a stone"; in Gesellschaft eines Tambourspielers und mit drei Affen ist ein Wilder Mann in der oben genannten Handschrift des Alexanderromans auf fol. 106 dargestellt;

auf einem *Wildleute-Kostümfest* im Jahr 1392[293] mit den anderen Kostümierten fast verbrannt wäre. Das tragische Ende dieses Festes, das die *Handschrift ms.fr.2646* einer Chronik Jean Froissarts der Pariser Bibliothèque Nationale aus dem 15. Jh. in der Miniatur auf fol. 176 (Abb. 59) festhält, zeigt, wie Karl VI. durch die Geistesgegenwart einer Hofdame, die ihm ihren Mantel überwirft, gerade noch gerettet wird. Der *Narr* als figürliches Motiv erscheint also einerseits in einer farblich zweigeteilten „Amtstracht", die darüberhinaus heraldisch gezeichnet sein kann. Ihr Charakter als Wappenkleidung läßt auf ein höfisches Dienstverhältnis schließen und ordnet den Narren der „zivilisierten" Welt zu. Andererseits reiht das Kostüm oder „Festgewand" eines *Wilden Mannes* den Narren dem „vierten Stand" ein, der bereits den Grenzbereich der „unzivilisierten" Welt anzeigt.

C. Der Narr als kirchlicher und als höfischer „Würdenträger": Narrenfest und „Maifest"

Wenn das Gewand des Narren durch seine heraldische Zweiteilung als höfische Dienstkleidung identifiziert werden kann, wird es im kirchlichen Bereich zum symbolischen Gewand eines Festes. Das Fest, das sowohl die Geistlichkeit als auch das Narrentum zum Gegenstand hat, ist das seit dem 12. Jh. nachweisbare, „festum stultorum" genannte *Narrenfest*[294]. Folgt man den Angaben im *Rationale divinorum officiorum* des Johannes Belethus[295] aus dem 12. Jh. und des darauf aufbauenden *Rationale divinorum officiorum*

293 Juvenal des Ursins berichtet in seiner *Histoire de Charles VI* (= Nouvelle collection des mémoires, Bd.2, S. 390), daß im Palast der Königin Blanche in St. Marcel bei Paris zu Ehren des Königs ein Fest «d'hommes sauvages enchaisnez, tous velus» angeordnet sei. Die Felle seien «faits de lin, ou d'estoupes (Werg) attachées à poix-raisine (Pech-Harz), et engraissez aucunement pour mieux reliure». Einige der Kostümierten hätten aber beim Tanz im Saal an den Fackeln Feuer gefangen und seien verbrannt. Unter den Kostümierten sei auch der König gewesen, der aber dank der Geistesgegenwart einer Hofdame habe gerettet werden können. Vgl. die Miniatur in der Froissart-Handschrift Paris, B.N., ms.fr.2646, fol. 176 u. Gorrissen, op.cit., S. 864f;

294 bei Du Cange, Glossarium, sind zum Stichwort „kalendae" sämtliche Erwähnungen von Narrenfesten aufgeführt; er weist auch darauf hin, daß mit dem Begriff „kalendae" in römischer Zeit der 1. Monatstag, ein Neumondstag, bezeichnet wird; zur Parallele zwischen den römischen Saturnalien und dem Narrenfest vgl. *Lexikon für Antike und Christentum*, Bd.7, S. 759; s.a. Chambers, *The medieval stage*, S. 274f; Dietz-Rüdiger Moser *Narren, Prinzen, Jesuiten. Das Karnevalskönigreich am Collegium Germanicum in Rom und seine Parallelen*. In: Zs. für Volkskunde, Bd.77, 1981, S. 189f;

295 Dilingae: Mayer, 1572, cap. LXX – LXXII, fol. 129v *De festo Hypodiaconorum;* Johannes Belethus (gest. 1182/90) war zeitweise Rektor der theologischen Fakultät in Paris;

des Guillaume Durand[296], so lassen sich als Zeitpunkte dieses offenbar beweglichen Fests der 27. Dezember oder Tag der *Unschuldigen Kindlein* (Innocentes), der 1. Januar oder Tag der *Beschneidung Christi* (Circumcisio), der 6. Januar oder Tag der *Epiphanie* und schließlich der 14. Januar als der *Octava Epiphaniae* errechnen. Die Begründung, die das *Rationale* für die Feier dieses Festes an solch verschiedenen Tagen gibt, hängt damit zusammen, daß es sich um ein Fest handelt, das von den *Subdiakonen* gefeiert wird. Die kirchliche Festzeit, die mit dem 24. Dezember oder dem Tag der Geburt Christi (nativitas Christi) anbricht, schreibt für die einzelnen Festtage den hierarchisch geordneten geistlichen Würden entsprechende Feiern vor. So beginnt das Fest der *Diakone* zur *Vesper* des 24. Dezember, wo das *Magnifikat* mit dem Antiphon des Hl. Stefan gesungen wird, und wird in der *Nocturn* zum 25. Dezember oder *Stefanstag* fortgesetzt, da der Hl. Stefan ein Diakon war. Eine Hochmesse (officium universum) haben die Priester (sacerdotes) am 26. Dezember oder Tag *Johannes des Täufers* zu feiern, weil dieser ein Priester war und die Knaben (pueri) am 27. Dezember oder Tag der *Unschuldigen Kindlein* zum Gedenken an den bethlehemischen Kindermord. Das Fest der *Subdiakone* oder *Hypodiakone*[297] soll als Feier einer Würde, bei der es zweifelhaft ist, ob sie dem geistlichen Stand zugerechnet werden soll oder nicht (qui ordo incertus est) und die eine wirre Messe feiert (officio celebratur confuso) entweder zusammen mit den *pueri* am 27. Dezember abgehalten werden, oder an den übrigen obengenannten Tagen.

Möglicherweise am Tag der Epiphanie hat in Sens ein solches *festum stultorum* der Subdiakone stattgefunden, von dem der Wortlaut des Rahmengesangs zur Messe, das *officium festi fatuorum*[298] erhalten ist. Diese Spottverse werden dem Erzbischof der Diözese, Pierre de Corbeil zugeschrieben, die er anfangs des 13. Jh. verfaßt haben soll. Aus ihnen geht hervor, daß hier

296 Lyon: Cellier, 1672, Lib.VII, cap.XLII, S. 462 *De sanctis Stephano, et Joh. Evang. et Innocentibus*

297 s. Anm. 295: «Festum hypodiaconorum quod vocamus stultorum, a quibusdam perficitur in circumcisione, quibusdam in Epiphania vel in eius octavus; fiunt autem quatuor tripudia post Nativitatem Domini in Ecclesia: sacerdotum, puerorum, id est minorum aetatem et ordinem et hypodiaconorum, qui ordo incertus est et officio celebratur confuso»; bei Durand (Anm. 296) heißt diese Stelle: «(...) faciunt sacerdotes in festo Beati Stephani in vesperis in honore sancti Joannis ad honorem Innocentium. Subdiaconi vero faciunt festum in quibusdam Ecclesiis in festo Circumcisionis ut ibi dictum est. in aliis epiphania et etiam in alii, in octava epiphaniae, quod vocant festum stultorum

298 Sens, Bibl. mun., ms.200; hrsg. Jean-Marie Paupert Paris, 1978; ebenfalls aus dem 13. Jh. datiert die Spottmesse von Beauvais, die das Brit. Mus. in London unter der Signatur 2615 aufbewahrt.

einem *Esel* eine besondere Rolle zufällt, auf den am Anfang und am Ende der Messe ein „Lobgesang" abgehalten werden soll. Der Eingangsgesang erzählt, wie Meister Esel aus dem fernen Osten gekommen sei, schön und stark. Auf den Hügeln von Sichem sei er aufgewachsen, unter der harten Rute Rubens. Er hat den Jordan überquert und ist nach *Bethlehem* hinaufgesprungen. Dabei schlug er Maulesel, Damwild und Ziegen. Er sei schneller als die Kamele aus Madian und zieht obendrein Karren voller Päckchen, während er harte Nahrung zermalmt.

Am Ende der Messe wird dieser Gesang wiederholt, wobei näheres von den Geschenken berichtet wird, die er mit sich bringt. Dank seiner Tugenden sind das Gold Arabiens, Weihrauch und Myrrhe in den Schoß der Kirche gelangt. Er selbst ernährt sich von Weizenähren, aber auch von Gerste oder Disteln. Auf dem Dreschanger aber scheidet er Spreu vom Weizen.

Die letzte Strophe lautet: Amen sollst du sagen, Esel, wenn du das frische Gras gefressen hat und zweimal Amen, wenn du das alte Heu zurückweist. Anstatt des Amens sind im Refrain die Worte „Hü, hü, Meister Esel, hü" mit kräftiger Stimme zu singen.

Am Tag der Epiphanie wird traditionellerweise die Erscheinung Christi (der Stern Bethlehems) vor den Heiden gefeiert. Möglicherweise versinnbildlicht hier der *Esel* also die Heiden oder die Juden, die durch die Erscheinung zum christlichen Glauben bekehrt wurden. Aus einer Stelle aus dem *De universo* des Rabanus Maurus[299] wird deutlich, daß mit dem hier gefeierten Esel tatsächlich eine Anspielung auf die Bekehrung der Heiden zu Christen verbunden sein kann. Danach bezeichnet der Name von Eseln und Eselinnen bald die Nachlässigkeit der Unzüchtigen (petulantia luxuriosum), bald die Gewohnheit der Einfachen (mansuetudo simplicium), bald die *Dummheit der Heiden* (stultitia gentilium). Genauer gesagt, bedeutet der Esel im *mystischen* Sinn, obgleich häßlich oder triebhaft, entweder das Volk der Heiden, – denn auf ihm zu sitzen hat der Herr bei seinem Einzug in Jerusalem für würdig erachtet – das er sich untertan gemacht hatte, um es zum himmlischen Reich

299 *De Universo. Lib.VII De aetatibus, generationis etc., cap.VIII De pecoribus et iumentis* (= Migne, Bd.111, Sp. 212 Ag): ... »Asinorum quoque vel asinarum *nomine* aliquando luxuriosum petulantia, aliquando mansuetudo simplicium, aliquando stultitia gentilium designatur. (...) Sp. 212Bf: (...) *asino homo stultus:* in Deuteronomio (XII) non arabis in bove et asino; id est stultum praedicatione sapienti non socies. *Asinus Synagogam Judaeorum significat.* (...) *Asinus corpus hominis:* unde in libro Judicum (V) scriptum est. (...) tunc enim *stultum hominem significat asinus,* quando peccati onera portantem et usque ad finem vitae *libidines carnis exercentem* demonstrat«. Der Wildesel (onager) hingegen bedeutet das Volk der Juden (Sp.213A): «significat autem onager aut Judaicum populum aut hominem eremitam».

zu führen, oder den dummen Menschen, der zur Unzucht dieser Welt hinneigt.

Wenn also der Esel die Dummheit der Heiden bzw. der Juden, um die es in diesem Fall geht, bedeutet, könnte das Narrenfest als Fest der Subdiakone oder der kirchlichen Jugend das Fest der jugendlichen Torheit bedeuten, die unentschieden zwischen den Freuden der Welt und ihrem Verzicht schwankt. Daraus könnte jedenfalls die Verwendung des *Narrengewands* als symbolisches Kostüm erklärt werden, das bei dieser Gelegenheit getragen wurde.

Unter der Leitung eines eigens gewählten *abbas stultorum* oder *episcopus stultorum*[300] oder dort, wo die Kirche direkt dem Papst unterstellt ist, eines *papa stultorum*, verspotten die Subdiakone die Inhaber der höheren geistlichen Würden. Eine *Festmünze*[301] aus dem 15. Jh. (Abb. 60) zeigt Papst und Narrenpapst einander gegenübergestellt. Der Papst ist durch Tiara und Kreuzstab als der „echte" Würdenträger, sein.Gegenüber, mit einer Mütze und der Marotte als Festinsignien, als der „falsche" Würdenträger gekennzeichnet. Die Marotte dürfte der *baculus* sein, der bei den an die Messe anschließenden Prozessionen „zum Bankett" (ad prandium"), „zum Trinkbecher" (ad poculum) und „zu den Spielen" (ad ludos) feierlich vorangetragen wurde. Von einem Narrenfest inspiriert ist möglicherweise auch die *Federzeichnung*, die Hans Holbein für die Ausgabe des *Lobs der Torheit* (Encomion moriae) des Ersasmus[302] von 1515/16 angefertigt hat. Dargestellt ist die Torheit als *Kanzelpredigerin* (Abb. 61) mit derselben Narrenkappe wie die andächtig zuhörende Menge.

Vom Standpunkt der Kirche aus scheint das Narrenfest aber Anlaß einer zu weit gehenden Profanierung der Sakramente gegeben zu haben. Bereits 1445 hatte die Pariser Fakultät durch eine Enzyklika vom 12. März[303] ein Verbot erlassen, dessen Inhalt hauptsächlich auf die übertriebenen Kostümierungen zielt. Dagegen hat das Narrenfest in höfischen Kreisen einen ausdrücklichen Befürworter in der Person des burgundischen Herzogs Philipps des Guten gefunden, von dessen Hofnarr weiter oben bereits die Rede war.

300 Maurice Lever *Le sceptre et la marotte*. Paris, 1983, Abs. S. 14

301 Marcel Rigollot *Monnaies inconnues des évêques des innocents, des fous* (...) Paris, 1837, S. 6;

302 vgl. Ausstellungskatalog Hans Holbein, Basel, 1988, Kat. 2a; s.a. Erika Michael *The drawings by Hans Holbein the younger for Erasmus' praise of folly*. New York-London, 1986 und Fritz Saxl *Holbeins Illustrations of the «Praise of folly» by Erasmus*. In: Burlington Mag., Bd.83, 1943, S. 275 – 279;

303 Mr. Du Tilliot *Mémoires pour servir à l' histoire de la fête des foux*. Lausanne-Genève, 1741, S. 57 und Du Cange, Glossarium S. 960;

Philipp der Gute erläßt 1454 ein Privileg, daß in seiner Kapelle zu Dijon das Narrenfest weiterhin ausgerichtet werden solle[304]. Dieses Privileg wurde im Jahr 1484 durch Jean d'Amboise, Bischof und Herzog von Langrès, erneuert und bestätigt[305]. Der Hof von Burgund scheint nicht nur Hofnarren und Narrenfesten, sondern allgemein der Idee von Festen geneigt gewesen zu sein. Aus dem Kreis des burgundischen Hofs könnte auch der unbekannte Auftraggeber stammen, für den Hieronymus Bosch[306] im letzten Jahrzehnt des 15. Jh. ein Bild geschaffen hat, das auf den Namen *Narrenschiff*[307] (Abb. 62) getauft ist.

304 der Text findet sich bei Du Tilliot, S. 100 – 103 abgedruckt;

305 ibidem, S. 58;

306 über das Leben des Hieronymus Bosch ist relativ wenig bekannt. Ausgehend von dessen ursprünglichem Familiennamen Hieronymus *van Aken*, und der Meinung, daß es unhistorisch sei, „bei der Beurteilung der frühen Tafelmalerei von der Buchmalerei abzusehen" (S. 1123), hat Friedrich Gorissen im Anhang zum Textband des *Stundenbuch der Katharina von Kleve* einen bisher weitgehend unbeachtet gebliebenen Versuch unternommen, aufgrund stilistischer und verwandschaftlicher Untersuchungen einen Bezug zwischen der Malerfamilie der van Aken und der van Eyck herzustellen (S. 1105). Seinen Recherchen gemäss ist die Malerfamilie der van Aken wie die der Malouel und Limburg ursprünglich in Aachen beheimatet gewesen und ist von dort nach Nijmwegen und Herzogenbosch ausgewandert. In den Registern des Schöffengerichts von Herzogenbosch findet sich zum Jahr 1420 ein Vermerk, aus dem hervorgeht, daß eine Familie von Eyck dort ansässig gewesen ist, offenbar Verwandte der Gebrüder von Eyck. Jan van Eyck habe ursprünglich für Johan von Bayern, Bischof von Lüttich, später am Hof Philipps des Kühnen von Burgund (1342 – 1404), des Bruders von Jean de France, Herzog von Berry, gearbeitet (S. 1106); der einzige urkundlich bezeugte Auftraggeber des Hieronymus Bosch ist der burgundische Herzog Philipp der Schöne (gest. 1506, Sohn der Maria von Burgund und des Maximilian von Habsburg) der 1504 ein „Jüngstes Gericht" bei ihm bestellt hatte vlg. Mia Cinotti *L'opera completa di Bosch*. Milano: Rizzoli, (1966) 1977, S. 85;

307 diesen Titel trägt das Gemälde seit der Studie Paul Lafonds *Hieronymus Bosch. Son art, son influence, ses disciples*. Bruxelles-Paris, 1914, S. 79ff, der es als erster mit dem gleichnamigen Lehrgedicht des Sebastian Brant von 1494 in Verbindung gebracht hat. Im Gegensatz zu Lafond leitet D. Th. Enklaar *Varende luyden*. Assen, 1956, S. 77f das Motiv des Schiffs nicht von dem Werk des Sebastian Brant, sondern von dem 1413 entstandenen Gedicht des Jacob van Oestvoren *De blauwe Schuit* ab. Eine ausführliche Zusammenstellung der Forschungsergebnisse zum Narrenschiff findet sich bei Hélène Adhémar *Les primitifs flamands au Museé du louvre*. Bruxelles, 1962, Bd.1, S. 20 – 32; zuletzt R. Marijnissen *Hieronymus Bosch*. Weinheim, 1988, S. 310 – 319; nach De Tolnay, op.cit. Kat.nr.8 kommt das *Narrenschiff* nicht vor den *Heuwagen* zu stehen, den er um 1485 – 1490 datiert. Zu den davon abweichenden Datierungen vgl. Cinotti, S. 92, Nr. 16; zur Provenienz vgl. Louis Demonts *Deux primitifs néerlandais au Musée du Louvre*. In: Gazette des Beaux Arts, Vol. 15, 1919, S. 4f; zum Narrenschiff existiert eine *Grisaille-Federzeichnung* im Cabinet des Dessins des Louvre mit der Signatur R.F.3714, die in dem Ausstellungskatalog *Pieter Bruegel d.Ä. als Zeichner. Herkunft und Nachfolge*. Berlin, 1975, S. 24 als Entwurf des Narrenschiffs bezeichnet wird.

Das Gemälde, das sich im Cabinet du Sud des Louvre befindet, hat ein Fest in einer *Barke* zum Gegenstand. Abgesehen von den Badenden, die nackt im seichten Wasser stehen, lassen sich unter den zwölf Personen der Gesellschaft drei aufgrund ihrer Kleidung näher bestimmen. Zwei Personen, eine Frau und ein Mann, sind als *Geistliche* zu erkennen. Auf einem Ast am Bug sitzt als eine Art Galionsfigur ein *Narr*. Er ist an der ohrenbesetzten Kapuze, dem Zackenwams und der Marotte in der Hand kenntlich. Die übrigen Personen, unter denen sich noch eine weitere Frau befindet, sind mit den runden, derben Gesichtszügen als „einfache Leute“, also möglicherweise Bauern oder Handwerksburschen charakterisiert. Eine Reihe von Gegenständen bestimmt den *festlichen* Charakter des Ausflugs. Kirschen, Brathuhn, Fisch, Fladenbrot und die zur Kühlung ins Wasser getauchte Weinflasche lassen ahnen, daß die Speisen kein Alltagsmahl bilden. Die Geselligkeit ist mitten im Gang, Nonne und Mönch singen zur Laute, die übrigen betrinken sich oder sind bereits so betrunken, daß sich sich streiten, übergeben oder eingeschlafen sind.

Nach den Angaben von Charles Cuttler[308] ist die Darstellung von *Ausflügen* ein beliebtes Sujet der *Randillustration* in Stundenbüchern des ausgehenden 15. und beginnenden 16. Jh. Einen Bootsausflug als Randminiatur kennt beispielsweise das um 1480 entstandene *Stundenbuch ms.1141* des Museums Condé in Chantilly, als Kontrastprogramm zur Visitation, dem Hauptbild auf fol. 54. Bei dem dargestellten Ausflug der *Mönche im Boot* und des Teufels in der Luft handelt es sich allerdings um eine Teufelsaustreibung, die im Zusammenhang mit den Wundern Marias[309] stehen. Häufiger findet sich die Darstellung einer Bootsfahrt in der Randillustration von *Kalenderbildern* zum Monat *Mai*, wie im *Da-Costa-Stundenbuch ms.399*[310] der Pierpont-Morgan Library in New York auf fol. 6v.

Ein *Narr* erscheint in der Darstellung von Bootsausflügen allerdings erst in Stundenbüchern aus dem 16. Jh. Auf dem Kalenderblatt des Monats Mai

308 Charles D. Cuttler *Bosch and the Narrenschiff: A problem in relationships*. In: Art Bulletin, Bd.51, Nr. 3, 1969, S. 272 kritisiert vor allem die bei Hélène Adhémar *Les primitis flamends au Musée du Louvre*. Bruxelles, 1962, Bd.1, S. 20 – 32 zusammengefaßten Forschungsergebnisse der Vorgängerstudien, die sich im wesentlichen auf literarische Analogien und nicht auf ikonographische Parallelen beziehen. Er selbst folgt der These De Tolnays (1965, S. 347 – 49), der im Masten der Barke einen *Maibaum* sieht und der Auffassung Adhémars, die das Gemälde nicht als Narrenschiff betrachtet, sondern als eine *Satire auf die Trunksucht der Mönche*.

309 zu den Wundern Marias s. S. 128 u. Anm. 345 u. 346;

310 eine Abb. der Miniaturen aus den beiden Stundenbüchern findet sich bei Cuttler, Fig.3 u. 4;

im *Seelengärtlein, cod.vind.2706*[311] der Nationalbibliothek in Wien, ist auf fol. 14 (Abb. 63) als profanes Kontrastprogramm zur Liste der Heiligennamen im Schriftbild ein „Picknick" mit drei Patriziern dargestellt, die von zwei anderen Personen bedient werden. Allein in der Barke zurückgeblieben ist der Narr mit einer mannshohen Marotte.

Im Kalenderbild des Monats *April* im *Breviario Grimani*[312], das 1510 vollendet wurde, ist der Narr von der Randillustration ins Hauptbild übergewechselt. Auf fol. 6v (Abb. 64) ist ein Hochzeitsfest einer höfischen Gesellschaft festgehalten, im Beisein eines *morio* in der heraldisch gezeichneten Amtstracht eines Hofnarren. Wie im Beispiel *Triboulets* in der Titelminiatur zum *Débat de Triboulet et de la mort* ist der Kopf des Hofnarren von einer doppelten Tonsur gekennzeichnet, wobei einzelne Haarbüschel zu Löckchen gedreht sind. Die stark individualisierten Gesichtszüge, der offenstehende Mund und der zum Betrachter gewendete Blick lassen darauf schließen, daß es sich hier um ein *Portät* handelt. Ein zweiter Narr in der Randillustration des Monatsbildes *November* auf fol. 22 trägt ähnlich derbe Züge. Er ist als Anführer einer *Fastnachtsclique* mit Pfeiffen und Trommeln dargestellt, wobei hier die ganze Gruppe dasselbe zweifarbige Wams trägt wie der Narr. Die Gestalt des Narren im *Breviario Grimani* verbindet also den heraldischen Charakter des Gewandes bei den als figürliches Motiv behandelten Narrenfiguren der Randillustration mit dem Porträt. Das Porträt ist aber Kennzeichen eines Hauptbildes und erst in zweiter Linie der Randillustration.

In Bezug auf die Narrenfigur im *Narrenschiff* des Hieronymus Bosch entfällt allerdings die Möglichkeit eines Porträts. Daraus kann geschlossen werden, daß es sich hier um ein ins *Hauptbild erhobenes figürliches Motiv*

311 vgl. Friedrich Dörnhöffer *Seelengärtlein (Hortulus Animae)*. Frankfurt, 1911; die Wiener Handschrift ist eine Kopie des *Drucks* von 1502 (Dörnhöffer, S. 27f); die erste lateinische Druckausgabe eines *Hortulus Animae* ist 1498 in Straßburg bei Grüninger erschienen, 1501 erscheint dort die erste deutsche Fassung, die von Sebastian Brant übersetzt ist. Vgl. Paul Kristeller Die *Straßburger Bücherillustration*. Leipzig, 1888; Nieuwkoop: De Graaf, 1966, Nr. 80 (1498), Nr. 95 (1501) mit 60 Holzschnitten der Ausgabe von 1498 und 6 aus dem Hortulus von 1500 (Nr. 87). Ein weiteres Beispiel eines Maiausflugs mit einem Narren im Boot findet sich in dem lat. Stundenbuch ms.lat.10555 der Pariser Bibliothèque Nationale auf fol. 6, das ebenfalls auf den Beginn des 16. Jh. fällt. Narren, Akrobaten und Spielleute schmücken beispielsweise noch die Randleisten der Titelblätter von Genesis und Johannes-Offenbarung in der Kölner Bibel des Heinrich Quentell von 1479 vgl. Schramm *Der Bilderschmuck der Frühdrucke*, 1924, Bd.8, Tf.68 und 121;

312 Venedig, Biblioteca Marciana, ms.lat.I.99, fol. 6v; hrsg. von Giorgio E. Ferrari Milano, 1979, fol. 7 und Andreas Grote Berlin, 1973; zur Datierung s. Horst Wolf *Die Meister des Breviarium Grimani*. Berlin: Ev. Verlagsanstalt, 1982, S. 11; s.a. Paul Durrieu *Alexandre Bening et les peintres du Bréviaire Grimani*. In: Gazette des Beaux Arts, Nr. 23, 1981, sér.3, Bd.5, S. 353 – 367 und Bd.6, S. 55 – 69

handelt, das, wie der Gegenstand des Bildes, der festliche Ausflug, aus der Buchillustration gewonnen sein dürfte. Als Motiv leitet es sich dabei nicht von einem religiösen Bezug her, da der Hofnarr als Porträt in der Psalmillustration erst im 14. Jh. auftritt, während er in der Randillustration als Motiv der „Drôlerien" schon früher faßbar ist. Wenn es sich bei der Narrenfigur im Narrenschiff des Hiernoymus Bosch um ein *Motiv* handeln sollte, welches ist dann seine Rolle im Bild? Aus dem festlichen Ausflug so gegensätzlicher „Würdenträger" wie Narren, Geistliche und Bauern kann geschlossen werden, daß es sich nicht um ein rein kirchliches Fest, wie etwa das Narrenfest, handelt, auch nicht um ein rein höfisches Fest, wie der Kostümball der „Wildleute", sondern um eine Art Volksfest, das, wie das Jagdfest Philipps des Guten, zu einer eher warmen Jahreszeit stattfindet. Diese Jahreszeit kann durch den als „Maibaum" mit Laub geschmückten Masten als der Monat Mai näher eingegrenzt werden.

Die neuere kunstwissenschaftliche Forschung bringt seit der Studie Lotte Brand-Philips[313] das *Narrenschiff* in Verbindung mit einem *Fragment* (Abb. 65) der Art Gallery in Yales. Dieses Fragment wurde 1959 der Art Gallery geschenkt und 1979 gereinigt. Es stimmt sowohl stilistisch als auch den Abmessungen nach (das Louvre-Bild ist 32,5 cm, das Yale-Fragment 32 cm breit) mit dem *Narrenschiff* überein. Obwohl das Yale-Fragment Schnitte am oberen und rechten Rand aufweist, während das Gemälde im Louvre nur am oberen Rand einen solchen Eingriff zeigt, ist angenommen worden, beide Teilen würden, übereinandergestellt, das Pendant zum *Tod des Geizigen*[314] (Abb. 66) in der Washingtoner Nationalgalerie bilden. Thematisch einander gegenübergestellt, seien sie die Flügel eines seines Mittelteils verlustig gegangen Triptychons, dessen Programm dem Thema der Sündhaftigkeit oder der Narrheit gewidmet sei. Der Vergleich der Röntgenaufnahmen der Louvre- und Yale-Teile durch Anne Morganstern[315] scheint diese Hypothese zu bestärken. Tatsächlich könnte der Schnitt am rechten Rand des Yale-Fragments den fehlenden halben Zentimeter erklären, mit dem es sich auf die Breite von 32,5 cm des *Narrenschiffs* ergänzen würde. Damit ist aber der Einwand Cuttlers nicht entkräftet, daß Bosch nie eine doppelte Szene einer

313 zit bei Anne Morganstern *The rest of Bosch's Ship of Fools.* In: Art Bulletin, Bd.66, Nr. 2, 1984, S. 295; s.a. Adhémar, op.cit., S. 44 – 49 Nr. 67;

314 Colin Eisler *Paintings from the Samuel H. Kress Collection. European school excluding Italian.* Oxford, 1977, S. 66 – 69; eine Grisaille-Vorzeichnung des Gemäldes befindet sich im Besitz des Louvre, Cabinet des Dessins, Nr.R.F.6947;

315 s. Anm. 313 und Cuttler, op.cit., S. 275;

einfachen gegenüberstelle, und der *Tod des Geizigen* ist in Thema und Komposition keine doppelte Szene.

Betrachten wir trotzdem einmal *Narrenschiff* und *Yale-Fragment* unter dem Gesichtspunkt einer möglichen Zusammengehörigkeit, ergibt sich vielleicht ein weiterer Schritt zur Klärung der dargestellten Thematik. Die Hauptszene des Fragments ist eine höfische *Minneszene* in einem am Uferrand aufgestellten Zelt. Sie nimmt die rechte Hälfte und den unteren Teil des Bildes ein. Links davon baden einige nackte Gestalten im Wasser, mit dem Transport von Nahrungsmitteln beschäftigt. Eine behäbige Gestalt mit einem Trichter auf dem Kopf und einer langen Pfeife im Mund läßt sich so auf einem Faß im Wasser herumschieben.

Das *Yale-Fragment* steht also unter demselben Zeichen eines Festes wie das Narrenschiff. Wenn das *Narrenschiff* aber durch die festliche Ausgelassenheit und Ausschweifung auf den „Weltverzicht" der Geistlichen anspielt, und der im Gegensatz dazu der unbeteiligt auf seinem Ast sitzende Narr, der dem festlichen Treiben den Rücken zukehrt, den Eindruck der „Weltabgewandtheit" erweckt, so gipfelt die Sinnenfreude des festlichen Treibens in der Minneszene als der exemplarischen höfischen „Beschäftigung" des Monats Mai. Narrenschiff und Yale-Fragment zusammen gesehen könnten so ein moralisiertes Maibild vorstellen, in dem Narr und Gesellschaft ihre Rollen vertauscht haben. Als das moralisierende Element erscheint der Narr, als moralisiertes Element hingegen die Gesellschaft und die Minneszene. Den Charakter des *Höfischen* gewinnt aber das *Narrenschiff* durch die Figur des Narren als höfischem „Würdenträger", das *Yale-Fragment* durch die in einem wappengeschmückten Zelt stattfindende Minneszene. Fast als eine Verdichtung dieser beiden Elemente mutet Hieronymus Boschs Allegorie der *Luxuria*[316] (Abb. 67) an, die mit dem *Narrenschiff* und dem *Yale-Fragment* einige Elemente gemeinsam hat. Die Luxuria ist Teil der Sieben Todsünden und Vier letzten Dinge auf der Tischplatte des Escorial in Madrid von 1470–80.

316 Nach Pater Gerlach *Luxuria: tafelblad (3)* In: Brabantia, Bd. 27, 1978, S. 209 ist Boschs Darstellung dieses Lasters von der Thematik der „Liebesgärten" beeinflusst. Bei der Darstellung des Liebensgartens im Hausbuch von Wolfegg, fol. 24v (hrsg. von H. Bossert Leipzig, 1912) sind den Liebespaaren jeweils Narren beigesellt; zum Original des Meisters E.S. vgl. Jan Pieter Filedt-Kok *Vom Leben im späten Mittelalter: der Hausbuch-Meister oder Meister des Amsterdamer Kabinetts*. Frankfurt: Städelsches Kunstinstitut, 1985, S. 24; s. hierzu auch die interessante Untersuchung von Anne Boczkowska *The lunar symbolism of the ship of Fools by Hieronymus Bosch*. In: Oud Holland, Bd.86, 1971, S. 60f mit dem Hinweis auf die „Planetenkinderbilder" des Hausbuchs und den Zusammenhang zwischen Mond und Wechselhaftigkeit, Mond und Temperament, Mond und Wahnsinn und S. 64f zwischen den Begriffen „lunaticus" und „stultus" und Mond und Venus; zu einer Abb. vgl. Cinotti, op.cit., Tf.II;

Dargestellt ist vor einem Landschaftshintergrund wieder ein Zelt, diesmal mit zwei höfischen Liebespaaren, daneben ein vollständig weiß gekleideter Hofnarr, der, auf den Bauch gefallen, von einer zweiten Gestalt mit einem langstieligen Löffel verdroschen wird. Wie die auf dem Boden verstreuten Instrumente zeigen, scheint es sich um einen Streit zwischen einem Spielmann und dem Hofnarren zu handeln. Außer dem Zelt mit den Liebespaaren und dem Narren fällt als drittes Element, das die *Luxuria* mit dem *Narrenschiff* und dem *Yale-Fragment* gemeinsam hat, der Teller voller Kirschen auf. Im Unterschied zum *Narrenschiff* und dem *Yale-Fragment* ist es hier nur *eine* Sinnenfreude, die thematisiert ist. Der moralische Aspekt tritt erst mit der Figur des Narren auf, dessen Verhalten dasjenige der anderen umgekehrt spiegelt. Diese Spiegelung erscheint nun im Fall der „luxuria" formelhaft verkürzt als Gegensatz von Liebe (Minneszene) und Schmerz (Prügelszene). In beiden Fällen ist es aber die Figur des Narren, die dem Bild erst einen widersprüchlichen Charakter verleiht.

D. Der „künstliche" Narr: fahrender Spielmann und Schausteller

Sind wir bei der Behandlung der *Hofnarren* dem Begriff *morio* gefolgt, so hat sich dabei gezeigt, daß unter *Hofnarren* „natürliche Toren" zu verstehen sind, die häufig, aber mit Ausnahmen, im Sinn Konrads von Megenberg durch körperliche Mißgestalt gekennzeichnet sind. *Hofnarren* sind darüberhinaus in ihrer Verwendung als *figürliches Motiv* durch eine bestimmte Kleidung gekennzeichnet, deren Elemente die farbliche Zweiteilung des Gewandes und die Tierohren an der Kapuze sind. Als Attribute ließen sich ein Stock in der Hand nachweisen, dessen Kopfende meist ein eingeschnitztes Gesicht aufweist, und in manchen Fällen ein Musikinstrument. Aus diesem letzteren Attribut kann geschlossen werden, daß Narren außer als *Hofnarren* oder *natürliche Toren* auch in der Rolle eines *höfischen Spielmanns*, d.h. eines Musikanten aufgetreten sind. Es ist allerdings fraglich, ob unter dem Narren als Spielmann dasselbe zu verstehen ist, wie unter einem Hofnarren als *morio* oder „natürlichem Toren". Es ist durchaus vorstellbar, daß die Funktion eines Narren als Spielmann auch außerhalb eines festen höfischen Dienstverhältnisses ausgeübt worden ist und Narren in diesem Sinn zur Gruppe der *Spielleute* zu rechnen sind. Aus der bei Joachim Bumke[317] zitierten Passage der *Summa Confessorum* des Thomas von Chobham

317 Bumke, op.cit., Bd.2, S. 695 Anm.29 zitiert den lateinischen Originaltext;

(gest. 1233) geht hervor, daß er unter *Spielleuten* „histriones" versteht, die er in drei Berufsgattungen unterteilt und vom kirchlichen Standpunkt aus bewertet: „Es gibt drei Arten von Spielleuten (histrionum). (Erstens) solche, die ihre Körper in schandbaren Sprüngen oder schandbaren Gebärden verbieten und die ihre Körper auf schandbare Weise entblößen oder gräßliche Panzer (loricas) oder Masken (larvas) tragen: sie sind alle zur Verdammnis bestimmt, sofern sie nicht ihren Beruf aufgeben. (Zweitens) gibt es andere, die nichts anderes tun, als sich in fremde Angelegenheiten einzumischen; sie besitzen keinen festen Wohnsitz, sondern ziehen zu den Höfen der Fürsten und verbreiten Schimpf und Schande über Abwesende. Auch diese sind der Verdammung anheimgegeben; der Apostel verbietet nämlich, mit solchen Leuten zu speisen. Sie werden fahrende Possenreißer genannt (scurrae vagi), weil sie zu nichts taugen, als zum Prassen und zum Schmähen. Es gibt eine dritte Kategorie von Spielleuten, die Musikinstrumente besitzen, um die Menschen zu erfreuen, und davon gibt es zwei Arten. Die einen besuchen öffentliche Gelage und ausgelassene Geselligkeiten, um dort frohe Lieder zu singen und damit die Leute zur Unkeuschheit (ad lasciviam) anzustiften. Diese sind ebensdo verdammungswürdig wie die ersteren. Die anderen, die Gaukler (ioculatores) genannt werden, singen von den Taten der Könige und vom Leben der Heiligen, und diese spenden den Menschen Trost in ihren Kümmernissen und Ängsten. Sie können gerettet werden."

Unter die Gruppe der „histriones" fallen also nicht nur Akrobaten und Schausteller, sondern auch fahrende Possenreißer, Sänger und Gaukler. Die letztere Gruppe, die Sänger und Gaukler, besitzen Musikinstrumente, wobei Thomas von Chobham das Spiel der Sänger als verdammungswürdig, das der Gaukler als lobenswert bezeichnet. Ihre Musik und ihr Gesang ist also dann als lobenswert zu betrachten, insofern sie das Leben und die Taten von Königen und Heiligen preisen, sich mit anderen Worten, in den Dienst Gottes stellen. Genauer gesagt, geht ja alle Musik im kirchlich lobenswerten Sinn von der *Liturgie* oder dem Gottesdienst aus.

Grundlage der Liturgie sind aber wiederum die Psalmen, weswegen als hervorragendstes Beispiel eines „Spielmanns" oder Musikanten im kirchlichen Sinn *David* angesehen werden muß. Die ältesten Bildbeispiele „lobenswerter" Musikanten sind daher wieder an die Psalmillustration gebunden und bilden das ikonographische Programm der *Beatus vir-Initiale* des 1. Psalms, die gleichzeitig als „Titelbild" des Psalters fungiert. So zeigt beispielsweise der *Psalter Karls des Kahlen*[318], datiert auf die Zeit zwischen 842

318 Paris, B.N., ms.lat.1152; der Psalter wurde von dem Mönch Liuthard kopiert: vgl. Jean Hubert, Jean Porcher u. W.F. Volbach *L'Empire carolingien*. (= L'univers des formes, Bd.13)

und 860, auf fol. 1v David mit der Harfe, umgeben von den vier musizierenden Mitpsalmisten Asaph, Eman, Etan und Idithun. Ein *glossierter Psalter aus Angers*[319] aus dem 11. Jh. zeigt dieses Programm auf zwei aufeinanderfolgende Seiten verteilt. Auf fol. 5v erscheint zunächst David mit dem Psalterion, auf fol. 6 folgen die vier Musikanten, wobei Asaph die Zither, Eman die Zimbeln, Idithun die Harfe und Etan die Posaune als Attribut beigegeben ist[320]. Eine Version mit Christus anstelle Davids[321] zeigt hingegen der nordfranzösische *Psalter ms.lat.238* der Bibliothèque Nationale aus dem 12. – 13. Jh. auf fol. 114v. Als Erweiterung des Psalters ist das *Proparium und Prosarium Sancti Martiali Lemovicensis*[322] aus dem 10 – 11. Jh. zu verstehen. Als eine Notenhandschrift enthält sie als Illustration von 9 Notenseiten die geläufigsten Instrumente der Zeit in der Hand von Musikanten. Da es sich aber um eine Notenschrift handelt, die Tropen, d.h. zusätzlich außerliturgische Gesänge vertont, zeigen die beigefügten Illustrationen, daß die Musik offenbar der weltlichen Sphäre entlehnt ist. Beispielsweise enthält fol. 112 (Abb. 68) einen Musikanten, der ein doppelröhriges Rohrblattinstrument mit zwei Mundstücken bläst. Mit seiner Musik begleitet er einen tanzenden und jonglierenden Zwerg oder ein Kind. Dieses hat den Kopf weit zurückgebogen, balanciert zwei Bälle mit den Händen und beobachtet gleichzeitig die zwei emporgeworfenen Messer. Auf fol. 114 nimmt eine Tänzerin den gesamten Platz innerhalb des vorgezeichneten Schriftspiegels ein. Sie hat wie zum Gesang den Mund weit geöffnet und schwingt mit ausgebreiteten Armen zwei Glocken nach oben, die untereinander mit einer dünnen Kette verbunden sind. Ihr Oberkörper ist frontal dargestellt, Kopf und Unterkörper dagegen seitwärts abgedreht. Diese Drehung sowie die abgewinkelten Beine und Füße erwecken den Eindruck einer tänzerischen Bewegung. Als Schlußbild der Notenschrift ist dieses Blatt ohne Noten und Text

Hrsg. v. André Malraux und André Parrot Paris: Gallimard, 1968; vgl. Wolfgang Köhler und Florentine Mütherich *Die Hofschule Karls des Kahlen*. In: Die karolingischen Miniaturen V. Berlin: Dt. Verlag f. Kunstwiss., 1982, S. 132 – 143

319 Amiens, Bibl.mun., Fonds L'Escalopier, ms.2; vgl. Leroquais, Psautiers, Tf. XXIII, XXV u. XXVI

320 vgl. auch den engl. Psalter aus der 1. Hälfte des 12. Jh. in Lunel, Bibl.Mun., ms.1, fol. 5 und fol. 6;

321 zur „majestas Domini" und „majestas David Regis" vgl. Steger, op.cit., S. 113; S. 152 zur *Origo prophetiae David regis* im Psalmenkommentar des Beda Venerabilis (= Migne, P.L., Bd.93, S. 477f);

322 Paris, B.N., ms.lat.1118; vgl. hierzu die Besprechung durch Tilman Seebass Musikdarstellungen und Psalterillustration im frühen Mittelalter. Studien ausgehend von einer Ikonologie der Handschrift Paris, Bibliothèque Nationale, ms.lat.1118. Bern: Francke, 1973, S. 20/21

und ist vom künstlerisch-ästhetischen Standpunkt aus als das großartigste zu bezeichnen.

Wenn also davon ausgegangen werden kann, daß es sich hier um Darstellungen von Musikanten und Gauklern im kirchlich lobenswerten Sinn handelt, findet umgekehrt die Darstellung der verdammungswürdigen Musikanten mit Hieronymus Bosch statt. In einer *Federzeichnung* (Abb. 69), die auf um 1500 datiert wird und sich in der Albertina in Wien befindet[323], ist eine Reihe solcher Spielleute festgehalten. Das Blatt zeigt 29 Gestalten, die sich durch ihre amputierten Gliedmaßen als Verletzte oder Kranke ausweisen und aufgrund ihrer ärmlichen Kleidung als Bettler gekennzeichnet sind. Fünf Figuren weisen sich durch Musikinstrumente als Spielleute aus, sie tragen eine Laute oder eine Zither umgehängt. Von diesen Fünf trägt eine außer der Laute, auf der sie spielt, ein Wams mit ausgeschnittenen Zacken und an der Kapuze Tierohren. Die Kleidung kennzeichnet die Figur als Narren, das Instrument hingegen als Spielmann. Der Kontext, in dem Hieronymus Bosch diese Figur aufführt, weist darauf hin, daß es sich hier um eine Gruppe von Personen handelt, die das Volk der Vaganten oder *Fahrenden* vertritt.

Wie zahlreich und verschiedenartig eine solche Gruppe sein konnte, zeigen nach den Angaben Bumkes[324] die Reiserechnungen des Passauer Bischofs Wolfger von Erla (gest. 1218). Danach gehört zum Volk der Fahrenden (vagi, girovagi) außer den Spielleuten „die Menge der *Armen* (pauperes, pauperculi) und *Alten* (vetuli), die *Kranken* (infirmi), *Blinden* (caeci), und *Dickleibigen* (pingues). Sodann die zahlreichen *Pilger* (peregrini, wallerii) und *Büßer* (pentitentiarii), die *armen Kreuzfahrer* (pauperes cruciferi) und die *wandernden Mönche* (monachi, monacales). Auch Gebildete haben das Wanderleben ergriffen. So die *armen Kleriker* (pauperes clerici), die *Scholaren* (scolares), die Lotterpfaffen (lodderpfaffi) und mancher *alte Kanonikus* (vetulus canonicus)." Die fahrenden Spielleute sind als Lohnempfänger nicht nur ehrlos[325], ohne festen Aufenthalt sind sie wie alle Fahrenden nicht nur heimatlos, sondern auch rechtlos[326]. Zudem fehlt ihnen als Musikanten die *vocatio* Gottes[327], insofern sie ihre Tätigkeit in den Dienst

323 Abb. bei Elisabeth Sudeck *Bettlerdarstellungen vom Ende des XV. Jh. bis zu Rembrandt.* (= Studien zur dt. Kunstgeschichte, Heft 279) Straßburg, 1931, S. 12f;

324 Bumke, op,cit, Bd.2, S. 693;

325 Bumke, Bd.2, S. 697

326 nach Grimm, op.cit., Bd.2, S. 251 gehörten „Pfaffenkinder, Huren, Gaukler, Spielleute, Gladiatoren und Friedlose" (Verbrecher) zu den Rechtlosen; s.a. Bumke, Bd.2, S. 691;

327 Mertens, op.cit., S. 14; s.a. Walter Salmen *Der fahrende Musiker im europäischen Mittel-*

der „Welt“ stellen. Das Verdammungsurteil Thomas von Chobhams erstreckt sich aber nicht nur auf die Verurteilung der weltlichen Musik oder der fahrenden Lebensform, sondern auch auf die Tätigkeit der Spielleute, die mit dem *Schauspiel* in Verbindung steht. Dabei scheint das Kennzeichen des *weltlichen* Schauspiels gemäß Thomas von Chobham Entblößung, Maskierung oder Verkleidung zu sein. Für die Richtigkeit dieser Feststellung spricht eine Illustration (Abb. 70) aus dem *Roman de Fauvel*[328] aus dem 14. Jh., die eine Gruppe maskierter Schauspieler zeigt, die in der mehrstöckigen Bühne die beiden unteren Etagen besetzt. Die Titelfigur des Romans, Fauvel, ist ein pferdeköpfiges Ungeheuer, das im obersten Stock Schrecken verbreitet. Die gänzlich vermummten Schauspieler tragen außer mehr oder minder schauerlichen Masken jeweils ein Musikinstrument in der Hand, das darauf hinweist, daß die konstituierenden Elemente der Aufführung außer der beeindruckenden Verkleidung eine möglichst geräuschvolle Handlung oder Pantomime[329] bilden. Wo sich die Thematik nicht mit der Darstellung des Fabelhaften oder Ungeheuerlichen beschäftigt, sondern mit dem Zeitgenössischen, dürfte sich die Verkleidung auf die Verwendung der Alltagsgewänder beschränkt haben. Um ein zeitgenössisches Stück handelt es sich beispielsweise bei dem von dem Troubadour Adam de la Halle um 1276 – 77 verfaßten *Jeu de la feuillée*[330], das in diesem Zusammenhang besonders erwähnenswert ist, als es die Rollen eines *Toren* (sot) und eines *Verrückten* (dervé)[331] enthält, und zwar an einer Stelle, wo von Wunderheilungen die Rede ist.

alter. Kassel, 1960, S. 61f und derselbe *Der Spielmann im Mittelalter.* (= Innsbrucker Beiträge zur Musikwissenschaft, Bd.8) Innsbruck: Helbling, 1983, S. 55f;

328 Paris, B.N., ms.fr.146, fol. 34; s.a. fol. 36v; Faksimile v. Pierre Aubry Paris, 1907

329 bei dem Roman de Fauvel handelt es sich nicht um eine stumme sondern von Gesang begleitete Aufführung, wie aus den dem Text beigegebenen Noten und den abgebildeten Instrumenten der Schauspieler-Musikanten zudem ersichtlich wird. S.a. Anton Springer *Die dramatischen Mysterien und die Bildwerke des späteren Mittelalters.* In: Mitteilungen der kk. Central-Commission (...), Bd.5, 1860, S. 131 Anm.1 verweist im Zusammenhang mit den *Mimenspielen* anlässlich der Schwertleite König Philipps des Schönen von 1313 auf die offenbar stummen Pantomimen als „lebende Bilder“ hin.

330 Paris, B.N., ms.fr.25566, fol. 210f; Hrsg. v. F. Didot In: Mélanges des Bibliophiles, Paris, 1828 – 29;

331 der Begriff „dervé“ begegenet auch in der Chronik Froissarts, Bd.IV zum Jahr 1392, wo vom Tobsuchtsanfall Charles VI bei seinem Ritt nach Le Mans die Rede ist. Jouvenal des Ursins führt diesen Begriff in seinem Bericht zu diesem Ereignis allerdings nicht. Philippe Ménard *Les fous dans la société médiévale. Le temoignage de la littérature au XIIe et au XIIIe siècle.* In: Romania, Bd.98, 1977, S. 446 bezeichnet den „dervé“ als „fou furieux“: vgl. zu diesem Werk und zu seiner Herkunft aus d. lat. vesanus = wahnsinnig, rasend, toll, Tobler-Lommatsch, Bd. II, S. 1815 u. Godefroy, Bd. II, S. 678

Zuerst tritt ein Mönch auf, der die Reliquien des Hl. Acarius bringt, von dem bereits weiter oben im Zusammenhang mit der „frenesie“ und „derverie“ Karls VI. die Rede war. Meister Henri bringt ihm Walet, den Sohn eines Knechts. Dieser betet: «Saint Acaire que Dieu chia, donne moi beaucoup de pois pilés, car je suis, vois, un sot clamé» (Hl. Acarius, den Gott beschissen, gib mir viel Erbsenbrei, denn ich werde, sieh her, ein Tor genannt). Während man dem Mönch mit den Reliquien des Heiligen alle Toren der Stadt empfiehlt, kommt mit seinem Vater der Verrückte daher, der sich in Geschwätz und groben Zweideutigkeiten verbreitet, wie, um mit Gustave Cohen[332] zu sprechen, „später der *Narr* in den komischen Zwischenspielen der Mysterien.“ Walet scheint im *Jeu de la feuillée* die Rolle des „natürlichen Toren“ innezuhaben, der Verrückte hingegen die des „Besessenen“. Da die Handschrift weder Kleidervorschriften noch Illustrationen aufweist, kann zu der Art der Verkleidung hier keine Vorstellung gewonnen werden. Wenn in diesem Beispiel eines profanen Schauspiels ein Tor eine Rolle innehat, handelt es sich doch um eine sehr selten gebliebene Ausnahme. Häufiger ist es ihre Aufgabe, den Zuschauern Ankündigungen zu machen, wie in den französischen *sotties*, die nach Emile Picot[333] keine andere Funktion haben, als das Publikum anzuziehen. Die eigentliche Vorstellung beginnt mit einem Monolog oder einem *sermon joyeux*, dessen Wirkung es sein muß, die Zuschauer in eine gute Stimmung zu versetzen. Anschließend folgt das *mystère* oder die *moralité*, die das Kernstück bildet. Die *farce* schließt das Schauspiel ergötzlich ab. Nicht alle Aufführungen dürften einem solchen Plan gefolgt sein, doch kann er als die gewöhnlichste Kompositionsweise der oft mehrtägigen Aufführungen gesehen werden.

Die räumliche wie auch zeitliche Nähe profaner und geistlicher Aufführungen dürfte das Auftreten des Toren sowohl in Stücken spaßhafter als auch ernster Thematik erklären. Anders als die profanen Stücke, deren Thematik

332 Gustave Cohen *Le théâtre en France au moyen-âge*. Bd.2: Le Théâtre profane. Paris, 1931, S. 19;

333 Emil Picot *La sottie en France*. In: Romania, Bd.7, 1878, S. 9 s.a Heinz Kindermann *Das Theater der Antike und des Mittelalters*. (= Theatergeschichte Europas, Bd.1), Salzburg (1957), 1966, S. 433 – 450; die Rolle eines „sot“ als *Spielankündiger* kennt offenbar bereits die lateinische Schulkomödie. In dem Fragment eines Dialogs zwischenTerenz und einem Hofnarren (persona delusoris) aus einer Handschrift des 10./11. Jh. (übers. und hrsg. von M. Maguin *Fragment d'un dialogue entre Terence et un bouffon* In: Bibliothèque de l'Ecole des Chartes, Bd.1, 1839, S. 517 – 34) befindet sich die „persona delusoris“ unter den Zuschauern, und leitet mit provokatorischen, Terenz als Verfasser von „altmodischen“ Stücken bezeichnenden Spottreden die Aufführung eines Terenz-Stückes ein. Vgl. Allardyce Nicoll *The development of the theatre*. London: Harrap, 1966, S. 49

aus der Zeit selbst oder der Fabel gewonnen ist, stammen die Stücke, die dem *geistlichen* Schauspiel zugrunde liegen, zunächst aus der Bibel. Ihre Dramatisierung wurzelt aber in der Form der christlichen Liturgie, die gemäß Dagobert Frey[334] „schon an sich im Gegenüberstehen von Priester und Gemeinde, die von ihm angesprochen wird und die ihm antwortet, wie in den sinnbildlichen Handlungen, an denen die Gemeinde teilnimmt, mit dramatischen Elementen gesättigt ist, wie etwa in der Psalmsonntagsliturgie mit der symbolischen Darstellung des Einzugs in Jerusalem, dem sich die Gemeinde im Prozessionszug anschließt. (...) Vor allem ist es die Tropendichtung (nicht offizielle eingeschobene Texte), die bereits frühzeitig die Dialogform der *interrogatio* und *responsio* aufweist. Es bedurfte nur einer Ausgestaltung durch eine in der Frühzeit bloß andeutende Darstellung, um daraus ein Drama zu entwickeln."[335]

Das mittelalterliche geistliche Schauspiel basiert, zumindest in Frankreich[336] zunächst auf der Dramatisierung der beiden wesentlichsten Mysterien des christlichen Glaubens, der *Fleischwerdung* und der *Auferstehung* Christi, Anlaß der beiden Kirchenfeste *Weihnachten* und *Ostern.* Wenn der Weihnachtszyklus mit einer Darstellung der Genesis beginnt, da der Sündenfall die Fleischwerdung bestimmt hat, und vom Dreikönigsspiel beendet wird, so beginnt der Osterzyklus erst nach dem Ende der Passion mit der Auferstehung. Seit dem 14. Jh. werden aber Spiele beliebt, die die übrigen Themen der Passion in Szene setzen. Daß die Stoffe, die dem geistlichen Schauspiel zugrunde liegen, nicht nur eine immer reichere Ausgestaltung erfahren haben, sondern auch immer wirklichkeitsnaher, immer grausamer gehalten wurden, hängt nach Wolfgang Stammler[337] „mit dem aus der Mystik stammenden Bestreben zusammen, durch solche realistischen Darstellungen das Empfinden der Zuschauer besonders stark zu erregen und sie aus bloßen Zu-Schauern zu innerlich Mit-Leidenden zu machen." Diese Wirkung wird vor allem durch die Passionsdramen hervorgerufen, die eine Beziehung

334 Dagobert Frey *Zuschauer und Bühne.* Kunstwissenschaftliche Grundfragen, Darmstadt: Wiss. Buchgesellschaft, (1946), 1984, S. 154;

335 aus dem Tropus leitet auch Max Manitius *Geschichte der lateinischen Literatur des Mittelalters.* Bd.3, München: Beck, (1931) 1973, S. 1041f die Entwicklung des mittelalterlichen geistlichen Dramas ab; dieselbe Auffassung teilt Johann Drumbl *Ursprung des liturgischen Spiels:* In: Italia medioevale ed umanistica. Bd.12, 1979, S. 45 – 96;

336 Alfred Jeanroy *Le théâtre religieux en langue francais jusqu' au XIV. siècle.* In: Histoire littéraire de la France, Bd.34, 1962, S. 169f

337 Stammler, op.cit., S. 636;

zwischen der „passio" Christi und der „compassio" Marias herstellen[338]. Denselben Effekt beabsichtigen aber auch Dramen, deren Gegenstand die *Martyrien* der Heiligen sind. Auch sie basieren auf einer schriftlichen Vorlage, den *Heiligenleben* oder der *Legenda Aurea*[339] des Jacopo da Voragine (1230 – 98). Auf einer schriftlichen Vorlage scheint auch das im Bild festgehaltene Schauspiel[340] zu basieren. Wenn ein *Text* aber die einzelnen Teile einer Aufführung in ihrer zeitlichen Folge beschreibt, ebenso deren räumliche Disposition[341], so hält das *Bild* umgekehrt das zeitliche *Nacheinander* als ein *gleichzeitiges* Geschehen fest.

So zeigt die berühmte Miniatur (Abb. 71) aus dem Stundenbuch des Etienne Chevalier *Martyrium der Hl. Apollonia*[342] den Höhepunkt des Märtyrerspiels, die Folter der Heiligen, als Hauptszene im Zentrum. Anfang und Ende des Spiels sind im Bild *nebeneinander* dargestellt. So betritt links der „Tor" als Spielankündiger die Bühne[343], vielleicht eine „sottie" rezitierend. Im Zentrum des Bildes steht der Höhepunkt und gleichzeitig das Ende der Aufführung, die Folterszene. Der Bühnenraum wird links durch den „Himmel" mit den Engeln und der himmlischen Musik, ganz rechts von der „Hölle" mit den Teufeln begrenzt. Direkt hinter der Apollonia befindet sich eine Königsloge mit Zuschauern und Zuschauerinnen, letztere mit denselben langen und spitz zulaufenden Hauben wie die der Hofdamen in der Miniatur des „Wilde Leute-Kostümballs" in der Chronik Froissarts. Zu Füßen der Apollonia steht der Zeremonienmeister mit einem *Buch* in der Hand und leitet den Handlungsablauf.

Die Rolle eines Toren oder Narren scheint im geistlichen Schauspiel aber nicht nur auf die des Spielankündigers beschränkt geblieben zu sei. Wie im *Jeu de la feuillée*, tritt in einem der beiden *nativités* des Musée Condé in

338 Hans Belting *Das Bild und sein Publikum im Mittelalter: Form und Funktion früher Bildtafeln der Passion*. Berlin: Mann, 1981, S. 96;

339 es gibt weit über 1000 Handschriften der Legenda Aurea. Die älteste Handschrift dürfte diejenige im Besitz der Bibliothèque Nationale in Paris, ms.lat.nouv.acq.1800 aus dem Jahr 1281 sein. Vgl. die lat./dt. Ausgabe von Richard Benz Heidelberg 9. Aufl. 1979;

340 zum Verhältnis von Text und Bild vgl. Anton Springer *Über die Quellen der Kunstdarstellung im Mittelalter*. In: Sitzungsberichte der kg. sächs. Gesellschaft der Wissenschaften. phil.-hist. Klasse, 1879, S. 16 – 18; u. ders. *Dramat. Mysterien*, op.cit., S. 131;

341 zum Verhältnis von Bühnenaufbau und Handlung vgl. Nicoll, op.cit., S. 56 – 58;

342 Chantilly, Musée Condé; vgl. Schaefer, op.cit., Bd.3, Abb.64b;

343 nach Schaefer, op.cit., Bd.2, S. 204 – 206 im Anschluß an Jean Gessler *A propos d' un auteur dans le jeu de Saint Apollinaire*. In: Miscellanea L. van Puyvelde, 1949, S. 269 – 276

Chantilly[344] ein Tor mitten im Stück auf. Als Herodes die Drei Weisen bedroht und ihnen wünscht, daß ihnen der Rotz an der Nase hängen bleiben möge, macht sich der Tor über Herodes lustig und spricht ihn dabei wechselweise mit „du" oder „Euch" an. Als Herodes ihm darauf mit einem Blasebalg droht, entgegnet der „sot": „und ich werds Euch als erster geben". Von der Rolle des spottenden Toren scheint sich die des „guten Narren" unterschieden zu haben, der in einem Mirakelspiel auftritt, das eines der *Quarante miracles de Notre Dame* der *Handschrift ms.fr.819 – 820*[345] der Bibliothèque Nationale aus dem 15. Jh. enthält. Es gehört zu einer Dramensammlung von Wundern Marias, die im 13. Jh. von Gauthier de Coincy kompiliert und im 15. Jh. von Jean Mielot, dem Sekretär Philipps des Guten ins Französische übersetzt worden sind. Wie der Titel angibt, handelt das Stück «D'un paroissien excomenié que N.D. absolu sur la requeste du bon fol d'Alixandrie.» Bei dem „guten Narren" oder *bon fol* handelt es sich um den Sohn des Kaisers Alexander, der die Intrigen eines betrügerischen Höflings gegen den *paroissien*, den Pfarrer, entlarvt. In der Miniatur, die dem Beginn des Dramas auf fol. 179 (Abb. 72) vorangestellt ist, ist rechts Maria mit dem Heiligenschein, umgeben von der Schar der Engel[346] dargestellt. Hinter Maria hat sich ängstlich der Pfarrer geflüchtet, während links aus der mit Ornamenten verzierten „Kulisse" der intrigante Höfling halb zum Vorschein kommt. Der Höhepunkt, die Entlarvung, bildet wieder das Zentrum des Bildes: vor Maria kniet der „gute Narr", der mit dem Finger auf den Höfling weist.

Die Schlußworte in einer Aufführung könnte hingegen der Narr in dem Moralitätenspiel *La mort de la pomme* in der *Handschrift ms.fr.17001*[347] der Bibliothèque Nationale aus dem 15. Jh. gesprochen haben. Enthalten in einer weiteren Kompilation des Jean Miélot aus dem Jahr 1468, ist dieses Stück vielleicht für den Sohn Philipps des Guten, Karl den Kühnen (1433 – 1477),

344 Hrsg. von Gustave Cohen *Mystères et moralités du ms.617 de Chantilly*. Paris. 1920 Genf, 1975, S. VII;

345 Paris, B.N., ms.fr.819/820; hrsg. v. Paris Gaston und Ulysse Robert Paris, 1876, 3 Bde.

346 vgl. Franz Rademacher *Die Regina Angelorum in der Kunst des frühen Mittelalters*. Düsseldorf, 1972, S. 64 – 67 und Abb.61: die berühmteste Darstellung der Maria, die von Engeln in den Himmel getragen wird, zeigt das Elfenbeinrelief des Evangeliars von Tutilo aus dem 10. Jh. Die Gegenwart der beiden Engel in der Miniatur der „Miracles" soll also auf die „himmlische" Maria hinweisen. Zur Stellung der Maria als Anwältin der Sünder vgl. Peter-Michael Spangenberg *Maria ist immer überall. Die Alltagswelt des spätmittelalterlichen Mirakelspiels*. Frankfurt: Suhrkamp, 1987, S. 130; s.a. Alwin Schultz *Die Legende vom Leben der Jungfrau Maria und ihre Darstellung in der bildenden Kunst des Mittelalters*. Leipzig, 1878;

347 Paris, B.N., ms.fr.17001; s. Meier(-Hanckel), *Der Narr*, S. 6 und Abb.10;

geschrieben worden. Die *Federzeichnung* auf fol. 113v (Abb. 73) zeigt links einen Mönch am Lesepult, den der Pfeil des hinter ihm stehenden Todes trifft. Von ihm abgewandt steht rechts ein Narr in schräggestreiftem, „heraldischem" Gewand. Die Kapuze ist hier nicht nur mit Ohren, sondern zusätzlich auch mit einem Hahnenkopf[348] bestückt. Die Szene ist mit den Worten untertitelt: «ou le sens fault, eschiet folie/qui bien siet mourier, il est sage» (wo der Sinn fehlt, erscheint Narrheit, wer gut zu sterben weiß, der ist weise). Wie im *Narrenschiff* oder der *Luxuria-Szene* des Hieronymus Bosch tritt die Narrenfigur hier wieder als Moralisierender, der auf den *Sünder* verweist, auf. Die Figur des Narren verkörpert also kein Laster, sondern symbolisiert den Gedanken der Moral.

Mit dem Attribut der Eselsohren versehen erscheint auf dem Holzschnitt *Theologia und die 7 freien Künste*[349], um 1493 von Peter Wagner in Nürnberg gedruckt, die Personifikation der *Theologia*. Das Bild mit der *Theologia* ist Teil eines außergewöhnlich großformatigen Einblattdrucks. Zuoberst sind die 7 freien Künste und darunter in zwei Streifen mit je 4 Bildern die Künste und ihre bedeutendsten Vertreter[350] nebst der *Theologia* dargestellt. Ein weiterer Streifen, heute im Germanischen Nationalmuseum in Nürnberg, zeigt den Wagen der Theologia, der von den 7 Künsten gezogen wird und von „meister peter von den hochen sinen" (Petrus Lombardus) zur Paradiespforte geführt wird.

Die *Theologia* (Abb. 74) trägt eine lange Mönchskutte und auf dem Kopf einen Doktorhut mit Eselsohren. Der Mund ist von einem Schloß verhängt[351]. In den Händen hält sie je einen blühenden und einen verdorrten Zweig als die symbolischen Zeichen von Gnade und Strafe. Die Schrift am oberen Rand beschreibt das Bild folgendermaßen: »Alle künst sein verloren. An yn verdient man gottes zorn. so es kumbe an das letzste. So ist Theologia doch die peste. Sy gibt mir zwen esel oren. Die werlt hat mich gemacht zu einem thoren. Verschlossen ist mein munt. Das ist meiner sel gesunt. Mein hertz ist

348 den Hahnenkopf bezeichnet Mertens, op.cit., S. 59 – 60 als Zeichen der Luxuria am Narrenkostüm.

349 Gotha, Schloßmuseum Friedenstein, Inv. Nr. 1,4–1,6; vgl. *Einblattdrucke des 15. Jh.* Hrsg. Paul Heitz Bd.64: Holzschnitte, Metallschnitte und Teigdrucke aus dem herzoglichen Museum zu Gotha. Straßburg, 1928, S. 8, Nr. 6 und Abb.6

350 einander zugeordnet sind: Priscianus-Grammatica; Tullius-Retorica; Aristoteles-Logica; Boezio-Arithmetica; Euclides-Geometria; Pitagoras-Musica; Ptolemäus-Astronomia

351 vgl. W. Deonna *La bouche scellée*. In: Zs. f. Schweiz. Archäologie und Kunstgeschichte, Bd.12, 1951, S. 28 – 41; als ein Kennzeichen des *Nemo* vgl. Gerta Calmann *The picture of Nobody* In: J. of the Warburg & Courtauld Inst., Bd.23, 1960, S. 60 – 104;

offen in der peicht. Die scharpff rut mein puss vergeit. Mein rechte hand allen menschen genedig ist. Hat mich gelert mein herr Jesu Christ. Auff einem closs ich stan. Wann ich hye kein bleiben han. // O Theologia, du erkenest die großen gotheit. in der heiligen dreifaltigkeit. Da auß dem Vater entspringt. Der heilig geist und sein ewiges kint. Das lert mich hie schawen. Das ich mich dort der kunst mag frewen.«

Das Bild personifiziert also die *Theologia* in Gestalt eines gelehrten „thoren“, verkörpert aber nicht ein Laster, wie beispielsweise der *insipiens* als Personifikation der *Stultitia*, sondern den christlichen *stultus*, der, wie der Narr im obenerwähnten allegorischen Drama, die Weisheit der Welt, die Gelehrsamkeit, als falsche Weisheit hinstellt. Die sich selbst als Törin erkennende Theologia wird hier also ebenfalls als Symbolfigur des christlichen Moralgedankens eingesetzt. Die Idee der christlichen Torheit hat aber hauptsächlich in der orthodoxen Geistlichkeit der orientalischen Kirche seine Anhänger gefunden, wo der *salos*[352] eine eigene hagiographische Kategorie konstituiert, während sie sich in der abendländischen Kirche etwa in der Bewegung der *devotio moderna* niedergeschlagen hat. Dabei handelt es sich um eine geistige Erneuerungsbewegung, die sich die Nachfolge des demütigen Christus zum Ziel gesetzt hat. Als ihr Begründer gilt Gerhard Groote (1340 – 84). Bekannt geworden ist die Bewegung allerdings vor allem durch das Werk *Imitatio Christi* des Thomas a Kempis (1380 – 1471).

Wo der Narr zur Dramatisierung der Idee des Lasters in einer Moralität auftritt, die die Thematik des Todes berührt, kann wieder der Bezug zur Liturgie, dem *Totenoffizium*, hergestellt werden. Bildet das Totenoffizium

352 John Saward *Dieu à la folie. Histoire des Saints fous pour le Christ.* Paris: Seuil, 1983, S. 32f; s.a. Michel de Certeau *La fable mystique.* Paris: Seuil, 1902, Cap.I, S. 60 – 63 zur Gestalt des Marc le fou; zur Unterscheidung der „Heiligen Torheit“ vom Wahnsinn meint Thomas von Aquin *Summa theologica secunda, Pars 2,* Vol. 2, quaestio 173, art. III, 3: *Utrum visio prophetica semper fiat cum abstractione a sensibus*, daß diese Geistesentfremdung (alienatio a sensibus) bei Propheten nicht von derselben Unordnung der Natur (inordinatione naturae) herstamme wie bei den Besessenen oder Rasenden (arreptis vel furiosis), sondern durch einen geordneten oder natürlichen Grund, wie Schlaf oder Entrükkung (virtute divina rapiente). Denn der Heilige Geist ist der Autor der Entfremdung (alienatione), die zur Prophetie erforderlich ist (...) daher kann er nicht Autor der Unordnung der Natur oder der Sitten sein (...) das gilt auch wenn dies bei der Person, die außer sich ist (alienatae) mit einer Entblößung der Schamteile (denudatione pudendarum partium) einhergeht (...), denn das ist nicht Prophetie, sondern Schwäche (infirmitas), oder Täuschung (fictione) oder ein teuflisches Trugbild (illusionis diabolicae). In der Quaestio 175 *De raptu*, Art. 3 *Utrum Paulus in raptu viderit Dei essentiam* führt er Paulus als Beispiel des im religiösen Sinn „alienatus a sensibus“ an, wobei sich gemäss Art.5 *Utrum anima Pauli in stato illo fuerit totaliter a corpo separata* bei dieser Entrückung die Seele Paulus völlig vom Körper getrennt habe.

beispielsweise in den Stundenbüchern des 15. Jh. ein privates *memento mori*[353], so stellen die seit dem Anfang des 15. Jh. an den Wänden von Friedhöfen in Paris und Basel erscheinenden *Totentänze*[354] ihr öffentliches Pendant dar. Als Symbolfigur dieses *memento mori* erscheint der Tod als der „Sünde Sold", eine Idee, die Sebastian Brant in seinem *Narrenschiff*[355] zu einem „memento vitae" umformt. Hier ist es das *Leben*, in dem sich der Sünde Sold bei den meisten als „Narrheit" bemerkbar macht. Nicht einen Totentanz stellt sein *Narrenschiff* vor, das 1494 in Basel erschein, sondern einen Reigen der Lebenden, die er aber nicht nur als „natürliche Toren", sondern auch als „sündhafte Dumme" sieht. Den Auftakt seines Werkes bildet der Stand der Gelehrten. Der dem 1. Kapitel beigegebene Holzschnitt[356] (Abb. 75) zeigt, wie in der Moralität *La mort de la pomme*, die Gestalt eines Gelehrten am Lesepult. Doch ist er diesmal nicht vom Tod bedroht, sondern ist hier mit dem Narren zu *einer* Gestalt verschmolzen. Als *närrischer Gelehrter* personifiziert er hier nicht die christliche Torheit, sondern die Gelehrsamkeit oder weltliche Weisheit, die durch die Bücher angedeutet ist.

Wie einst Apollo dem Midas[357] Eselsohren zur Strafe dafür wachsen ließ, daß er die Flöte Pans der Leier des delphischen Tempels vorgezogen hatte, belehnt Brant in 110 aufeinanderfolgenden Kapiteln all diejenigen mit einer Narrenkappe, die der Predigt, der Lehre der *religiösen* Weisheit, gegenüber taub bleiben[358], und die dagegen, um mit Thomas von Aquin zu sprechen, „ihre Sinne ins Irdische versenken." Gegenüber Thomas von Aquin unterscheidet Sebastian Brant also nicht eine „natürliche" und daher *sündlose*

353 vgl. Wolfgang Stammler *Der Totentanz*. München, 1948; Herbert Thiele *Studien zur Geschichte der Totentänze*. Diss. Hattingen, 1923; Louis Dimier *Les danses macabres et l'idée de la mort dans l'art chrétien*. Paris, 1902; James M. Clark *The Dance of Death in the Middle Ages and the Renaissance*. Glasgow, 1902; Reinhold Hammerstein *Tanz und Musik des Todes: die mittelalterlichen Totentänze und ihr Nachleben*. Bern: Francke, 1980;

354 als Figur im *Totentanz* erscheint der Narr erst relativ spät. In demjenigen von Klingenthal (Basel) gehört er zu den 15. Figuren, die gegenüber der Buchvorlage dieses Totentanzes neu eingeschoben wurden: vgl. Hellmut Rosenfeld *Der mittelalterliche Totentanz*. (= Archiv für Kulturgeschichte, Beiheft III) Münster, (1954), Köln, 1974, S. 104 – 108; ders. Gutenberg-Jahrbuch, 1984, S. 37f; zum Basler Totentanz vgl. R.P. J.-J. Berthier *La plus ancienne Danse macabre au Klingenthal à Bâle*. Paris, 1897; zum Pariser Totentanz vgl. Pierre Champion *La danse macabre de Guy Machaut*. Paris, 1925;

355 neu übertragen v. H.A. Junghans, hrsg. von Hans-Joachim Mähl Stuttgart: Reclam, 1980; s.a. die Standardausgabe von Friedrich Zarncke Leipzig, 1854

356 Narrenschiff, S. 12

357 ibidem, Kap. 26, S. 96

358 ibidem, Kap. 22, S. 84 und Kap. 112, S. 440

Form der Dummheit von einer „geistigen" und daher *sündhaften* Form, sondern vereinigt beide Formen der Dummheit miteinander im Konzept der *Narrheit*. Wenn also die Sünde sowohl in der menschlichen Natur liegt, als auch im menschlichen Geist, wird das Menschliche an sich Gegenstand der Moral. Daher erkennt sich Brant schließlich selbst als Narr und führt sich zuletzt[359] ebenfalls unter dem Reigen der Narren mit auf.

E. Der Narr als Spielkartenfigur: Hofnarr, Bettler und Landstreicher

Nicht nur Brant hat dem Narren einen vorrangigen Platz im Bewußtsein seiner Zeit eingeräumt. Ein solcher ist ihm bereits etwas früher im Zusammenhang mit dem *Kartenspiel*[360] zugewiesen worden. In den hierarchisch geordneten Karten nimmt er jeweils den niedrigsten Rang ein. So besetzt der Narr bzw. die Närrin in dem um 1450 von einem anonymen Holzschneider entworfenen *Hofämterspiel*[361] die mit der römischen Zahl „I" bezifferten Karten. Spielfarben sind die vier Wappen *römischer Adler, böhmischer Löwe*, das *ungarische Balkenschild* und die *französische Lilie*. Die Karte mit der Zahl „I" und dem Löwenwappen (Abb. 76) beispielsweise zeigt den Hofnarren in eine lange Kutte gekleidet. Die mit Eselsohren und Schellen besetzte Kapuze ist auf den Nacken gerutscht und gibt den Blick auf die Haare frei, die zu einer doppelten Tonsur geschoren sind, wie der Hofnarr des April-Bildes im *Breviario Grimani* oder Triboulet in der Handschrift des *Débat de Triboulet et de la mort*. Die Inschrift „Narr" rechts an seinem Kopf verweist auf sein Hofamt. Das *Hofämterspiel* ist ein vollständig erhaltenes Spiel aus 48 Karten, die mit Deckfarben und Aquarell ausgemalt sind. Die Karten sind mit römischen Ziffern durchnumeriert. Jede Farbe repräsentiert zwölf Ränge

359 ibidem, Verwahrung, S. 445

360 Die Literatur zur Geschichte der Spielkarten ist enorm. Einen Überblick verschaffen vor allem die Ausstellungskataloge: *Bube Dame, König*. Berlin: Museum für Volkskunde, 1982; *Schweizer Spielkarten*. Zürich: Kunstgewerbemuseum, 1978; *Spielkarten, ihre Kunst und Geschichte in Mitteleuropa*. Wien: Graphische Sammlung Albertina, 1974; und die Studien von Detlef Hoffmann *Die Welt der Spielkarte. Eine Kulturgeschichte*. Leipzig, 1972; Wilhelm Ludwig Schreiber *Die ältesten Spielkarten und die auf das Kartenspiel Bezug habenden Urkunden des 14. und 15. Jh.* Straßburg, 1937; Samuel W. Singer *Researches into the history of playing cards*. London, 1816; Henry-René D'Allemagne *Les cartes à jouer du XIVe au XXe siècle*. 2 Bde. Paris, 1906; Romain Merlin *Origines des cartes à jouer*. Paris, 1860;

361 Wien, Kunsthistorisches Museum, Graph. Slg. Albertina, Inv.nr.5077 – 5124; hrsg. v. Ernst Rudolf Ragg Wien, 1976; Abb. im Ausstellungskatalog *Tarot, Tarock, Tarocchi*. Leinfelden-Echterdingen: Spielkarten-Museum, 1988, Nr. 32

der höfischen Hierarchie mit der Eins als dem niedrigsten Rang. Es ist wahrscheinlich, daß die Entstehung dieses Kartenspiels durch das *Solatium ludus scacorum* des Jacopo da Cessole[362] aus der Zeit um 1275 beeinflußt ist. Aus dem Text geht hervor, daß Jacopo nicht eigentlich ein Schachbuch verfassen wollte, sondern eine *regola di vita e buon costumi*[363]. Im 2. Traktat, in dem von den *scachi nobili* und den *scachi popolari* die Rede ist, bespricht er nacheinander und gemäß ihrer Aufstellung auf dem Schachbrett den König und die Königin, die Richter (alfini), Ritter (cavalieri) und Lehnsfürsten (rocchi). Den einzelnen *nobili* sind dann die Bauern oder *scachi popolari* zugeordnet. Auf dem Flügel des Königs ist dem *rocco* der Knecht, dem *cavaliere* der Schmied, dem *alfino* der Stand der Handwerker und Schreiber, dem König der Stand der Händler und Geldwechsler zugeordnet. Auf dem Flügel der Königin ist ihr selbst der Arzt als Vertreter des Gelehrtenstands, dem *alfino* die Wirtsleute, dem *cavaliere* die Torwächter und schließlich dem *rocco* eine Figur zugeordnet, die den Stand der Gauner, Spieler, Spione und Boten repräsentiert. Zur Stellung und Rolle dieser Schachfigur erläutert Jacopo[364], daß dieser Stand dem *rocco* des linken Flügels zugeordnet sei, da dieser Männer brauche, um die Städte und Ortschaften auszukundschaften, die dem König gegenüber aufsässig sind und Boten, um die Briefe und Erlasse des Königs zu überbringen. Die der Besprechung dieser Schachfigur vorangestellte Miniatur[365] (Abb. 77) zeigt einen Mann in abgerissenem Hemd mit krausem Haar und bloßen Füßen, der in der Linken ein Bündel Geldscheine, in der Rechten drei Würfel hält und am Gürtel eine Tasche hängen hat. Der Text sagt dazu: «e cosi fue formato lo scacco (...) che fue in modo d'uomo che avea i capelli crespi e rabbuffati con pochi danari nell' una mano, cioè nella manca, e nella ritta avea tre dadi, et al capestro che teneva per cintola avea uno bossolo da portare lettere, pieno». Von den einzelnen Attributen bedeuten die *Geldscheine* in der Hand die Verschwender (scialaquatori) und Zerstörer (guastatori) ihrer Güter. Mit den drei *Würfeln* sind die Spieler oder Gaukler (giocatori) und die Zuhälter (puttanieri) gemeint, mit der *Tasche* die Boten (corrieri) und Briefträger (portatori di lettere). Mit einem etwas brüsken Wechsel geht Jacopo anschließend dazu über, die

362 nach einer Kopie der Florentiner Bibl.Magliabechiana, ms.91 cl.XIX palch.8 aus dem 14. Jh. hrsg. v. Pietro Marocco *Volgarizzamento del Libro de' costumi e degli offizii de' nobili sopra il giuoco degli scacchi di Frate Jacopo da Cessole*. Mailand, 1829

363 Marocco, S. 141;

364 ibidem, S. 112;

365 sie ist bei Marocco als Nachzeichnung wiedergegeben

Folgen der Verschwendung (scialaquamento), des „dümmsten aller Laster" (vizio stoltissimo) – Bettelei und Raub – zu beschreiben.

Einen Bettler anstelle eines Hofnarren als Vertreter der niedrigsten Stufe der gesellschaftlichen Hierarchie verwendet beispielweise das 50 Karten umfassende sogenannte *Mantegna-Tarockspiel*[366]. Der niedrigste Rang mit der Ziffer „I" und der Bezeichnung *misero* (Abb. 78) wird von einer Figur verkörpert, die kahl, barfuß und bis auf ein umgeschlungenes Tuch nackt ist. Den Kopf hat der „Elende" auf einen langen Stock, offensichtlich den Bettelstab, gestützt. Er steht zwischen zwei „Wald" anzeigenden, dürren Bäumen neben einer niedrigen, eingestürzten Mauer. Am Boden springen zwei kläffende Hunde an seinem Bein empor.

Im Spielsatz eines gewöhnlich aus 52 Karten bestehenden Spieles umfaßt die höfische Hierarchie aber nicht zwölf oder zehn Bildkarten, sondern nur drei, König, Dame und Ritter. Die Eins ist hier das As und wie die übrigen Karten eine reine Zahlkarte[367]. Die Hierarchie kann auch um den Knecht auf vier Bildkarten ausgedehnt sein. In diesem Fall zählt der Kartensatz 56 Karten.

In deutscher und schweizerischer Terminologie werden die beiden letzten Karten *Ober* bzw. *Unter* genannt. Es ist darüberhinaus typisch für das deutsche und das schweizerische Kartenspiel, daß die niedrigste Karte dieser vierstufigen Hierarchie, der *Unter*[368], ebenfalls durch eine Narrenfigur reprä-

366 bei dem einem ferraresischen Meister um Francesco Cossa zugeschriebenen Spiel werden nach den Buchstaben der Karten 1 – 10 (die „Soziale Hierarchie") eine ältere E-Serie von der jüngeren S-Serie unterschieden. Aufgrund der Verwendung von vier Karten, die die vier Kardinaltugenden darstellen, als Illustration in einer Übersetzung der *Fiori di virtù* (s. Anm. 222) aus dem Jahr 1468 wird das Kartenspiel im allgemeinen auf die Zeit um 1467 datiert. Vgl. Gisèle Lambert *Suite d'estampes de la Renaissance italienne dite Tarots de Mantegna.* 2 Bde. Garches, 1985, Bd.1, S. 15f und Abb.1 die bei Arthur Mayger Hind *Early Italian Engravings (...) in the British Museum.* London, 1910, Bd.1, S. 217 – 56 und Bd.2, Kat.nr. E.I., I verzeichnete Karte des „misero" entstammt einer E-Serie, die hier verwendete Abbildung der Pariser Bibliothèque Nationale, Dept. des Estampes, Réserve, Kh.26 dagegen der S-Serie. Eine Zusammenstellung von drei Versionen der „misero" Karte (zwei Karten der E-Serie, und eine der S-Serie) ist bei Merlin, op.cit., Tf. 7 reproduziert.

367 Hoffmann, *Die Welt der Spielkarte*, S. 8 erklärt die Struktur des Kartenspiels aus einer Kreuzung aus zwei älteren Spielarten: „im Würfelspiel gibt es nur numerische Hierarchien, im Schachspiel nur gesellschaftliche. Schach und Würfelspiel haben jedoch völlig verschiedene Regeln. Das Schach vermeidet den Zufall, es beruht ausschließlich auf der Ratio des Spielers und der Macht der Figuren. Das Würfelspiel ist hingegen weitgehend vom Zufall bestimmt. Gesellschaftliche und numerische Hierarchie werden im Kartenspiel dem gleichen Gesetz, – der Spielregel – , untergeordnet, ein durchaus neuzeitliches Konzept".

368 Vgl. Peter Kopp *Die frühesten Spielkarten in der Schweiz.* In: Zs. für Schweizerische Archäologie und Kunstgeschichte, 1973, Bd.30, Heft 3/4, S. 130 – 145; Schreiber, Spielkarten, S. 95;

sentiert wird. In dem auf 1440 – 50 datierten *Liechtensteinischen Kartenspielbogen*[369], der als Spielfarben *Stock, Schwert, Kelch* und *Münze* führt, ist der Kelch-Unter als ein Bauer dargestellt, der im Begriff ist, in den Kelch zu pissen. Mit den schweizerischen Spielfarben *Eichel, Rose, Schelle* und *Schilten* versehen ist das *Halbisen-b-Spiel*[370] auf einem Kartenspielbogen, der auf das Ende des 15. Jh. oder den Anfang des 16. Jh. datiert wird. Hier ist der *Schellen-Unter* ein Narr, kenntlich an der eselsohrigen Kapuze und dem Stock in der Hand. Mit diesem stilistisch verwandt ist ein weiterer *Schellen-Unter* auf einem *Basler Kartenbogenfragment*[371] aus der ersten Hälfte des 16. Jh. Im Unterschied zum vorhergehenden Spiel sind die Linien gerader, die Proportionen des Körper akzentuierter geworden. In der ersten Hälfte des 16. Jh. zu liegen kommt auch das *Spielkartenfragment* der Sammlung *Jakstein*[372] mit deutschen Spielfarben. Wieder ist der *Schellen-Unter* ein Narr, der allerdings mit den schweizerischen Beispielen keine stilistische Verwandtschaft aufweist. So sind die Füße mit halbhohen Stiefeln mit aufgebogenen Spitzen versehen, an deren Ende jeweils eine Schelle baumelt. Die schweizerischen Schellen-Unter tragen hingegen schwarze Halbschuhe. Darüberhinaus trägt der Narr ein quergestreiftes, langärmliges Oberteil, von dem die einfarbige Kapuze abgesetzt ist. In den Schweizer Beispielen bildet die Kapuze hingegen Bestandteil des Gewands. Auch ist das Gesicht des Narren hier bärtig, das der Schweizer Schellen-Unter stets glatt. Auf dem *Augsburger Kartenbogenfragment*[373] aus der Mitte des 16. Jh., das drei deutsche Spielfarben – *Eichel, Herz* und *Blatt* – aufweist, ist der *Blatt-Unter* ein Fanfarenbläser, der *Grün-Ober* hingegen ein Dudelsackpfeifer mit Narrenkapuze wie der Spielmann-Narr im Beispiel des *Hofämterspiels*.

Möglicherweise italienischen Ursprungs ist aber die Erweiterung des gewöhnlichen Kartensatzes von 52 oder 56 Karten um 21 *Trumpf-* oder *Tarockkarten*[374], wobei die *nicht numerierte* oder dann mit *Null*[375] bewertete

369 Paris, Louvre, Coll. Rothschild, Inv.nr.3806/07 LR; vgl. Ausstellungskatalog Albertina, S. 49f;

370 Zürich, Landesmuseum, Inv.nr. LM 47196; Ausstellungskatalog Albertina, S. 112f;

371 Basel, Kunstmuseum, Kupferstichkabinett, Inv.nr. X 1894; Ausstellungskatalog Albertina, S. 114f;

372 Hamburg-Altona, Slg. Jakstein, reprod. bei Schreiber, op.cit., S XII, Abb.5 ohne weitere Angaben.

373 aus der Sammlung Paul Heitz nach Schreiber, Tf. X;

374 zur Geschichte des Tarockspiels gibt es zwei umfangreiche Standardwerke mit über 1000 Titel umfassender Bibliographie: vgl. Stuart Ronald Kaplan *The encyclopedia of Tarot*. New York, 1978; dt. *Der Tarot: Geschichte, Deutung, Legesysteme*. München: Hugendubel,

Karte jeweils die Darstellung einer Narrenfigur enthält. Sie wird im folgenden als „wilde Karte" bezeichnet. Im Gegensatz zu der hierarchisch strukturierten Folge der Karten den gewöhnlichen Kartensatzes, läßt sich für die Reihe der Trumpf- oder Tarockkarten kein verbindliches Ordnungsprinzip aufstellen. So umfaßt der *Kartenspielbogen* der Sammlung *Rosenwald*[376] aus dem 16. Jh. sowohl die hierarchisch geordneten Bildkarten König, Dame, Ritter, daneben aber auch eine Reihe *numerierter* und *nicht numerierter* Trumpfkarten. Nimmt man etwa die 50 Karten des sogenannten *Mantegna-Tarocks* als eine Art „Weltordnungsspiel" zum Vergleich, so läßt sich zumindest die Karte des *Rosenwald-Kartenspielbogens* erklären, der die römische Ziffer „I" beigegeben ist. Dargestellt ist hier allerdings kein Armseliger oder Bettler, sondern ein *Gaukler*. Der *Gaukler* trägt schwarze Halbschuhe wie die Schellen-Unter der Schweizer Kartenspielbögen, und ein knielanges

1984; und Michael Dummett *The game of tarot*. London, 1980; etwas übersichtlicher ist Ralph Tegtmeier *Tarot: Geschichte eines Schicksalsspiels*. Köln: DuMont, 1986; die Herkunft des Tarockspiels ist noch immer ungeklärt: für einen europäischen Ursprung tritt v.a. Dummett ein, dessen Meinung auch in den Ausstellungskatalogen *Tarot, Jeu et magie* Paris: Bibliothèque Nationale, 1984, S. 15 und *Le carte di corte: i tarocchi*. Ferrara: Nuova Alfa Editoriale, 1987, S. 78 ausschlaggebend ist. Detlef Hoffmann und Margot Dietrich in *Tarot, Tarock, Tarocchi*, 1988, S. 10 ziehen einen arabischen Ursprung in Betracht.

375 in einer Handschrift aus der Zeit um 1450 – 70 im Besitz von Robert Steele befindet sich eine Passage mit der Beschreibung von 21 Trumpfkarten (trionfi), beginnend auf fol. 208v mit den Worten »Primus dicitur El bagatelle (et est omnium inferior)« und schließend mit: »O, El matto sive nulla (nisi velint)«. Letztere Karte ist die als zweiundzwanzigste erwähnte, die aber nicht mit der XXII, sondern mit der Ziffer „O" versehen ist. Die Passage ist veröffentlicht bei Robert Steele *A notice of the Ludus triumphorum*. In: Archaelogia, Bd.57, 1900, S. 187; die arabische Ziffer Null scheint aber im lateinischen Abendland erst seit dem 13. Jh. bekannt gewesen zu sein. In seinem Artikel über *Vincent de Beauvais*. In: Histoire littéraire de la France, Bd.18, 1835, S. 499 stellt P.C.R. Daumon fest, daß Vincent de Beauvais eine genaue Kenntnis der arabischen Ziffern und der Dezimalrechnung gehabt haben muss, von denen letztere in seinem *Speculum Doctrinale, Buch 16, c.1509* handelt. Da Vincent von Beauvais von diesen Ziffern als einer *Erfindung* spricht, läßt sich folgern, daß er dem Leser hier eine *Neuheit* vorstellen will: »Inventem sunt novem figurae tales (...) quae libet in primo loco ad dextram posta significat unitatem vel unitas; in secundo, denarium vel denarios; in tertio, centenarium vel centenarios (...) *inventa est igitur decima figura talis, sicut »O«. Nihilque representat;* Vincent erklärt also die doppelte Rolle des Symbols Null im Dezimalsystem, als „Nichts", sofern es allein steht, und als verzehnfacht, wenn es mit einer der Ziffern von 1 bis 9 steht. Dagegen beginnt noch Rabanus Maurus das 3. Kapitel *De numero im Liber XVIII De ponderibus* des *De Universo* (= Migne, P.L., Bd.111, Sp. 489) mit der Ziffer I und nicht mit „0". Die Null könnte vielleicht ebenfalls einen Hinweis für den arabischen Ursprung des Tarock sein. Zur „wilden Karte" vgl. Evelyn Goshawk *The Fool in the Tarot*. In: Journal of the Playing-Card Society, Bd. IV, Nr. 4, 1976, S. 1 – 8

376 Washington, National Gallery of Art, Coll. Rosenwald zit nach Kaplan, op.cit., S. 145 u. Abb.;

gestreiftes Wams mit kurzen Ärmeln. Der Kopf ist von einer Kapuze mit schellenbesetzten Eselsohren bedeckt. Die Narrenkappe weist die Figur als *Narr* aus, während sie der Tisch mit den acht Kugeln, die sie mit zwei Stöckchen in zwei Gruppen sortiert, als *Gaukler* kennzeichnet.

Auf den Spielkarten mit der römischen Ziffer „I" kommen also sowohl *Hofnarren*, als auch *Spielmanns*- oder *Gaukler-Narren* und *Bettler* vor. Völlig undurchsichtig stellen sich die Verhältnisse allerdings in Bezug auf die „wilde Karte" dar, die als zweiundzwanzigste zu den Trumpf- oder Tarockkarten gezählt wird. Sie heißt im Deutschen *Narr*, im Italienischen *matto* und im Französischen *mat, fou* oder *excuse*. Die ältesten Tarockkartenspiele, die außer dem Basiskartensatz von 52 oder 56 Karten mit vier Spielfarben durch die 22 Trumpf- oder Tarockkarten auf 76 bzw. 78 Karten ergänzt sind, scheinen, den Spielfarben der gewöhnlichen Karten nach zu urteilen, italienischen Ursprungs zu sein. Die Spielfarben sind hier *Stöcke* (bastoni, *Schwerter* (spade), *Kelche* (coppe) und *Münzen* (denari). Die meisten Tarockkartenspiele sind allerdings nicht vollständig erhalten. Von dem sogenannten *Visconti di Modrone-Tarock*[377], das auf um 1445 datiert wird und heute in der Beinecke Library der Universität Yale in New Haven aufbewahrt wird, sind 67 Karten erhalten. Davon entfallen 56 auf das gewöhnliche Kartenspiel, 11 sind Tarockkarten. Das auf denselben Zeitraum datierbare *Brambilla*-Tarockspiel[378] im Besitz des Museums Brera in Mailand besteht aus 48 Karten. 46 sind Spielkarten des gewöhnlichen Kartenspiels, 2 sind Trumpfkarten. 74 von 78 Karten umfaßt hingegen das *Visconti-Sforza*-Tarockspiel[379], dessen Besitz sich die Pierpont Morgan Library in New York und die Accademia Carrara in Bergamo teilen. Es wird auf die Zeit um 1445 datiert. Seine Herstellung wird wie die beiden vorhergehenden Spiele der Hand des Bonifacio Bembo zugerechnet. Das 74teilige Spiel umfaßt 54 gewöhnliche Spielkarten und 20 Tarockkarten, einschließlich der „wilden Karte" (Abb. 79). Dargestellt ist in Frontalansicht vor einem punzierten Goldhintergrund eine Gestalt in einem bis auf Hüfthöhe abgeschnittenen Hemd, das in der Taille von einem Strick gegürtet ist. Die bloßen Beine stecken in kniehohen Stulpenstiefeln. Der *matto* hält einen langen Stock geschultert. Das Haar ist kurz und lockig und von einer *Krone aus Federn* geziert. In diesem Fall ist das Bild des *Hofnarren*

377 Dummett, Game of tarot, S. 71;

378 Ausstellungskatalog Albertina, S. 19f;

379 Faksimile von Gabriele Mandel *Les tarots des Visconti*. Paris: Vilo, 1976; Gertrude Moakley *The Tarot Cards painting by Bonifacio Bembo for the Visconti-Sforza Family*. New York, 1966; Ausstellungskatalog Paris, S. 37;

durch das eines *Bettlers* oder *Landstreichers* ersetzt, das an die Beschreibung der Schachfigur bei Jacopo da Cessole erinnert.

In die zweite Hälfte des 15. Jh. fällt die Entstehung des *Tarock Karls VI.*[380] genannte Spiel, das ferraresischer Herkunft zu sein scheint und heute von der Bibliothèque Nationale in Paris aufbewahrt wird. Erhalten sind 17 Karten, davon nur eine Spielkarte des gewöhnlichen Kartenspiels und 16 Tarockkarten einschließlich der „wilden Karte". Die auf dieser Karte (Abb. 80) dargestellte Figur ist barfuß und halbnackt. Der Oberkörper ist von einer ausgezackten Pelerine über einem einfachen, langärmeligen Hemd bekleidet. Der Unterkörper ist bis auf die Unterhose, die die Geschlechtsteile knapp bedeckt, völlig entblößt. Auf dem Kopf sitzt eine aufgerollte Kapuze mit langen Ohren an beiden Seiten und einem aufstehenden Zipfel mit einer Quaste am Ende. Der *matto* hat einen gutmütigen Gesichtsausdruck und den Mund zu einem breiten Grinsen verzogen. Er hält eine Kordel in der Hand und blickt auf vier Kinder heraub, die zu seinen Füßen spielen.

Ebenfalls Ferrara als Herkunftsort hat das um 1473 entstandene *Tarockspiel des Ercole d'Este*[381]. Erhalten sind 16 Karten, die heute im Besitz der Beinecke Library der Universität Yale in New Haven sind. Von den 16 Karten gehören 9 zu den gewöhnlichen Spielkarten, 7 zu den Trumpf- oder Tarockkarten. Der *matto* (Abb. 81) ist diesmal bis auf die spitzige und ohrenbesetzte Kapuze völlig nackt. Er hält in der Rechten einen Stock, an dessen oberem Ende eine Schweinsblase hängt, wohl wieder eine Versinnbildlichung des Wortes *follis*, und von dem gleichzeitig ein Band herabrollt. Wie im vorhergehenden Besipiel ist der Boden als *Wiese* angedeutet. Ein Bein wird von einem Kind umklammert, während seine Geschlechtsteile von einem etwas fülligen Jüngling mit einem dunklen Wedel abgedeckt werden.

Die Bezeichnung *matto* für die Figur auf einer „wilden Karte" erscheint erstmals auf der Darstellung in dem um 1491 oder 1523 entstandenen Tarockspiel *Sola-Busca*[382], das ebenfalls ferraresischer Herkunft ist und von dem ein vollständiges Spiel von 78 Karten im Privatbesitz des Grafen Sola

380 Paris, B.N., Dpt. des Est., Rés.Kh.24 – 4; Ausstellungskatalog Paris, S. 40; Giuliana Algeri *Un gioco per le corti: i tarocchi miniati.* In: Ausstellungskatalog Ferrara, S. 21 – 29 Abb. S. 18;

381 New Haven, Yale University, Beinecke Library, Cary Collection, ITA 103; Abb. Ausstellungskatalog Ferrara, S. 19, Kat.nr. 4;

382 das Spiel ist vollständig beschrieben bei Hind, Engravings, 1910, Bd.1, S. 257 – 272, die „wilde Karte" unter der Nr. E.II.78. Eine Photographie dieser Karte ist im Besitz der Photosammlung des Warburg-Instituts in London.

in Mailand erhalten ist. Die „wilde Karte“ zeigt hier eine Figur, die wieder barfuß ist, diesmal aber eine lange Hose trägt, während der Oberkörper von einer Tunika umschlungen ist, die die linke Schulter frei läßt. Auf dieser sitzt ein Rabe. Der Kopf ist dieses Mal weder kahl, wie der des *misero* des *Mantegna-Tarock*, noch von Federn oder der Narrenkappe geschmückt. Statt dessen krönt das kurze gelockte Haar ein Kranz aus belaubten Zweigen. Der Dudelsack in seiner Hand weist auf seine Eigenschaft als Spielmann hin. Im Hintergrund deuten konische Hügel und ein dürrer Baum „Landschaft“ an. Auf den beiden Seiten des Kopfes ist die Inschrift *ma-to* zu lesen. Der Laubkranz könnte hier als eine Anspielung auf den Lorbeerkranz verstanden werden, mit dem in Triumphdarstellungen[383] die Caesaren geschmückt sind.

In der Ikonographie der „wilden Karte“ tritt also neben die geläufigeren Figuren des Hofnarren oder des Spielmanns-Narren auch die des Bettlers oder Landstreichers. Der federntragende *matto* des *Visconti-Sforza*-Tarockspiels ist in der Forschung[384] bereits mit Giottos allegorischem Fresko der *Stultitia* (Abb. 82) in Verbindung gebracht worden, das um 1305 – 07 als Teil des vierzehnteiligen Tugend- und Lasterzyklus im Sockel der beiden Freskenwände der Capella degli Scrovegni in Padua entstanden ist. Sie wurde weiter oben im Zusammenhang mit der Lehrfigur eines *epilepticus* in dem Paduaner Brennstellentraktat aus dem 14. Jh. bereits angesprochen. Auffälligstes Merkmal der *Stultitia* ist das in eine Art Schleppe auslaufende und am unteren Rand ausgezackte Gewand, das über dem fülligen Bauch von einer schellenbesetzten Kordel gegürtet wird. Den Kopf krönt ein Federreif, an den ebenfalls kleine Schellen angebracht sind. Die *Stultitia* ist barfuß und hält wie der *matto* des *Visconti-Sforza*-Tarockspiels einen langen Stock in der Hand.

383 auf den Zusammenhang zwischen Triumphdarstellungen und dem Begriff „trionfo“, der im Italienischen für die Tarockkarten verwendet wird, hat als erster Werner Weisbach *Trionfi*. Berlin, 1919, S. 17 aufmerksam gemacht. Durch Dante, Boccacio, und Petrarca hat die Idee des Triumphzugs Eingang nicht nur in die Literatur, sondern auch in die Bildkunst der italienischen Frührenaissance gefunden, wie es das Beispiel der Triumphdarstellungen der Monatsgottheiten in der *Sala dei Mesi* im Palazzo Schifanoja in Ferrara zeigt. Vgl. hierzu Hoffmann, Tarot, S. 24 – 26; Ausstellungskatalog Paris, S. 15f; Ausstellungskatalog Ferrara, S. 44f;

384 Claudia Chieri-Via L'iconografia degli Arcani Maggori. In: Ausstellungskatalog Ferrara, S. 161; Calmann, Nobody, S. 66, hat meines Wissens auch zuerst auf den Zusammenhang zwischen der Stultitia Giottos und der Figur des federntragenden insipiens aufmerksam gemacht. Zu Giotto vgl. Jacqueline Guillaud Giotto: Architekt der Farben und Formen: Freskenzyklus der Arenakapelle in Padua. Stuttgart: Klett-Cotta, 1988; s.a. Anm. 71 u. 152

Eine einzelne Feder an die Mütze geheftet hat hingegen der *insipiens* in der Prachtbibel des *Borso d'Este* auf fol. 250v (Abb. 83), deren Ausmalung um 1455 von Taddeo Crivelli begonnen wurde[385]. Der *insipiens* trägt hier ein zerrissenes, knielanges Gewand, die bloßen Beine stecken in geschnürten Sandalen und er steht, einen Stock mit abgewinkeltem Griff als *Steckenpferd* benutzend, in einem von drei Gebäudeteilen angedeuteten Hof. Die Verwendung des Stocks als „Steckenpferd", d.h. als *Kinderspielzeug* ist neben derjenigen eines *Bettelstabs* oder *Waffe* und der *Marotte* als eines „Würdezeichens" die dritte Form, in der dieses Attribut auftritt. In dem Fragment (Abb. 84) des Museo di Castelvecchio in Verona aus dem 16. Jh., das der Hand des Girolamo dai Libri[386] zugeschrieben wird, stecken im Stirnband des *insipiens* fünf Federn. Darüberhinaus hält er in der Hand eine luftgefüllte Schweinsblase, wieder eine Anspielung auf den Begriff *follis*, und ist im Begriff, in ein Horn zu blasen.

Die Federn als Attribut des *insipiens* sind höchstwahrscheinlich italienischen Ursprungs, da dieser Typus des *insipiens* außer in der italienischen Miniaturmalerei auch in dem von ihr abhängigen Holzschnitt Anwendung gefunden hat. Für die *Stultitia* Giottos als Vorbild spricht das Beispiel der *Psalminitialen*[387] (Abb. 85) aus zwei Psalterien, die von Erhardt Ratdolt 1494 und 1499 in Augsburg gedruckt wurden. Beide zeigen den *insipiens* mit einer Federkrone, geschultertem Stock und in ein einfaches Hemd gekleidet.

Die Federn und der zum Steckenpferd verwandelte Stock sind die Attribute der aus dem Holzschnitt (Abb. 86) der venezianischen Malermi-Bibel abgeleiteten Darstellungen des insipiens in späteren gedruckten Bibeln. In der 1490 bei Di Giunta in Venedig gedruckten Malermi-Bibel 388, sowie in den davon

385 Modena, Bibliotheca Estense, Ms. V. 6. 12; Faks. hersgg. v. Adolfo Venturi und Giovanni Treccani Milano: Bestetti, 1937 2 Bde. Bd.1, S. 41; s.a. Hermann Julius Hermann *Zur Geschichte der Miniaturmalerei am Hofe der Este in Ferrara.* In: Jahrbuch der kunsthist. Sammlg., Bd.21, 1900, S. 152; Giuseppe Campori *I pittori degli Estensi nel secolo XV.* In: Atti e memorie della Deputazione di storia patria per le provincie di Romagna, Serie III, t.III, 1885, S. 7;

386 vgl. *Miniatura Veronese del Rinascimento.* Hrsg. Gino Castiglioni und Sergio Marinelli. Verona: Museo di Caselvecchio, 1986, S. 244, Abb. 52.9; auf diese Initiale hat mich Frau Dr. Martina Fleischer aufmerksam gemacht, der ich hierfür herzlich danken möchte. vgl. auch Marco Assiretti *L'immagine dello stolto nel Salmo 52.* Atti del 3° Convegno di Storia della Miniatura. Firenze: Olschki, 1989

387 Schramm, Bilderschmuck, Bd.IX, 1926, Nr. 26 u. 44, S. 4, D3 u. Abb. 47

388 Paris, Bibl.Nat., Réserve, A 359; s.a. James Strachan *Early Bible Illustrations.* Cambridge: Univ. Press. 1957, S. 27f u. Abb.34: die Malermi-Bibel ist mit 386 Holzschnitten versehen, wovon 210 auf das Alte und 176 auf das Neue Testament entfallen. 110 dieser Holzschnitte

abhängigen Holzschnitten von Hans Holbein in der *Great Bible* von 1541[389] und den *Icones* von 1547[390], ist die Feder an der Mütze zu einem *Federkopfputz* vermehrt, der abgewinkelte Griff zu einem *Pferdekopf* ausgewachsen. Zusätzlich zu seinem Steckenpferd hält der neue *insipiens-matto* ein Windrad unter den Arm geklemmt, das er möglicherweise einem der vier Kinder abgenommen hat, die ihn umringen und auf ihn zeigen. Nach Kästner[391] ist in den Einzelmotiven des Toren die Verquickung von zwei Allegorien erkennbar: „Mit dem Federschmuck und der halbnackten Erscheinung gleicht er der Stultitia, deren bekanntestes Beispiel das Fresko Giottos ist. Steckenpferd und Windrad sind Spielsachen, die dem Knabenalter des Mannes zugeschrieben werden, so in dem Holzschnitt in den *Propriétés des choses* des Bartholomäus Anglicus von 1482. Der Hund ist ein weiteres Zeichen des Knabenalters". Eine dritte allegorische Anspielung sieht er in dem beschuhten und dem nackten Fuß und dem zerlumpten Äußeren, in dem er ein Zeichen für die *Planetenkinder des Saturn* erkennen will. Der beschuhte Fuß ist im Holzschnitt der *Malermi-Bibel* als ein um das Bein geschlungener Fetzen angedeutet, ebenso in demjenigen der *Great Bible*. Erst in der Darstellung der *Icones* zeigt die Gestalt deutlich einen bloßen und einen beschuhten Fuß. Nach Grimm[392] ist das Ausziehen des Schuhs Symbol für das „Auflassen von Gut und Erbe", d.h., Symbol des Verschwenders. Die Interpretation „Planetenkind des Saturn" ist mehrfach für den *Verlorenen Sohn* genannt

stammen aus der Kölner Bibel von Quentell bzw. Koberger, 40 aus Kobergers Ausgabe der Postillae des Nikolaus von Lyra. Der Rest, zu dem der Holzschnitt zu Psalm 52 gehört, ist neu.

389 Strachan, Abb.112; es handelt sich dabei um die 6. Ausgabe, die in London von Grafton und Whitchurch gedruckt wurde.

390 Manfred Kästner *Die Icones Hans Holbeins des Jüngeren*. Heidelberg, 1985, S. 294 zu Psalm 52; den Hinweis auf diese Arbeit verdanke ich Prof. Reiner Haussherr, dem ich an dieser Stelle danken möchte. Vgl. auch Maria Netter *Hans Holbeins des J. Bilder zum Alten Testament*. Basel, 1944; dieselbe: *Die Postille des Nicolaus von Lyra in ihrer Wirkung auf die Bibelillustration des 15. und 16. Jh.* Diss. (masch.) Basel, 1943; George Duplessis *Essai bibliographique sur les différents éditions des Icones Veteris Testamenti d'Holbein*. In: Mémoires de la Société nationale des antiquaires de France. Bd. XLIV, Paris, 1884; s.a. Garnier, op.cit., S. 222;

391 Kästner, op.cit., S. 294; ein mit Laufwägelchen und Windrad dargestelltes nacktes Kind hat Hieronymus Bosch auf der Rückseite der *Kreuztragung* des Kunsthistorischen Museums in Wien, datiert auf die Zeit zwischen 1490 – 1500, dargestellt. Es wird allgemein als „Allegorie der menschlichen Dummheit" oder als das Christuskind interpretiert; vgl. Cinotti, *Bosch*, S. 92 Nr. 19;

392 Grimm, DWB, Bd.9, 1899, Sp. 1838f;

worden, den Hieronymus Bosch auf dem Gemälde von Rotterdam[393] mit zwei unterschiedlichen Schuhen dargestellt hat, einem Wanderstiefel und einem Pantoffel. In der Darstellung Boschs ist die Thematik des Verlorenen Sohns aber nicht materiell als Symbol des Verschwendens aufgefaßt. Die Szene, die das Gemälde Boschs zeigt, basiert nicht auf dem Moment der reuigen Heimkehr des Verlorenen Sohns, sondern veranschaulicht die Entscheidung für den „geistigen" Weg, der den Verlorenen Sohn vom väterlichen Haus wegführt[394]. Ein zweites Mal hat ihn Bosch auf der Rückseite des um 1485 – 90 angesetzten Tripychon der *Heuwagen*[395] dargestellt, bei dessen Ausführung die Schuhe diesmal gleich behandelt sind. Auch hier steht der materiellen Interpretation, wonach der Wanderer eine Allegorie des Verschwendens ist, eine philosophische Interpretation, die die Thematik als Allegorie auf das „Leben als Wanderschaft" auffaßt, gegenüber[396].

Vor allem in der Ikonographie der „wilden Karte" der Tarockspiele des 15. Jh. lassen sich also analoge Typen wiederfinden, die sich als Personifikation des *insipiens* in der Psalmillustration zwischen dem 13. und dem 15. Jh. herausgebildet haben. So entspricht dem kahlköpfigen, halbnackten oder nackten *insipiens* der Psalmillustration des 13. und 14. Jh. vor allem der *misero* des Mantegna-Tarock.

Hinsichtlich der Verwendung des *insipiens* als Vorbild der Allegorie der *Stultitia*, könnte das Fresko Giottos als die monumentalere italienische Parallele zur französischen Form der *Stultitia* verstanden werden. Inwiefern der federngeschmückte *insipiens* bereits früher in der italienischen Psalmillustration vorgebildet ist, müßte eine weiterführende Untersuchung zeigen. Die Ausbildung einer *Hofnarrentracht* mit eselsohrenbesetzter Kapuze ist hingegen französisch-flämischer Herkunft und scheint sich erst gegen die Mitte des 15. Jh. neben Deutschland und der Schweiz auch in Italien durchzusetzen.

393 Museum Boymans-van Beuningen vgl. Jacques Combe *Jérôme Bosch*. Paris, 1953, Nr. 122–125;

394 Cinotto, S. 111 – 112, Nr. 61;

395 vom *Heuwagen* existiert eine Version im Prado-Museum von Madrid, eine zweite im Kloster San Lorenzo des Escorial. Der Heuwagen des Prado wird als Original betrachtet, entstanden zwischen 1485 und 1490 (Tolnay, 1965, Nr. 17) oder 1500 – 1502 (Cinotti), das Gemälde des Escorial hingegen als Kopie, möglicherweise sogar keine eigenhändige, sondern eine Ausführung der hypothetischen Bosch-Werkstatt. Vgl. Cinotti, S. 94 – 96, Nr. 21 und Nr. 22;

396 vgl. Lotte Brand-Philip *The Peddlar by Hieronymus Bosch. A Study in Detection*. In: Netherlands Jear-Book for History of Art, 1958, S. 1 – 81;

Die vollständige Beschreibung einer Narrenfigur dieses Typus ist in den um 1461 geschriebenen *Cinque Capitoli dei Tarocchi* des Matteo Maria Boiardo enthalten[397], in denen Boiardo die Malanweisung für ein aus 80 Karten bestehendes Spiel gibt, das sich aus einer Anfangs- und einer Schlußkarte, 56 Karten des gewöhnlichen Kartenspiels, 21 Trumpfkarten und der nicht numerierten oder „wilden Karte" zusammensetzt. 78 dieser 80 Karten enthalten jeweils einen dreizeiligen Vers oder *terzetto*, der ihre Bedeutung beschreibt, während die beiden Anfangs- und Schlußkarten je ein 14zeiliges *sonetto* enthalten. Aus dem Sonett der Anfangskarte[398] geht hervor, daß die 4 Spielkartenfarben Liebe, Hoffnung, Eifersucht und Furcht sind, symbolisiert durch die Zeichen *Würfel, Kelch, Augen* und *Stäbe*. Die 22 Tarockkarten, den Narren eingeschlossen, bilden die fünfte oder Trumpffarbe. Auf die Beschreibung jeder einzelnen Karte des 56teiligen Spiels, nach den Spielfarben in *Capitoli* geordnet, folgt diejenige der Trumpfkarten im Fünften.

Dieses beginnt Boiardo[399] mit der Beschreibung des *matto* der „wilden Karte": «Lo quale è dipinto a cavallo de uno asino, senza briglia, vestito de rosso, con un capuccio giallo in capo, e cum due campanelle rotonde, atacate a due orecchie che nel capuccio sono, una per banda; et ha questo capucchio una verde coda, si com' sono le rechie, che, da le spalle drieto incominiciando, se rivolta inverso el capo sui. Et è cinto cum la veste atorno a torno retirata; et ha la manica larga ne la bocca, con uno friso giallo nel orlo, e ne l'ultimo pizzo de la dicta manica è un'altra campanella. E nel piede ha uno stivaletto rivolto sotto il genocchio, e quella parte che si revolge è gialla; et il resto è de rosso colore. L'altro piede e l'altra mano non si vedano per essere in lato tutto dipinto, excepto in volto: lo quale non è bianco, con doi grandi e negri occhi, col naso schiazzato, et con le labbra grosse e la bocca aperta, e cum doi ciglia di colore negro insieme agiunte, e con la fronte rugosa. E per quello che io vedendolo puoti existimare, parvemi di vedere la imagine di questo omo: et oltra tucte dicte cose, egli tiene uno mondo in mano, rotondo: nel

397 Hrsg. v. Angelandra Zottoli *Tutte le opere di Matteo Maria Boiardo*. Milano: Mondadori, 1944, S. 704 – 718: «Capitoli del giuoco dei tarocchi di M.M. Boiardo con la illustrazione di Pier Antonio Viti da Urbino.»; zu den Handschriften und Drucken vgl. Angelo Solerti *Le poesie volgari et latine di Matteo Maria Boiardo*. Bologna: Romagnoli-Dall'Acqua, 1894, S. 315 – 338: Tarocchi di Matteo Maria Boiardo. S.a. Ausstellungskatalog Ferrara, S. 105, Nr. 105, wonach die Tarocchi Boiardos als „phantastisch" eingestuft werden. S.a. Radolfo Renier *«Tarocchi» di M.M. Boiardo*. In: Studi su Matteo Maria Boiardo hrsg. v. Naborre Campanini Bologna: Zanichelli, 1894;

398 Zottoli, S. 704;

399 ibidem, S. 711 – 712;

quale e mare, e fiume, e monti, e cittade si vedano descripte; e sta sopra questo mondo col pecto e col mento appogiato, e tiene le gambe retirate: a le quale l'asino si volta con el capo, come se basciare li volesse li piedi.»

Das Terzett, das zur Karte des *matto* gehört, bildet den Anfang der 21 aufeinanderfolgenden Terzette, die Boiardo nun hintereinander auflistet. Es lautet[400]: «Mondo, da pazzi vanamente amato/Portati un fol su l'asino presume / Ché i stolti sol confidano in tuo stato.» Aus dem Terzett geht also hervor, daß die „wilde Karte" die Neigung zum Weltlichen symbolisiert, die als eine Eigenschaft von *Verrückten* (matto, pazzo), *Narren* (fol) und *Dummen* (stolti) gilt, eine Eigenschaft, die im 13. Jh. Thomas von Aquin als Sünde bezeichnet und verurteilt hat. Gemäß Boiardos Beschreibung ist das Symbol dieser Neigung zum Weltlichen der *matto*, der, auf einer Weltkugel liegend und sie umschlungen haltend, sich von einem Esel die Fußsohlen küssen läßt. Als parallele Entwicklung neben die französisch-flämische Ikonographie des Hofnarren und davon abgeleitet, des deutschen Narren als Verkörperung des weltliebenden, sündhaften Dummen tritt die italienische Ikonographie des Narren als der Spottfigur eines Bettlers oder Landstreichers, wobei insbesondere im Tarockspiel der Bezug zur Personifikation des *insipiens* nur schwer erkennbar ist.

400 ibidem, S. 715; die Tarockkarten sind im übrigen von historischen Persönlichkeiten, repräsentiert. Interessanterweise ist die Persönlichkeit, die die erste Tarockkarte darstellen soll, der sagenhafte König Sardanapal, der hier Symbol des „Ozio" oder des Müssiggangs ist, während er sonst als Symbol der „Stultitia" in Tugend- und Lasterdarstellungen verwendet wird, wie beispielsweise durch Giusto in der Chiesa degli Eremitani in Padua; s. S. 72 u. Anm. 151

Schlußbemerkung

Zusammenfassend läßt sich festhalten, daß der Begriff des Wahnsinns und der der Narrheit als geistige Begriffe ursprünglich dem religiösen Denken untergeordnet sind. Wahnsinn ist als *religiöses Phänomen* mit der Vorstellung der Dämonenbesetzung verbunden, die als eine Verunreinigung des menschlichen Geistes durch außermenschliche Geistwesen oder Dämonen gedacht ist, wobei die ältesten Berichte auf die Bibel einerseits und die griechische Mythologie andererseits zurückführbar sind. Die Praxis der Dämonenaustreibung stellt sich im Spätmittelalter in Text und im Bild als eine religiöse Handlung Christi oder der Heiligen dar, die den Dämonen kraft ihrer durch den Heiligen Geist verliehenen Macht entgegenwirken. Durch den Einfluß der Übersetzung griechischer naturphilosophischer und medizinischer Texte aus dem Arabischen wird seit dem 12. Jh. das Interesse für eine rationalere Erklärung geistiger Phänomene gefördert, die zu der rein religiösen in Konkurrenz tritt. Diese Situation spiegelt sich im Auftauchen griechischer medizinischer „Fachbegriffe" in hagiographischen Texten und religiöser „Fachbegriffe" in medizinischen Texten des 12. und 13. Jh. wieder. Gleichzeitig wird im Fall der Epilepsie deutlich, daß in medizinischen und chirurgischen Lehrschriften der Zeit an einem theoretischen Konzept gearbeitet wird, das erlaubt, geistige Störungen physiologisch zu erklären und *medizinisch* zu behandeln, ohne dabei den Glauben zu verletzen. Wo Geistesstörungen aber als „Krankheit des Kopfes" erscheinen, tritt die Frage nach ihrer Ursache auf. Neben der religiösen Erklärung, die die Geistesstörungen auf außermenschliche Geistwesen oder Dämonen zurückführt und der physiologischen Erklärung, die letzten Endes auf dem Sündenfall basiert, gewinnt auch die astrologische Erklärung von Krankheit und Gesundheit zunehmend an Beliebtheit, die die Geistesstörungen statt auf den Sündenfall auf den Einfluß der Planeten und Sternzeichen zurückführt.

Etwas anders liegen die Verhältnisse im Zusammenhang mit dem Begriff der *Narrheit*. Als lateinisches Wort liegt ihr der Begriff *stultitia* zugrunde. Die Narrheit erscheint als Fehlen des geistigen oder Urteilssinns, wobei Thomas von Aquin eine „natürliche" Form von einer sündhaften Form unterscheidet. Die natürliche Form ist bei ihm von der Sünde ausgenommen, während die zweite Form mit der Ablehnung Geistigen und mit dem Interesse für das Irdische zusammenhängt.

Die bildliche Gestaltung der *stultitia* leitet sich hingegen von dem im 13. Jh. personifizierten Begriff des *insipiens* in der Illustration zu Psalm 13 bzw. Psalm 52 ab, dessen Erscheinung an den „homo animalis“ des 2. Korintherbriefs denken läßt. Auf ikonographischem Weg ließ sich dabei zwischen dem 13. und 15. Jh. eine Typuswandel beobachten, wobei die Figur des *insipiens*, möglicherweise von der Sphäre des kirchlichen und weltlichen Rechts beeinflußt, im 15. Jh. in Anlehnung an das Vorbild des Hofnarren weiterentwickelt wird. Außerhalb der religiös gebundenen Psalmillustration und der Lasterallegorie läßt sich die Narrenfigur als „Drôlerie“ in der profanen Randillustration nachweisen, darüberhinaus in der Illustration von Kalenderbildern und Almanachen, die den Stundenbüchern vorangestellt sind. Ein dritter Typus, der sich bisher zuerst im 14. Jh. als Verkörperung der *Stultitia* Giottos nachweisen ließ, beeinflußt im letzten Jahrzehnt des 15. Jh. die Gestaltung des *insipiens* in den von italienischen Vorbildern abhängigen Holzschnitten.

Als Übersetzung des lateinischen Worts *stultitia*, aber auch als Übersetzung des medizinisch gebrauchten Worts *amentia*, ist im Begriff der „folie“ mindestens seit dem 14. Jh., in dem die meisten Übersetzungen aus dem lateinischen in das Französische und in die übrigen Landessprachen stattfinden, die doppelte Auffassung von Narrheit im moralisch-komischen Sinn als mangelndes Verständnis oder Urteil und Wahnsinn im medizinisch-tragischen Sinn einer „Krankheit des Kopfes“ oder Geisteskrankheit enthalten. Zur Verschmelzung der beiden Begriffe scheint aber einerseits der Einfluß physiognomischer Traktate beigetragen zu haben, wo geistige *und* natürliche Eigenschaften unter einem bestimmten moralischen Gesichtspunkt behandelt werden, der dazu führt, Toren oder Narren als sittlich schlechte und körperlich häßliche Menschen zu beschreiben. Zu dieser Auffassung hat andererseits auch das Bild beigetragen, wie es die als Hofnarr dargestellte und in der Beischrift als follatique charakterisierte astrologische Lehrfigur veranschaulicht.

Die Untersuchung des Narrenbegriffs in der Rechtssphäre hat gezeigt, daß dem Begriff des Toren und Sinnelosen im Lateinischen die Bedeutung *fatuus* und *furiosus* entspricht. Diese Begriffe dürften dem in Michel Foucaults *Histoire de la folie* angesprochenen Ausdruck *fou furieux* zugrundeliegen, in dem sich der Begriff des *furieux* als des „sinnelosen“ *Rechtsbrechers* mit dem des *fou* oder *Narren* als einem „natürlichem“ und „geistigen“ *Sünder* verbindet. Die Verknüpfung der rechtlich-moralischen Vorstellung des *fou furieux* mit der rein medizinischen des *fou* oder *Wahnsinnigen* als einem geistig *Kranken* scheint aber zu einem Zeitpunkt stattgefunden zu haben, zu dem die religiöse Vorstellung von Wahnsinn als Besessenheit hinter der medizinischen Vorstellung von Krankheit zurücktritt. Diesen Zusammenhang müßte allerdings eine Untersuchung klären, die sich mit der weiteren Entwicklung der *folie* im 16. Jh. befaßt.

Bibliographie

A. Allgemeine Nachschlagewerke, Wörterbücher und Lexika

Biographisches Lexikon hervorragender Ärzte. Hrsg. August Hirsch 3. Aufl. München-Berlin: Urban & Schwarzenberg, 1962

Chevalier, Jean und Gheerbrant Allain *Dictionnaire des symboles.* 4 Bde. Paris: Laffont, (1969), 1982

Encyclopaedia Judaica. Hrsg. Cecil Roth Jerusalem: Keter, 1971

Deutsche Literatur des Mittelalters. Verfasserlexikon. Begr. v. Wolfgang Stammler, fortgef. v. Karl Langosch Berlin-New York: De Gruyter, 1978 –

Dictionnaire biographique des médecins en France au Moyen-Age. 3 Bde. Hrsg. Ernst Wickersheimer Genf: Droz-Paris: Champion (1936), 1979

Du Cange, Charles du Fresne Glossarium mediae et infimae latinitatis. Paris, 1883 – 1887; Graz, 1958

Godefroy, Frédéric *Dictionnaire de l'ancienne langue française* (...). Paris, 1880–95; New York: Kraus, 1961 8 Bd. u. 2 Zusatzbde.

Grimm, Jacob und Wilhelm *Deutsches Wörterbuch.* Leipzig: Hirzel, 1965 –

The Jewish Encyclopedia. Hrsg. Isidore Singer New York und London: Funk & Wagnalls Co., 1904

Künstle, Karl *Ikonographie der christlichen Kunst.* Freiburg: Herder, 1928 –

Lexikon der christlichen Ikonographie. 8 Bde. Hrsg. Engelbert Kirschbaum Rom-Basel-Freiburg-Wien: Herder, 1968 – 1976

Lexikon der griechischen und römischen Mythologie. 9 Bde. Hrsg. Wilhelm Heinrich Roscher Leipzig: Teubner, 1884 – 1937

Lexikon des Mittelalters. München und Zürich: Artemis, 1980 –

Lexikon für Theologie und Kirche. Hrsg. Josef Höfer und Karl Rahner Freiburg: Herder, (1957 – 68), 1986

Lexer, Matthias *Mittelhochdeutsches Handwörterbuch.* 37. Aufl. Stuttgart: Hirzel, 1983

Pauly's Realenzyklopädie der classischen Altertumswissenschaften. Hrsg. (begonnen) G. Wissowa Stuttgart: Metzler, 1903 – 40 (Bd.1 – 7); Druckenmüller, 1956 – 80 (Bd.8ff)

Reallexikon der Deutschen Literaturgeschichte. Hrsg. Werner Kohlschmidt Berlin 1959

Reallexikon zur deutschen Kunstgeschichte. Hrsg. Otto Schmitt Stuttgart: Metzler, 1937 – 54 (Bd.1 – 3); Stuttgart-München: Druckenmüller, 1958 – 74 (Bd.4 – 7); fortgeführt durch das Zentralinstitut für Kunstgeschichte München: Beck, 1982 (Bd.8) –

Theatergeschichte Europas. Hrsg. Heinz Kindermann Salzburg: Otto Müller, 1966 –

Tobler, Adolf und Lommatzsch, Erhard *Altfranzösisches Wörterbuch.* Wiesbaden: Steiner, 1952

Viollet-le Duc, E.E. *Dictionnaire raisonné d'architecture française du XIè au XVIè siècle.* 10 Bde. Paris: Bauce, 1858 – 68

Wartburg, W.v. *Französisches etymologisches Wörterbuch.* Basel: Zbinden, 1969 –
Zeller, Paul *Biblisches Handwörterbuch.* 3.Aufl. Stuttgart: Vereinsbuchhandlung, 1912

B. Sammelwerke

Acta sanctorum. Hrsg. (begonnen) Joannes Bollandus Antwerpen: apud Joannem Meursium 1643 –
*Collection des chroniques nationales françaises (XIII. – XVI Siècles).*46 Bd. Hrsg. J.A. Buchon Paris: Verdière, 1826 – 28
Histoire littéraire de la France. Par des religieux Bénédictins de (...) S. Maur Paris: Palmé, 1865; Nendeln (Liechtenstein): Kraus, 1980 –
Nouvelle collection des mémoires pour servir à l'histoire de la France. 32 Bde. Hrsg. J.F. Michaud & Poujoulat Paris, 1836 –
Patrologiae cursus completus: Patres graeci Hrsg. Paul Migne Paris, 1857 –
Patrologiae cursus completus: Patres latini. Hrsg. Paul Migne, Paris, 1844 –
Vie des Saints Janvier-Decembre. 13 Bde. Hrsg. RR.PP. Bénédictins de Paris Paris: Letouzey et Ané, 1935 – 1959

C. Verwendete Ausgaben von Originaltexten

Adam de la Halle. Jeu de la Feuillée. (Paris, B.N., ms.fr.2566) Hrsg. F. Didot In: *Mélanges des Bibliophiles.* Paris, 1828 – 29
Aldobrandino da Siena. Le régime du corps. Hrsg. Louis Landozy Paris, 1911; Genf, 1979
Anselmus. Opera omnia. dt./lat. Hrsg. F.S. Schmitt Stuttgart, 1968
Aristoteles. Problemata Physica. Übers. u. komm. v. Hellmut Flashar Hrsg. E. Grumbach Berlin (DDR): Akademie-Verlag, 1983
— *(Pseudo) The secrets of secrets: sources and influences.* Hrsg. Warburg Institute London: University of London, 1982
Bartholomäus Anglicus. De Proprietatibus rerum. Hrsg. William James Humphries Diss. Berkeley, 1955
— *Über die Eigenschaften der Dinge: Enzyklopädie des Bartholomäus Anglicus.* Jena: Universitätsbibliothek der Friedrich-Schiller-Universität, 1982
Belethus, Johannes *Rationale divinorum officiorum.* Dilingae: Mayer, 1572
Die Bibel. Deutsche Ausgabe mit Erläuterungen der Jerusalemer Bibel. Freiburg-Basel-Wien: Herder, 1968
Boiardo *(Matteo Maria). Tutte le opere.* Hrsg. Angelandra Zottoli Milano: Mondadori, 1944
Braunschweigische Reimchronik Hrsg. Ludwig Weiland (= *Monumenta Germaniae historica* Deutsche Chroniken, Bd.2) Hannover, 1877, S. 430 – 574
Buch, Johannes *Der Richtsteig Landrechts.* Hrsg. Carl Gustav Homeyer Berlin: Reimer, 1857
Caelius Aurelianus. Acute and chronic diseases. Aus d. Lat. ins Engl. v. I.E. Drabkin Chicago, 1950
Cicero (Marcus Tullius) Gespräche in Tusculum. Hrsg. Olog Gigon Stuttgart: Reclam, 1985

Durand, Guillaume *Rationale divinorum officiorum*. Lyon: Cellier, 1672

L'Ecole de Salerne. Aus d. Lat. ins Frz. v. M.Ch. Meaux Saint-Marc Hrsg. Charles Daremberg Paris, 1880

Eike von Repgow. Sachsenspiegel. (Landrecht) Hrsg. Claus Schwerin Stuttgart: Reclam, 1984

— Hrsg. Clausdieter Schott, Zürich: Manesse, 1987

Fragment d'un dialogue entre Terence et un bouffon. Hrsg. M. Maguin In: *Bibliothèque de l'Ecole des Chartes*, Bd.1, 1839, S. 517 – 34

Galen (Claudius). Opera quae exstant. Hrsg. D.C.G. Kühn 20 Bde. Leipzig, 1821 – 33; Hildesheim, 1965

Gerald von Wales. The Life of St. Hugh of Avalon, Bischof of Lincoln 1186 – 1200. (= *Garland Library of Medieval Literatur*, Bd.31) Hrsg. R.M. Loomis New York-London: Garland, 1985

Guillaume de Guilleville. Pélérinage de la vie humaine. Hrsg. Johann Jakob Stürzinger London, 1893 – 97

Hildegardis Causae et Curae. Hrsg. Paul Kaiser Leipzig: Teubner, 1903

— *Heilkunde*. Übers. u. hersg. v. Heinrich Schipperges Salzburg: Otto Müller, 1957

— *Der Äbtissin Hildegard von Bingen Ursache und Behandlung*. Übers. u. hrsg. v. Hugo Schulz Salzburg, 1933; München, 1982

Die Hippokratische Schrift „Über die heilige Krankheit". (= *Ars Medica*, Bd.1, II. Abt.) Hrsg. Hermann Grensemann Berlin, 1968

Jacobus da Voragine. Legenda Aurea. Übers. u. hrsg. Richard Benz 9. Aufl. Heidelberg, 1979

Jacopo da Cessole. Volgarizzamento del libro de' costumi e degli offici de' nobili sopra il giuoco degli scacchi. Hrsg. Pietro Marocco Milano: Ferrario, 1829

Jansen Enikels Weltchronik. Hrsg. Philipp Strauch (= *Monumenta Germaniae historica*, Bd.3/I), Hannover: Hahn 1891

Konrad von Megenberg. Das Buch der Natur. Hrsg. Franz Pfeiffer Stuttgart, 1861

— *Von der sel*. Hrsg. Georg Steer München, 1966

Officium festi fatuorum. Hrsg. Jean-Marie Paupert Paris, 1978

Plutarch. Peri polypragmosynis (Über die Neugierde, Anm. d.V.) Leipzig: Teubner, Bd.3 S. 334 – 354 – ins Englische übers. v. Queen Elisabeth, hrsg. v. Caroline Pembolon London: Early English Text Society, 1899

Die Psychomachie des Prudentius. Eingef. u. übers. v. Ursmar Engelmann Basel-Freiburg-Wien: Herder, 1959

Rasis. Hrsg. R. Foerster *Scriptores physiognomonici graeci et latini*. 2 Bde. Leipzig, 1893

Regimen sanitatis Salernitanum. Das medizinische Lehrgedicht der hohen Schule in Salerno. Aus d. Lat. ins. Dt. v. Paul Tesdorpf und Therese Tesdorpf-Stickenbergen nach der Frankfurter Ausgabe von 1568 Berlin: Kohlhammer, 1915

Sebastian Brant. Das Narrenschiff. Hrsg. Hans-Joachim Mähl Stuttgart: Reclam, 1980

— Hrsg. Friedrich Zarncke Leipzig, 1854

Thomas Aquinas Opera omnia. 7 Bde. Stuttgart: Frommann-Holzboog, 1980

Thomas de Cantimpré. Liber De natura rerum. Hrsg. Hans Boese Berlin-New York, 1973

Tommaso Leoni. Fiori di virtù. Hrsg. Johannes Ulrich In: Zeitschrift für romanische Philologie. 1895, Bd.19, S. 235f und S. 431f

Trattato de: cauterii in volgare. Hrsg. Giuseppe Albertotti In: *Atti e Memorie della Reale accademia di scienze, lettere ed arti in Padova*. Vol. XXIV, Dispensa IV, 1908, S. 213 – 230

Vincent de Beauvais. Speculum quadruplex: naturale, doctrinale, historiale, morale. Duaci: Baltasar Belleri (1624) Graz: Akad. Druck- & Verlagsanstalt, 1964 – 65

Vintler (Hans). Pluomen der Tugent. Hrsg. v. Ignaz Zingerle Innsbruck: Wagner, 1874

Zobel, Christoff *Sachsenspiegel (mit Glossen von Johannes Buch 1325)* Mainz: Schoeffer, 1533

D. Sekundärliteratur

Achten, Gerard *Das christliche Gebetbuch im Mittelalter*. Berlin: Staatsbibliothek/Wiesbaden: Reichert (1980), 1987

The Age of Chivalry. Hrsg. Jonathan Alexander und Paul Binski London: Royal Academy of Arts, 1988

Adhémar, Hélène *Les primitifs flamands I. Corpus de la peinture des anciens pays-bas méridionaux au XVè siècle*. Bd.5 (= Le musée national du Louvre, Paris, Bd.1) Brüssel, 1962

Algeri, Giuliana *Un gioco per le corti: i tarocchi miniati*. In: Le Carte di Corte: I Tarocchi. Ferrara, 1987, S. 21 – 29

Amira, Karl v. *Die Dresdner Bilderhandschrift des Sachsenspiegels*. 2 Bde. Leipzig: Hiersemann, 1902 – 1926

— *Der Stab in der germanischen Rechtssymbolik*. In: Abhandlungen der königl.-bayer. Akademie der Wissenschaften, philos.-phil. Klasse, Bd.25/1, München 1911, S. 1 – 180

— *Genealogie der Bilderhandschriften des Sachsenspiegels*. In: Abhandlungen der I. Classe der königl. Akademie der Wissenschaften, Bd.22, 2. Abtlg., 1902

Assirelli, Marco *L'immagine dello stolto nel Salmo 52*. Atti del 3° Convegno di Storia della Miniatura. Firenze: Olschki, 1989

Avril, François *Un chef d'œuvre de l'enluminure sous le règne de Jean le Bon: la Bible moralisée. (ms.fr.167 de la Bibliothèque Nationale)*. Paris, s.d.

Baader, Gerhard *Die Entwicklung der medizinischen Fachsprache in der Antike und im frühen Mittelalter*. In: Die Medizin im mittelalterlichen Abendland. Darmstadt: Wiss. Buchgesellschaft, S. 424f

Baader, Joseph *Nürnberger Polizeiordnungen aus dem 13. – 15. Jh*. In: Bibliothek des Litterar. Vereins in Stuttgart, Bd.63, Stuttgart, 1861

Bargelleschi, G. *Palazzo di Schifanoja: gli affreschi nel Salone dei Mesi in Ferrara*. Bergamo, 1945

Barkai, Ron *L'astrologie juive médiévale: aspects théoriques et pratiques* In: Le moyen Age, Nr. 3 – 4, 1987, S. 323 – 348

Bauer, Ulrike *Der Liber introductorius des Michael Scotus in der Handschrift Clm.10268 der Bayerischen Staatsbibliothek München: ein illustrierter astronomisch-astrologischer Codex aus Padua, 14. Jh.* Diss. München, 1983

Baumann, E.D. *Die pseudohippokratische Schrift peri manies.* In: Janus. Zeitschrift für Geschichte und Literatur der Medizin. Bd.42, 1938, S. 129 – 141

Beek, H.H. *Waanzin in de Middeleeuwsen.* Nijkerk-Haarlem: De Toorts, 1969

Beer, Ellen *Überlegungen zu Stil und Herkunft des Berner Prudentius-Codex 264.* In: Florilegium Sangallense. Festschrift für Johannes Duft. St. Gallen 1980. Sigmaringen: Thorbecke, 1980, S. 15 – 70

Belting, Hans *Das Bild und sein Publikum im Mittelalter. Form und Funktion früher Bildtafeln der Passion.* Berlin: Mann, 1981

Benzinger, Karl J. *Parzival in der deutschen Handschriftenillustration des Mittelalters.* (= Studien zur deutschen Kunstgeschichte, Heft 175) Strassburg, 1914

Bergmann, Rosemarie *Die Pilgerfahrt zum himmlischen Jerusalem.* Wiesbaden: Reichert, 1983

Bernheimer, Richard *Wild men in the Middle Ages and in the Renaissance.* Cambridge (Mass.), 1952

Berthier, R.P. J.-J. *La plus ancienne Danse macabre au Klingenthal à Bâle.* Paris, 1897

Die Bibelsammlung der Württembergischen Landesbibliothek Stuttgart. Bd.1: Deutsche Bibeldrucke 1466 – 1600. Hrsg. Stefan Strohm et al. Stuttgart-Bad Cannstatt: Frommann-Holzboog, 1987

Bischoff, B. et al. *Der Stuttgarter Bilderpsalter.* 2 Bde. Stuttgart 1965 – 68

Boari, *Marco Qui venit contra iura: il «furiosus» nella criminalistica dei secoli.* Milano, 1983

Bober, Harry *The zodiacal miniature of the «Très riches Heures» of the Duc of Berry; its sources and meaning.* In: Journal of the Warburg & Courtauld Institutes, Bd.11, 1948, S. 1 – 34

— *Flemish miniatures from the atelier of Jehan de Grise.* In: Revue belge d'archéologie et d'histoire de l'art, Bd.17, 1947 – 48, S. 15 – 21

Boczkowska, Anne *The Lunar Symbolism of the Ship of Fools by Hieronymus Bosch.* In: Oud Holland, Bd.86, 1971, S. 47 – 67

Boehn, Max v. *Die Mode. Menschen und Moden vom Mittelalter bis zur Gegenwart.* München: Bruckmann, 1963 – 64

Boll, Franz, Bezold, Carl und Gundel, Wilhelm *Sternglaube und Sterndeutung.* 7. Aufl. Darmstadt, 1977

Bouché-Leclerq, Auguste *L'astrologie grècque.* Paris, 1899; 1963

Bower, Michael R. *Relations between art and physiognomics 1400 – 1500.* Diss. London, 1973

Boeynaems, Peter *Der Einfluss Salernos auf die Niederlande vor der Gründung der Universität Löwen (1425).* In: Medizin im mittelalterlichen Abendland. Darmstadt: Wiss. Buchgesellschaft, 1982, S. 184f

Brand-Philips, Lotte *The peddlar by Hieronymus Bosch. A Study in detection.* In: Netherlands Jear-Book for History of Art, 1958, S. 1 – 81

Brody, S.N. *The disease of the soul. Leprosy in medieval literature*. Ithaca: Cornell, 1974

Brückner, Annemarie *Quellenstudien zu Konrad von Megenberg. Thomas Cantipratanus «De animalibus quadrupedis» als Vorlage im Buch der Natur*. Diss. Frankfurt, 1961

Bumke, Joachim *Höfische Kultur*. 2 Bde. München: DTV, 1986

van Buren-Hagopian, Anne *Un jardin d'amour de Philippe le Bon au parc de Hesdin;* le rôle de Van Eyck dans une commande ducale. In: Revue du Louvre et des Musées de France, 1985, S. 185–192

Cahn, Walter *La Bible romane*, Fribourg-Paris, 1982

Calmann, Gerta *The pictures of Nobody*. In: Journal of the Warburg & Courtauld Institutes, Bd.23, 1960, S. 60 – 104

Campbell, Lorne, *The Autorship of the Recueil d'Arras*. In: Journal of the Warburg and Courtauld Institutes, Bd.40, 1977, S. 301–313

Campori, Giuseppe *I pittori degli Estensi nel seoclo XV*. In: Atti e memorie della Deputazione di storia patria per le provincie de Romagna, serie III, t. III, 1885, S. 584f

Le Carte di Corte: I Tarocchi. Gioco e magia alla corte degli Estensi. Ferrara: Nuova Alfa Editoriale, 1987

Catalogue of astrological and mythological illustrated manuscripts of the latin Middle Age Bd.4. Hrsg. Patrick McGurk London: Warburg Institute, 1966

Catalogus codicorum astrologorum. 12 Bde. Bruxellis, 1898 – 1953

Catalogus codicorum latinorum. Wratislaviae, 1915

Certeau, Michel de *La fable mystique*, Paris: Seuil, 1902

Chambers, E.K. *The medieval stage*. Oxford, 1903

Charcot, Jean-Martin und Richer, Paul *Les démoniaques dans l'art*. Paris, (1887) 1984 Dt. *Die Besessenen in der Kunst*. Göttingen: Steidl, 1988

Chieri-Via, Claudia *L'iconografia degli Arcani Maggori*. In: Le Carte di Corte: I Tarocchi. Ferrara, 1987, S. 161f

Cinotti, Mia *L'opera completa di Hieronymus Bosch*. (Classici dell'arte, Bd.2) Milano: Rizzolo, (1966) 1977

Clark, James The Dance of Death in the Middle Ages and the Renaissance. Glasgow, 1950

Cohen, Gustave *Le théâtre en France au moyen âge*. 2 Bde. Paris, 1931

— *Mystères et moralités du ms.617 de Chantilly*. Paris, 1920; Genf, 1975

Combe, Jacques *Jérome Bosch*. Paris, 1953

Conrad, Hermann *Deutsche Rechtsbegriffe*. 2 Bde. Karlsruhe: Müller, 1962

Copleston, F.G. *Geschichte der Philosophie im Mittelalter*. München: Beck, 1976

Creutz, W. und R. *Die „Melancholia" bei Constantius Africanus und seinen Quellen*. In: Archiv für Psychiatrie und Nervenkrankenheiten, Bd.97, 1932, S. 244 – 269

Cumont, Franz Valéry *Astrology and religion among the Greeks and Romans*. New York-London: Putnams' sons, 1912

Curtius, Ernst Robert *Die europäische Literatur und das lateinische Mittelalter*. Bern, (1954) 1978

Cuttler, Charles D. *Bosch and the Narrenschiff. A problem in relationships*. In: *Art Bulletin*, Bd.52, 1969, S. 272 – 276

D'Allemagne, Henry-René *Les cartes à jouer du XIVè au XXè siècle.* 2 Bde. Paris, 1906

Da Silva Cavalho, Antonio *Notice sur deux manuscrits de médecine.* (= VIè Congrès internationale d'histoire de la médecine. Leiden-Amsterdam, 1927) Anvers: De Vlijt, 1929, S. 152 – 155

Daumon, P.C.R. *Vincent de Beauvais.* In: Histoire littéraire de la France, Bd.18, 1835, S. 449 – 519

Decker-Hauff, Hansmartin *Zimmersche Chronik.* 3 Bde. Stuttgart, 1964

De Hamel, Christopher *A History of Illuminates Manuscripts.* Oxford: Phaidon, 1986

Delevoy, Robert L. *Jérôme Bosch. Etude biograhique et critique.* Genf, 1960

Delisle, Leopold *Bartholomäus Anglicus.* In: *Histoire littéraire de la France*, Bd.30, 1888, S. 353f

— *Thomas de Cantimpré.* In: *Histoire littéraire de la France*, Bd.30, S. 365 – 380

Denieul, Anne *La très ancienne phisiognomonie de Michel de Savanarole.* In: La Biologie médicale, Hors Serie, Bd.45, 1956

Der Nersessian, Sirarpie *L'illustration des psautiers grecs du Moyen Age.* 2 Bde. Paris, 1970

Desjardin, Marcel *Les livres d'heures imprimés en France aux XVème et XVIème siècles.* 5 Bde. (masch.) Paris (Bibliothèque Nationale), 1940 – 47

De Tolnay, Charles *Hieronymus Bosch.* Baden-Baden: Holle, 1965

De Wald, E.T. *The Stuttgart Psalter.* Princeton, 1930

— *The illustrations of the Utrecht Psalter.* Princeton-London-Leipzig: Univ. Press, s.d.

— *The illustrations in the manuscripts of the Septuagint.* 3 Bde. Princeton-Oxford-La Haye, 1941

Dilthey, K; *Tod des Pentheus: Calenische Trinkschale.* In: Archäologische Zeitung, Bd.31, Berlin, 1874, S. 78 – 94

Diez, Ernst *Die Miniaturen des Wiener Dioscurides.* Wien, 1903

Dimier, Louis *Les danses macabres et l'idée de la mort dans l'art chrétien.* Paris, 1902

Dögler, Franz-Joseph *Der Einfluss des Origenes auf die Beurteilung von Epilepsie und Mondsucht im christlichen Alterum.* In: Antike und Christentum, Bd.4, 1934, S. 95 – 109

Drumbl, Johann *Ursprung des liturgischen Spiels.* In: *Italia medioevale ed umanistica.* Bd.12, 1979, S. 45 – 96

Dufrenne, Suzy *Tableaux synoptiques de 15 psautiers à illustration intégrale issue du texte.* Paris, 1978

— *L'insensé dans l'illustration des psautiers byzantins et slaves.* In: Mélanges Ivan Dujcev, Paris, 1979, S. 136f

Dummett, Michael *The game of tarot.* London, 1980

Duplessis, George *Essai bibliographique sur les différents éditions des Icones Veteris Testamenti d'Holbein.* In: Memoires de la société nationale des antiquaires de France, Bd.44, Paris, 1884

Durand, Georges *Monographie de l'église Notre-Dame, cathédrale d'Amiens.* Amiens: Yvert et Tellier, 1901 – 03

Durrieu, Paul *Alexandre Bening et les peintres du Bréviaire Grimani*. In: Gazette des Beaux-Arts, Nr. 23, 1981, sér. 3, Bd.5, S. 353 – 367; Bd.6, S. 55 – 69
Du Tilliot, Mr. *Mémoires pour servir à l'histoire de la fête des foux (...)* Lausanne-Genève, (1741) 1751
Eckhardt, Karl August *Eike von Repgow und Hoyer von Falkenstein*. Hannover, 1966
Eggenberger, Christoph *Psalterium Aureum Sancti Galli. Mittelalterliche Psalterillustration im Kloster St. Gallen*. Sigmaringen: Thorbecke, 1987
Ehrismann, Gustav Geschichte der deutschen Literatur bis zum Ausgang des Mittelalters.
Einblattdrucke des 15. Jh. Hrsg. Paul Heitz Strassburg, 1906 –
Eisler, Colin *Paintings from the Samuel H. Kress Collection – European Schools excluding Italian*. Oxford, 1977
Enlart, Camille *La sculpture des portails de la Cathédrale d'Auxerre du XIIIè au XIVè siècle*. Caen, 1909
Enklaar, Th.D. *Varende Luyden*. Assen, 1956
Erich, Otto *Die Darstellung des Teufels in der christlichen Kunst*. Berlin, 1931
Falke, Jacob v. *Zur Costümgeschichte des Mittelalters*. In: Mitteilungen der k.k. Central-Commission (...). Bd.5, Wien, 1860, S. 219 – 260
Faral, Edmund *Guillaume de Guilleville*. In: Histoire littéraire de la France, Bd.39, 1962, S. 1f
Febvre, Lucien und Martin, Henri-Jean *L'apparition du livre*. Paris: Michel, (1958) 1971
Fehr, Hans *Kunst und Recht*. 2 Bde., München-Leipzig, 1923
— Deutsche Rechtsgeschichte. Berlin, 1962
Fehrlin, Hans *Zwei deutsche Prosa-Handschriften der „Blumen der Tugend"*. In: Festgabe für Samuel Singer. Tübingen, 1930
Filedt-Kok, Jan Pieter *Vom Leben im späten Mittelalter: der Hausbuch-Meister oder Meister des Amsterdamer Kabinetts*. Frankfurt: Städelsches Kunstinstitut, 1985
Flashar, Hellmut *Melancholie und Melancholiker in den medizinischen Theorien der Antike*. Berlin: De Gruyter, 1966
Flögel, Karl-Friedrich *Geschichte der Hofnarren*. Leipzig, 1785; Hildesheim: Olms, 1977
Foucault, Michel *Histoire de la folie à l'âge classique*. Paris: Gallimard, 1972
— dt: *Wahnsinn und Gesellschaft*. Frankfurt: Suhrkamp, 1981
Francke, Alexa *Entmündigt und was nun?* In: Psychologie Heute, April, 1988, S. 50f
Frati, Carlo *Ricerche sul fiore di virtù*. In: Studi di filologia Romanza, Bd.6, 1893, S. 247f
Frey, Dagobert *Zuschauer und Bühne. Kunstwissenschaftliche Grundfragen*. Wien, 1946; Darmstadt: Wiss. Buchgesellschaft 1984
Friedländer, Ludwig *Darstellungen aus der Sittengeschichte Roms (...)*. 4 Bde. Leipzig: Hirzel, 1921 – 23
Frühmorgen-Voss, Hella *Mittelhochdeutsche weltliche Literatur und ihre Illustration*. (= Münchener Texte und Untersuchungen, Bd.50) München, 1975, S. 1 – 56
Gaborit, René *Art Gothique. Paris*, 1978
Ganz, Paul *The Paintings of Hans Holbein*. London, 1950
— *Les Dessins de Hans Holbein*. Genève, 1939

Garbers, K. *Ishaq ibn'Imrân «Maqâla fîl-mâlîhulî-yâ» und Constantini Africani libri duo de melancholia*. Hamburg, 1977
Garnier, François *Les conceptions de la folie d'après l'iconographie médiévale du psaume 52*. In: *102è Congrès national des Sociétés Savantes Limoges 1977*. Philologie et Histoire, Bd.2, 1977, S. 215 – 222
Geinert, J.H.G. *Caelius Aurelianus als Überlieferer des Soranus*. Diss. Bonn, 1978
Gentili, Vanna *La recita della follia*. Torino: Einaudi, 1978
Gerlach, Pater *Jeroen Bosch: Luxuria tafelblad (3)*. In: Brabantia, Bd.27, 1978, S. 180f
Gesamtkatalog der Wiegendrucke. Leipzig: Hiersemann, 1926 –
Giacosa, Pietro *Magistri Salernitani nondum editi*. 2 Bde. Torino: Bocca, 1901
Gibson, Walter *Hieronymus Bosch*. London 1973
— *Hieronymus Bosch: an annotated bibliography*. Boston (Mass.), 1983
Gifford, D. *Iconographical notes towards a definition of the medieval fool*. In: Journal of the Warburg & Courtauld Institutes, Bd.37, 1974, S. 338
Gillen, Otto *Herrad von Landsperg. Hortus Deliciarum*. Neustadt: Pfälzische Verlagsanstalt, (1931) 1979
Gilman, Sander L. *Den Geisteskranken sehen*. In: *Confinia Psichiatrica*, 1979, Bd.22, Nr. 3, S. 127 – 144
— *Seeing the insane*. New York, 1982
— *Disease and Representation*. New York, 1988
Gnilka, Christian *Studien zur Psychomachie des Prudentius*. Wiesbaden: Harrassowitz, 1963
Goldschmidt, Adolf *Die Elfenbeinskulpturen der karolingischen und sächsischen Kaiser. VIII.-XI. Jh*. Berlin: Cassirer (1914 –), Oxford, 1969 –
Goshawk, Evelyn *The Fool in the Tarot*. In: Journal of the International Playing-Card-Society, Bd.IV, nr. 4, London, 1976, S. 1 – 8
Grassi, Ernesto und Lorch, Maristella *Folly and insanity in renaissance literature*. (= Medieval and Renaissance texts and studies, Bd.42) Binghamton (N.Y.): Center for medieval and early Renaissance studies, 1986
Grimm, Jacob *Deutsche Rechtsaltertümer*. 2 Bde. Leipzig: Dietrich, 1899
Grinot, Emile *La vie de Sainte Radegonde*. In: Bulletin de la Société française de reproduction des manuscrits à peinture. Paris, 1914
Gröber, Karl und Horn, Adam *Die Stadt Nördlingen*. (= Die Kunstdenkmäler von Schwaben und Neuberg, Bd.2) München, 1960
Grön, K. *Lepra in Literatur und Kunst*. In: Handbuch der Haut- und Geschlechtskrankheiten, Bd.10/2, 1930, S. 806f
Guillaud, Jacqueline *Giotto: Architekt der Farben und Formen. Freskenzyklus der Arenakapelle in Padua*. Stuttgart: Klett-Cotta, 1988
Gundel, Wilhelm und Hans-Georg *Astrolegumena. Die astrologische Literatur in der Antike und ihre Geschichte*. (= Sudhoffs Archiv Beihefte, Bd.6) Wiesbaden 1966
Haas, Alois *Parzivals tumpheit bei Wolfram von Eschenbach*. Berlin, 1964
Hammer-Tugendthat, Daniela *Hieronymus Bosch: eine historische Interpretation seiner Gestaltungsprinzipien*. Diss. Wien 1975, München: Fink, 1981

Hammerstein, Reinhold *Tanz und Musik des Todes: die mittelalterlichen Totentänze und ihr Nachleben.* Berlin: Francke, 1980

— *Diabolus in musica; Studien zur Ikonographie der Musik im Mittelalter.* (= Neue Heidelberger Studien zur Musikwissenschaft 6), Bern: Francke, 1974

Hanckel(-Meier), Hadumoth *Narrendarstellungen in der Kunst des Spätmittelalters.* Diss. (masch.) Freiburg, 1952

Hans Holbein d. J. Zeichnungen aus dem Kupferstichkabinett der öffentlichen Sammlung Basel. Basel: Kunstmuseum, 1988

Haseloff, Arthur *Eine thüringisch-sächsische Malerschule des 13. Jh.* Straßburg, 1897

Haseloff, Günther, *Die Psalterillustration im 13. Jh.* Kiel, 1938

Das Hausbuch von Wolfegg Hrsg. H. Bossert Leipzig, 1912

Haussherr, Reiner *Über die Auswahl des Bibeltextes in der Bible moralisée.* In: Zeitschrift für Kunstgeschichte, 1988, Bd.51, nr.1. S. 126 – 146

Haworth, Kenneth *Deified Virtues, Demonified Vices and descriptive Allegory in Prudentius' Psychomachia.* Amsterdam, 1980

Heinsohn, Gunnar und Steiger, Otto *Die Vernichtung der Weisen Frauen.* Herbstein: März, 1985

Heiman, Adelheid *The last copy of the Utrecht-Psalter.* (= The year 1200; a symposium) New York: Metropolitain Museum of Art, s.d., S. 313 – 338

Helbig, Wolfgang *Scavi di Pesto, Capua, Nola, e Sova.* In: Bulletino dell'Instituto di corrispondenza archeologica, nr.I/II, Roma, 1864, S. 134 – 138

Hermann, Hermann Julius *Zur Geschichte der Miniaturmalerei am Hofe der Este in Ferrara.* In: Jahrbuch der kunsthist. Sammlungen, Wien, Bd.21, 1900, S. 117 – 271

Herrad von Landsperg. Hortus Deliciarum. Hrsg. Rosalie Green et al. (= Studies of the Warburg Institute, Bd.36) London: Warburg Institute, 1979

Herrschaftszeichen und Staatssymbolik. (= Schriften der Monumenta Germaniae historica, Bd. 13/II), Stuttgart: Hiersemann, 1955

Heydemann, H. *Die Wut des Lykurgos auf einer Vase aus Ruvo.* In: Archäologische Zeitung, Bd.30, 1873, S. 66 – 68

Hind, Arthur M. *Early Italian Engravings (...) in the British Museum.* London, 1938 – 48

Hoffmann, Detlef *Die Welt der Spielkarte. Eine Kulturgeschichte.* Leipzig, 1972

Hofstaetter, Walter *Parzival.* Stuttgart, 1985

Holbein and the court of Henry VIII. London, 1978 – 79

Homeyer, Carl Gustav *Die deutschen Rechtsbücher des Mittelalters und ihre Handschriften.* Weimar, 1931 – 34

Hubert, Jean et al. *L'Empire carolingien* (= L'univers des formes, Bd.13) Hrsg. v. André Malraux et André Parrot Paris: Gallimard, 1968

Husband, Thimothy and Gilmore-House, G. *The wild man. Medieval myth and symbolism.* New York, 1980 – 81

Ibach, Helmut *Leben und Schriften des Konrad von Megenberg.* Diss. Würzburg, 1938

The Illustrated Bartsch. German Book Illustration before 1500. Hrsg. Walter L. Strauss New York: Abaris, 1978 –

Imdahl, Max *Giotto Arenafresken: Ikonographie, Ikonologie, Ikonik.* München: Fink, 1980

Jacquart, Danielle *«Le regard d'un médecin sur son temps»: Jacques Despars (1380 – 1458).* In: Bibliothèque de l'Ecole des Chartes, Bd.138, 1980, S. 35 – 86

Jacerme, Pierre *La folie: De Sophocle à l'antipsychiatirie.* Paris-Bruxelles-Montréal: Bordas, 1975

Janson, H.W. *Apes and ape lore in the Middle Ages and the Renaissance.* (= Studies of the Warburg Institute, Bd.20) London: Warburg Institute, 1952

Jean Fouquet. Paris: Louvre, 1981

Jenni, Ulrike und Thoss, Dagmar *Das Schwarze Gebetbuch des Galeazzo Maria Sforza. Cod. Vind. 1856.* Frankfurt, 1982

Joly, Aristide *Du sort des aliénés en Normandie avant 1789.* In: Mémoires de l'Academie impériale des Sciences: Arts et Belles Lettres de Caen, 1869, S. 15f

Jordan, Leo *Physiognomische Abhandlungen.* In: Romanische Forschungen, Bd.29, 1911, S. 680 – 720

Jordan, *Das Nürnberger Heilig-Geist-Spital und der Orden der Brüder vom hl. Geist. Beiträge zur bayerischen Kirchengeschichte.* 2 Bde. Erlangen, 1896

Juvenal des Ursins, Jean *Histoire des Charles VI., Roy de France (...).* (= Nouvelle collection des mémoires pour servir à l'histoire de la France, Bd.2) Paris, 1836, S. 335 – 569

Kashnitz, Rainer *Der Werdener Psalter zu Berlin ms.theol.lat.Fol.358.* Düsseldorf, 1979

Kalender im Wandel der Zeiten. Karlsruhe: Badische Landesbibliothek, 1982

Kaplan, Stuart Ronald *The encyclopedia of tarot.* New York, 1978

— *Der Tarot: Geschichte, Deutung, Legesysteme.* München: Hugendubel, 1984

Kästner, Manfred *Die Icones Hans Holbeins des Jüngeren.* Diss. Heidelberg, 1985

Katzenellenbogen, Adolf *Die illustrierten Psychomachie-Handschriften.* Diss. Hamburg, 1933

— *Allegories of the virtues and vices in medieval art from early christian times to the 13th century.* (= Studies of the Warburg Institute, Bd.10) London, 1938

Kautzsch, Rudolf *Einleitende Erörterungen zu einer Geschichte der deutschen Handschriftenillustration.* (= Studien zur deutschen Kunstgeschichte, Heft 3) Strassburg, 1894

Keit, G. *Aussatz.* In: *Lexikon des Mittelalters.* München und Zürich, 1980, Sp. 1249 – 1257

Kindermann, Heinz *Das Theater der Antike und des Mittelalters.* (= Theatergeschichte Europas, Bd.1) Salzburg, (1957) 1966

Kirchhoff, Theodor *Geschichte der Psychiatrie.* Leipzig, 1912

Koehler, Wilhelm und Mütherich, Florentine *Die Hofschule Karls des Kahlen.* (= Die karolingischen Miniaturen V), Berlin: Dt. Verlag f. Kunstwissenschaft, 1982, S. 132–143

König, Eberhard *Jean Fouquet.* Berlin: Mann, 1982

Könneker, Barbara *Wesen und Wandlung der Narrenidee im Zeitalter des Humanismus.* Habil. Wiesbaden, 1966
Kopp, Peter *Die frühesten Spielkarten in der Schweiz.* In: Zeitschrift für Schweizerische Archäologie und Kunstgeschichte, 1973, Bd.30, Doppelheft 3 – 4, S. 130 – 145
Körte, G. *Über Personifikationen psychologischer Affekte in der späteren Vasenmalerei.* Berlin, 1874
Koshi, Koichi *Studien zu den Wandmalereien der St. Georgskirche von Oberzell auf der Insel Reichenau (VII): Die Beschreibung und Ikonographie des Bildes von der Heilung des Besessenen von Gerasa.* In: Bulletin of the Faculty of Fine Arts, Tokyo University of Arts, nr. 18, 1983, S. 31 – 78
Koschorreck, Walter *Die Heidelberger Bilderhandschift des Sachsenspiegel.* Frankfurt, 1970
Kraemer, E.v. *Les maladies désignés par le nom d'un saint.* In: Commentationes humanarum litterarum, Bd.15, Helsinki, 1950, S. 1 – 148
Kraus, Annie *Der Begriff der Dummheit bei Thomas von Aquin und seine Spiegelung in Sprache und Kultur.* Münster (Westfalen): Aschendorff, 1971
Kressner, Adolf *Über die Thierbücher des Mittelalters.* In: Archiv für das Studium der neueren Sprachen und Literaturen, Bd.55, 1876, S. 241 – 296
Kriegk, Georg L. *Deutsches Bürgertum im Mittelalter.* Frankfurt, 1871
Kristeller, Paul *Die Strassburger Bücherillustration im 15. und im Anfange des 16. Jh.* Leipzig, 1888
Kristeller, Paul Oskar *Neue Quellen zur Salernitaner Medizin.* In: Die Medizin im mittelalterlichen Abendland. Darmstadt: Wiss. Buchgesellschaft, 1982, S. 191f
Kunze, Konrad *Jacobus da Voragine.* In: Die deutsche Literatur des Mittelalters, Verfasserlexikon, Bd.4, Berlin-New York, 1983, Sp. 448 – 466
Kurman, Peter *La façade de la cathédrale de Reims.* 2 Bde. Paris: CNRS/Lausanne: Payot, 1987
Lacombe, Paul *Livres d'heures imprimés au XVè au XVIè siècle.* Paris, 1907
Lafond, Paul *Hieronymus Bosch. Son art, son influence, ses disciples.* Bruxelles, 1914
Lambert, Gisèle *Suite d'estampes de la Renaissance italienne dite Tarots de Mantegna.* Garches, 1985
Langlois, E.H. *Essai sur la calligraphie des manuscits du moyen âge et sur les ornaments des premiers livres d'heures.* Rouen, 1841
Lappenberg, J.M. *Zu Vintlers Blume der Tugend (II).* In: Zeitschrift für das deutsche Altertum, Bd.10, 1856, S. 259 – 260
Lassus, Jean *L'illustration byzantine du Livre des Rois.* In: Bibliothèque des Cahiers Archéologiques, IX, Paris, 1973
Lasteyrie, Ferdinand *Histoire de la peinture sur verre.* Paris, 1853 – 57
Lauchert, Friedrich *Geschichte des Physiologus.* Strassburg, 1889
Lauer, Philipp *Les enluminures romanes des manuscrits de la Bibliothèque nationale.* 2 Bde. Paris, 1926
Lecouteux, Claude *Les monstres dans la littérature allemande du Moyen Age.* Habil. (= Göppinger Arbeiten zur Germanistik, Nr. 330 (5)) Göppingen: Kümmerle, 1982

Lefebvre, Joel *Les fols et la folie*. Diss. Paris: Klincksieck, 1968
Leibbrandt, Jürgen *Speculum Bestialitatis*. Diss. Freiburg, 1983
Leroquais, Victor *Les livres d'heures manuscrits de la Bibliothèque Nationale*. 3 Bde. u. Ergänzungsband. Paris, 1927
— *Les bréviaires manuscrits des bibliothèques de France*. 2 Bde. u. Tafelband. Paris, 1934
— *Les pontificaux manuscrits des bibliothèques de France*. 2 Bde. u. Tafelband. Paris, 1937
— *Les psautiers manuscrits latines des bibliothèques de France*. 2 Bde. u. Tafelband. Macon, 1940 – 41
Leutenbauer, Siegfried *Das Delikt der Gotteslästerung in der bayerischen Gesetzgebung*. Köln 1984
Lever, Maurice *Le sceptre et la marotte*. Paris: Fayard, 1983
— *Geschichte des Hofnarren*. 1984
MacKinney, Loren *Medical illustration in medieval manuscripts*. London, 1965
Mâle, Emile *L'art réligieux du XIIIè siècle en France*. Paris, 1931
Manitius, Max *Geschichte der lateinischen Literatur des Mittelalters*. München: Beck, (1931) 1973
Marijnissen, R. *Hieronymus Bosch. Das vollständige Werk*. Weinheim, 1988
— *Laatmiddeleeuwse symboliek en de beeldental van Hieronymus Bosch*. Bruxelles, 1977
Marshall, Linda E. *The Identity of the "New Man" in the «Anticlaudianus» of Alain of Lille*. In: Viator, Bd.10, 1979, S. 77 – 94
Martin, Arthur und Cahier, Charles *Monographie de la Cathédrale de Bourges*. Paris, 1841 – 44
Mattes, Josef *Der Wahnsinn im griechischen Mythos*. Heidelberg: Winter, 1970
Maurer, Emil *Das Kloster Königsfelden*. (= Die Kunstdenkmäler der Schweiz. Die Kunstdenkmäler des Kantons Aargau, Bd.3) Basel: Birkhäuser, 1954
Meier, Christel *Die Rezeption des Anticlaudianus des Alanus von Lille in Textkommentierung und Illustration*. In: Text und Bild: Aspekte des Zusammenwirkens zweier Künste im Mittelalter und früher Neuzeit. Wiesbaden, 1980
Meier(-Hanckel), Hadumoth *Der Narr in der christlichen Ikonographie des Mittelalters*. In: Das Münster, Heft 1 – 2, 1955, S. 1f
Meiners, Irmgard *Schelm und Dümmling in Erzählungen des deutschen Mittelalters*. (= Münchener Texte und Untersuchungen zur deutschen Literatur des Mittelalters, Bd.20) München: Beck, 1967, S. 119f
Meiss, Millard *French painting in the time of Jean de Berry*. London-New York: Phaidon, 1967
Mellinkoff, Ruth, *Riding backwards: theme of humiliation and symbol of evil*. In: Viator, Bd.4, 1973, S. 153 – 176
Merlin, Romain *Origines des cartes à jouer*. Paris, 1986
Merklas, Wenzel *Die Altäre der Jakobskirche in Leutschau*. In: Mitteilungen der k.k. Central-Commission, Bd.5, 1860, S. 287f
Mertens, Veronika *Mi-parti als Zeichen*. (= Kulturgeschichtliche Forschungen, Bd.1) Remscheid, 1983

Ménard, Philippe *Les fous dans la société médiévale. Le temoignage de la littérature au XIIè et au XIIIè siècle*. In: Romania, Bd.98, nr. 4, 1977, S. 433 – 459

Mesnard, Pierre *Erasme et la conception dialectique de la folie*. In: L'umanesimo e «la follia». Roma: Abete, 1971, S. 45 – 61

Meyer-Steineg, Theodor *Das medizinische System der Methodiker*. (= Jenaer medizin-historische Beiträge, Heft 7 – 8) Jena: Fischer, 1916

Michael, Erika *The drawings by Hans Holbein the younger for Erasmus' praise of folly*. New York-London, 1986

Michaud-Quantin, *Pierre E. Les petits encyclopédies*. In: Cahiers d'histoire mondiale, Neuchâtel, 1966, Bd.9, nr. 3, S. 582f

Miniatura Veronese del Rinascimento. Hrsg. Gino Castiglioni und Sergio Marinelli Verona: Museo di Castelvecchio, 1986

Moakley, Gertrude *The Tarot Cards painted by Bonifacio Bembo for the Visconti-Sforza Family*. New York, 1966

Morgan, Nigel *Early Gothic Manuscripts (I) 1190 – 1250*. (= A Survey of Manuscripts illuminated in the British Isles, Bd.4/1) London: Harvey Miller, 1982

— *Early Gothic Manuscripts (II) 1250 – 1285*. (*A Survey of Mss*., Bd.4/2), London: Harvey Miller, 1988

Moser, Dietz-Rüdiger *Narren - Prinzen - Jesuiten. Das Karnevalskönigreich am Collegium Germanicum in Rom und seine Parallelen. (...)* In: Zeitschrift für Volkskunde, Bd.77, 1981, S. 169 – 212

Moreau, Joseph *Pour ou contre l'insensé?* Paris: Vrin, 1967

Morganstern, Anne *The Rest of Bosch's Ship of Fools*. In: Art Bulletin, Bd.66, Nr. 2, 1984, S. 295 – 302

Mourad, Youssef *La Physiognomonie arabe et le Kitab al-Firasa de Fakhir al-Din-Al-Razi*. Diss. Paris. 1939

Neubert, Fritz *Die volkstümlichen Anschauungen über Physiognomik in Frankreich bis zum Ausgang des Mittelalters*. In: Romanische Forschungen, Bd.29, 1911, S. 557 – 679

Netter, Maria *Die Postille des Nicolaus von Lyra in ihrer Wirkung auf die Bibelillustration des 15. und 16. Jh*. Diss. (masch.) Basel, 1943

— *Hans Holbeins des J. Bilder zum Alten Testament*. Basel, 1944

Nicoll, Allardyce *The development of the theatre*. London: Harrap, 1966

Nigg, Walter *Der christliche Narr*. Zürich: Artemis, 1956

Nischik, Traude-Marie *Das volkssprachliche Naturbuch im späten Mittelalter*. Sachkunde und Dinginterpretation bei Jacob van Maerlant und Konrad von Megenberg. In: Hermaea, N.F., Bd. 48, 1986

Ochsenbein, Peter *Studien zum Anticlaudianus*. Diss. Basel, 1969

Oechelhäuser, Adolf *Der Bilderkreis zum Wälschen Gast*, Heidelberg, 1890

Önnerfors, Alf *Über Walahfrid Strabos Psalter-Kommentar*. (= Literatur und Sprache im europäischen Mittelalter: Festschrift für Karl Langosch) Darmstadt: Wissenschaftl. Buchgesellschaft, S. 75 – 121

Pächt, Otto *The St. Albans Psalter (Albanipsalter)*. (= Studies of the Warburg Institute, Bd.25) London: Warburg Institut, 1960

Panofsky, Erwin und Klibansky, Raymond und Saxl, Fritz *Saturn and Melancholy*. London, 1964; Liechtenstein: Nendeln, 1979
— *Studien zur Ikonologie*. Köln: DuMont, 1980
Philippson, R. *Das dritte und vierte Buch der Tusculanen*. In: Hermes, Bd.67, 1921, S. 245f
Picot, Emile *La sottie en France*. In: Romania, Bd.8, 1878
Pieter Brueghel d.Ä. als Zeichner. Herkunft und Nachfolge. Berlin: Staatliche Museen Preussischer Kulturbesitz, 1975
Pigeaud, Jackie *La maladie de l'âme*. Paris, 1981
Plotzek, Joachim *Andachtsbücher des Mittelalters aus Privatbesitz*. Köln: Schnütgen-Museum, 1987
Post, Paul *Ein verschollenes Jagdbild Jan van Eycks*. In: Jahrbuch der preussischen Kunstsammlungen, Bd.52, 1931, S. 120 – 132
Postel, Jacques et al. *Nouvelle histoire de la psychiatrie*. Toulouse: Privat, 1983
Querfeld, Arthur Heinrich *Michael Scotus und seine Schrift «De secretis naturae»*. Diss. Leipzig, 1919
Quétel, Claude *Les fous et leurs médecins: de la renaissance au XXè siècle*. Paris: Hachette, 1979
Rademacher, Franz *Die Regina angelorum in der Kunst des frühen Mittelalters*. Düsseldorf, 1972
Randall, Lilian *Gothic images in the margin of medieval manuscripts*. New York-London, 1966
Recht und Gerechtigkeit im Spiegel der europäischen Kunst. Hrsg. Wolfgang Pleister und Wolfgang Schild Köln: DuMont, 1988
Reich, Hermann *Der Mimus*. 2 Bde. Königsberg, 1902
Reinhardt, K. *Personifikation und Allegorie. Vermächtnis der Antike*. Göttingen, 1960
Renier, Radolfo *Tarocchi di Matteo Maria Boiardo*. In: Studi su Matteo Maria Boiardo. Hrsg. v. Naborre Campanini Bologna: Zanichelli, 1894
Riedinger, Utto *Die Heilige Schrift im Kampf der griechischen Kirche gegen die Astrologie. Studien zur Dogmengeschichte und zur Geschichte der Astrologie*. Innsbruck, 1956
Riegl, Alois *Die mittelalterliche Kalenderillustration*. In: Mitteilungen des österreichischen Instituts für Geschichtsforschung, Bd.10, Innsbruck, 1889, S. 1 – 74
Rigollot, Marcel-Jérôme *Monnaies inconnues des évêques des innocens, des fous (...)*. Paris, 1837
Ring, Gertrude *A century of french painting 1400 – 1500*. London, 1949
Roosen-Runge, Heinz *Farbgebung und Technik frühmittelalterlicher* Buchmalerei. (= Kunstwissenschaftliche Studien, Bd.38) München: Deutscher Kunstverlag, 1967
Roscher, Wilhelm Heinrich *Über Selene und Verwandtes*. (= Studien zur griechischen Mythologie und Kulturgeschichte, Heft 4) Leipzig, 1890, S. 67 – 75
— *Nachträge*. Leipzig, 1895
Rosenfeld, Hellmut *Der mittelalterliche Totentanz*. (= Archiv für Kulturgeschichte, Beiheft 3) Münster, 1954; Köln, 1974

Ruff, Ernst *Der wälsche Gast des Thomasin von Zerklaere.* (= Erlanger Studien, Bd.35) Erlangen: Palm & Enke, 1982

Rychner, J. *Les traductions françaises de la Moralisatio super ludum scaccorum de Jacques de Cessoles.* In: Recueil de travaux offerts à M. Clivis Brunel. Paris, 1955, II, S. 480 – 493

Saintyves, Pierre *L'astrologie populaire.* Paris: Thiébaud, 1937

Salmen, Walter *Der Spielmann im Mittelalter.* (= Innsbrucker Beiträge zur Musikwissenschaft, Bd.8) Innsbruck: Helbling, 1893

— *Der fahrende Musiker im Mittelalter.* Kassel, 1960

Sandler, Lucy Freeman *The Peterbourough Psalter and other Fenland manuscripts.* London, 1974

Santucci, Monique *Le fou dans les lettres françaises médiévales.* In: Les lettres Romanes, Bd.36, 1982, S. 195 – 211

Sarton, George *Introduction into the history of science.* 3 Bde. Baltimore, 1927 – 48

Sauer, Joseph *Symbolik des Kirchengebäudes und seiner Ausstattung in der Auffassung des Mittelalters.* Freiburg: Herder, 1902

Sauerländer, Willibald *Die Kathedrale von Chartres.* Stuttgart: Günther, 1954

Saward, John *Perfect Fools.* Oxford: Univ. Press, 1980

— *Dieu à la folie: Histoire des saints fous pour le Christ.* Paris: Seuil, 1983

Saxl, Fritz *Holbeins Illustration of the «Praise of folly» by Erasmus.* In: Burlington Magazine, Bd.83, 1943, S. 275 – 279

— *Aller Tugenden und Laster Abbildung.* In: Festschrift für Julius von Schlosser. Zürich, 1926

— *Verzeichnis astrologischer und mythologischer illustrierter Handschriften des lateinischen Mittelalters.* Heidelberg, 1915 – 27

Schaefer, Claude *Recherches sur l'iconologie et la stylistique de l'art de Jean Fouquet.* 3 Bde. Lille: Service de reprod. des thèses de l'université, 1971

Schirok, Bernd *Parzival. Die Bilder der illustrierten Handschriften.* Göppingen, 1985

Schlosser, Julius v. *Giusto's Fresken in Padua (...)* In: Jahrbuch der Kunstsammlungen (...) in Wien, Bd.17, 1896, S. 13 – 100

Schmidt, Gerhard *Die Armenbibeln des 14. Jh.* Graz-Köln, 1959

Schmidt-Wiegand, Ruth *Text und Bild in den Codices picturati des Sachsenspiegels.* In: Text-Bild-Interpretation. Untersuchungen zu den Bilderhandschriften des Sachsenspiegels. 2 Bde. München, 1986, Bd.1, S. 11f

— *Die Wolfenbütteler Bilderhandschriftes des Sachsenspiegels.* (= Wolfenbütteler Hefte, nr. 13), Göttingen, 1983

Schöner, Erich *Das Viererschema in der antiken Humoralpathologie.* (= Sudhoffs Archiv für Geschichte der Medizin und der Naturwissenschaften, Beiheft 4) Wiesbaden, 1964, S. 1f

Schott, Claudieter *Sachsenspiegel und Biblia Pauperum.* In: Text-Bild-Interpretation, Bd.1, München, 1986, S. 51 – 53

Schramm, Albert *Der Bilderschmuck der Frühdrucke.* 18 Bde. Leipzig: Hiersemann, 1920 – 35

Schramm, Percy-Ernst *Zur Haar- und Barttracht als Kennzeichen im Mittelalter*. In: *Herrschaftszeichen und Staatssymbolik*. (= Monumenta Germaniae historica. Schriften, Bd.13/I) Stuttgart: Hiersemann, 1954 – 56

Schreiber, Wilhelm Ludwig *Die ältesten Spielkarten und die auf das Kartenspiel Bezug habenden Urkunden des 14. und 15. Jh.* Straßburg, 1937

— *Handbuch der Holz- und Metallschnitte des XV. Jh.* 8 Bde. Leipzig: Hiersemann, 1926 – 30

Schultz, Alwin *Deutsches Leben im XIV. und XV. Jh.* Wien: Tempsky, 1892

— *Die Legende vom Leben der Jungfrau Maria und ihre Darstellung in der bildenden Kunst des Mittelalters*. Leipzig: Seemann, 1878

Seebass, Tilman *Musikdarstellung und Psalterillustration im frühen Mittelalter. ms.lat.1118 der Bibliothèque Nationale*. 2 Bde. Bern: Francke, 1973

Seidler, Eduard *Pariser Medizin im 15. Jh.* In: Medizin im mittelalterlichen Abendland, Darmstadt: Wiss. Buchgesellschaft, 1982, S. 354f

Semenzato, C. *Giotto: La Cappella degli Scrovegni*. Florenz, 1966

Singer, Samuel Weller *Researches into the history of playing cards*. London, 1816

Soleil, Felix *Les heures gothiques et la littérature pieuse au XVème et XVIème siecle*. Rouen: Auge, 1882

Solerti, Angelo *Le poesie volgare et latine di Matteo Maria Boiardo*. Bologna: Romagnoli-Dall'Acqua, 1894, S. 315 – 338: Tarocchi di Matteo Maria Boiardo

Spangenberg, Peter *Maria ist immer überall. Die Alltagswelten des spätmittelalterlichen Mirakelspiels*. Frankfurt: Suhrkamp, 1987

Spiewok, Wolfgang *Wolfgang von Eschenbach. Parzival* Stuttgart: Reclam, 1981

Springer, Anton *Ikonographische Studien III: Die dramatischen Mysterien und die Bildwerke des späteren Mittelalters*. In: Mitteilungen der k.k. Central-Commission (...), Bd.5, 1860, S. 123 – 134

— *Ikonographische Studien IV: Der Bilderschmuck an romanischen Leuchtern*. In: Mitteilungen der k.k. Central-Commission (...), Bd.5, 1860, S. 309 – 322

— *Über den «Physiologus» des Leonardo da Vinci*. In: Berichte über die Verhandlungen der kgl. sächs. Gesellschaft der Wissenschaften zu Leipzig, phil.-hist. Classe, 1884, Bd.36, S. 244 – 271

— *Über die Quellen der Kunstdarstellung im Mittelalter*. In: Sitzungsberichte der kgl. sächs. Gesellschaft der Wissenschaften, phil.-hist. Klasse, 1879

Stammler, Wolfgang *Schrifttum und Bildkunst im deutschen Mittelalter*. In: Deutsche Philologie im Aufriß, Bd.3, 1955, S. 658f

— *Der Totentanz*. München, 1948

Steele, Robert *A notice of the Ludus triumphorum*. In: Archäologia, Bd.57, 1900, S. 185 – 200

Steger, Hugo *David rex et propheta. König David als vorbildliche Verkörperung des Herrschers und Dichters im Mittelalter, nach Bilddarstellungen des 8. – 12. Jh.* (= Erlanger Beiträge zur Sprach- und Kunstwissenschaft, Bd.6), Nürnberg, 1961

Sterling, Charles *La peinture médiévale à Paris: 1300–1500*, Paris, 1987

Stettinger, Richard *Die illustrierten Prudentius-Handschriften*. Berlin, 1905

Steynitz, Jesko v. *Mittelalterliche Hospitäler der Orden und Städte als Einrichtungen der Sozialen Sicherung.* (= Sozialpolitische Schriften, Heft 26) Berlin: Dunker & Humblot, 1970

Strachan, James *Early Bible Illustrations.* Cambridge: Univ. Press, 1957

Das Stundenbuch der Katharina von Kleve. 2 Bde. Faks. hersgg. v. John Plummer (Bildband) Berlin, 1966 und Friedrich Gorissen (Textband) Berlin: Mann, 1973

Suckale-Redlefsen, Gude *Die Bilderzyklen zum Davidleben von den Anfängen bis zum Ende des 15. Jh.* Diss. München, 1972

Sudeck, Elisabeth *Bettlerdarstellungen vom Ende des XV. Jh. bis zu Rembrandt.* (= Studien zur deutschen Kunstgeschichte, Heft 279), Straßburg, 1931

Sudhoff, Karl *Beiträge zur Geschichte der Chirurgie im Mittelalter.* (= Studien zur Geschichte der Medizin, Heft 10) Leipzig, 1914

— *Ein Beitrag zur Geschichte der Anatomie im Mittelalter nach Handschriften des 9. – 15. Jh.* (= Studien zur Geschichte der Medizin, Bd.4) Leipzig, 1908

— Iatromathematiker. (= Abhandlungen zur Geschichte der Medizin, Bd.11) Breslau, 1902

Swain, Barbara *Fools and Folly during the middle Ages and the Renaissance.* New York, 1932

Tarot, jeu et magie. Paris: Bibliothèque Nationale, 1984

Tarot Tarock Tarocchi. Hrsg. Detlef Hoffmann und Margot Dietrich Leinfelden-Echterdingen: Deutsches Spielkartenmuseum, 1988

Tegtmeier, Ralph *Tarock: Geschichte eines Schicksalsspiels.* Köln: DuMont, 1986

Temkin, Oursei *The falling sickness. A history of epilepsy from the Greeks to the beginnings of modern neurology.* Baltimore, 1945

Thiele, Herbert *Studien zur Geschichte der Totentänze.* Diss. Hattingen, 1923

Thomas, M.A. Identité du médecin Aldebrandin de Sienne. In: Romania, Bd.35, 1906, S. 454 – 456

Thoss, Dagmar *Flämische Buchmalerei. Handschriftenschätze aus dem Burgunderreich.* Graz: Akad. Druck- und Verlagsanstalt, 1987

Tietze-Conrat, Erika *Dwarfs and Jesters in Art.* New York: Phaidon, 1957

Vallese, Gloria *Il tema della follia nell' arte di Bosch: Iconografia e stile.* In: Paragone, Heft 405, 1983, S. 3 – 49

Van Marle, Raymond *Iconographie de l' art profane.* Paris, 1986

Vincent of Beauvais and Alexander the Great: Studies in the Speculum Maius and its translations into Medieval Vernacular. Hrsg. W.J. Aerls et al. Groningen: Forster, 1986

Vitzthum, Georg v. *Die Pariser Miniaturmalerei von der Zeit des hl. Ludwig bis zu Philipp von Valois.* Leipzig, 1907

Wageningen, J. v. *Die Namen der vier Temperamente.* In: Janus, Bd.23, 1914, S. 48 – 55

Weber, Paul *Geistliches Schauspiel und kirchliche Kunst in ihrem Verhältnis erläutert an einer Ikonographie der Kirche und Synagoge.* Stuttgart, 1894

Weisbach, Werner *Trionfi.* Berlin 1919

Weisser, Christoph *Studien zum mittelalterlichen Krankheitslunar. Ein Beitrag zur Geschichte laienastrologischer Fachprosa.* (= Würzburger medizinhistorische Forschungen, Bd.21) Pattensen: Wellen, 1982

Wells, David Arthur *The wild man from the Epic of Gilgamesh to Hartmann von Aue's Iwein* (...) Belfast, 1975

Welsford, Enid *The fool. His social and literary history. Gloucester* (Mass.), (1935) 1966

Wescher, Paul *Jean Fouquet und seine Zeit.* Basel: Holbein, 1945

Wickersheimer, Ernst *Figures médico-astrologues.* In: Janus, Bd.19, Leiden, 1914, S. 157 – 177

— *Die ersten Sektionen in Paris.* In: Medizin im mittelalterlichen Abendland. Darmstadt: Wiss. Buchgesellschaft, 1982, S. 60 – 72

Williams, Paul V.A. *The fool and the trickster. Studies in the honor of Enid Welsford.* Cambridge: Brewer, 1979

Wittkower, Rudolf *Allegory and the migration of symbols.* London: Thames & Hudson, 1977;

— dt.: *Allegorie und der Wandel der Symbole in Antike und Renaissance.* Köln: DuMont, 1983

Wolf, Horst, *Die Meister des Breviarium Grimani.* Berlin: Ev. Verlagsanstalt, 1982

Woodruff, Helen *The illustrated manuscripts of Prudentius.* (= Art Studies, 1929) Cambridge (Mass.), 1930

Wrzol, L. *Die Hauptsündenlehre des Johannes Cassianus.* In: Studia Friburgensia, Divus Thomas, 3. Serie, I, 1923, S. 385f

Wyss, Heinz *Der Narr im Schweizerischen Drama des 16. Jh. Bern, 1959*

Yates, Frances Amelia *The art of memory.* Chicago: Univ. Press, 1966;

— frz.: *L'art de la mémoire.* Paris: Gallimard, 1975 dt. *Gedächtnis und Erinnern. Mnemonik von Aristoteles bis Shakespeare.* Weinheim: VCH Acta humaniora, 1990

Zarncke, Friedrich *Zu Hans Vintlers Blume der Tugend.* In: Zs. f. dt. Altertum, Bd.9, 1855, S. 109f

Zingerle, Ignaz *Zu Vintlers Blume der Tugend* (I). In: Zs. f. dt. Altertum, Bd.10, 1856, S. 255 – 264

Zipperer, Gustav Adolf *Nördlingen. Lebenslauf einer schwäbischen Stadt.* Nördlingen, 1979

Anhang

Erwähnte Handschriften und Inkunabeln mit Faksimileangaben

Amiens:
Psalter aus Angers.
Amiens, Bibliothèque municipale. Fonds L'Escalopier, ms.2, 11. Jh.
Arras:
Recueil d'Arras.
Arras, Bibliothèque municipale, ms.266, um 1563
Bern:
Wolfram von Eschenbach. Parzival.
Bern, Stadtbibliothek, cod. AA 91, 15. Jh.
Brüssel:
Peterbourough-Psalter.
Bruxelles, Bibliothèque royale, ms.9961 – 62, Ende 13./Anfang 14. Jh.
Cambridge:
Eadwine-Psalter
Cambridge, Trinity College, ms.R.17.I., um 1140
Chantilly:
Ingeborg-Psalter.
Chantilly, Musée Condé, ms.9, um 1200; Faks. hrsgg. v. Florens Deuchler 2 Bde. Graz: Akademische Druck- und Verlagsanstalt, 1985.
Les Très Riches Heures de Jean de Berry.
Chantilly, Musée Condé, ms.65, nach 1413; Faks. hrsgg. v. Raimond Cazelles und Johannes Rathofer Luzern: Faksimile-Verlag, 1984
Stundenbuch.
Chantilly, Musée Condé, ms.1141, um 1480
Den Haag:
Debat de Triboulet et de la Mort.
Den Haag, Koninklijke Bibliotheek, ms.71.G.61, 16. Jh
Dijon:
Bibel von Cîteaux.
Dijon, Bibliothèque municipale, ms.14, 12. Jh.
Dresden:
Eike von Repgow. Sachsenspiegel codex picturatus.
Dresden, Sächsische Landesbibliothek, M 32, um 1350 – 70; Faks. hrsgg. v. Karl v. Amira 2 Bde. Leipzig: Hiersemann, 1902 – 21
Erfurt:
Brennstellentraktat.
Erfurt, Universitätsbibliothek, ms.Amplon Q 185, 13. Jh.

Florenz:

Psalter.

Florenz, Biblioteca Laurenziana, Plut. XV. Cod.11, um 1210

Genf:

Historienbibel.

Genf, Universitätsbibliothek, ms.fr.2, 13. Jh.

Gotha:

Theologia und die 7 Künste.

Gotha, Schlossmuseum, Einblattdruck, Nürnberg: Peter Wagner 1493.

Hannover:

Brennstellentraktat.

Hannover, Öffentliche Bibliothek, ms.IV 339

Heidelberg:

Eike von Repgow. Sachsenspiegel.

Heidelberg, Universitätsbibliothek, Cpg.164, um 1325; Faks. hrsgg. v. Walter Koschorrek Frankfurt: Insel, 1970

Thomasin von Zerklaere. Der welsche Gast.

Heidelberg, Universitätsbibliothek, Cpg.389, 13. Jh., Faks. hrsgg. v. Friedrich Neumann Wiesbaden, 1974

Guillaume de Guilleville. Pèlerinage de la vie humaine.

Heidelberg, Universitätsbibliothek, Cpl. 1969, 14. Jh.

Hildesheim:

Albani-Psalter.

Hildesheim, St. Godehardskirche, 12. Jh.; Faks. hrsgg. v. Otto Pächt (= Studies of the Warburg Institute, Bd.25) London: Warburg Institute, 1960

Imola:

Psalter.

Imola, Biblioteca communale, ms.III, um 1204 – 16

Kassel:

Psalter.

Kassel, Landesbibliothek, ms.theol.qu.8; um 1210

Leiden:

Theodoricus da Cervia. Chirurgia.

Leiden, Universitätsbibliothek, ms.Voss L.F.3, 14. Jh.

London:

Harley-Psalter.

London, British Museum Library, ms.603, 11. Jh.

Griechischer Psalter.

London, British Museum Library, Add.ms.19352, von 1066;

Psalter von Bourbourg.

London, British Museum Library, Add.ms.30045, um 1275

Psalter des Robert de Lisle.

London, British Museum Library, ms. Arundel 83 II, vor 1339; Faks. hrsgg. v. Lucy Freeman Sandler London: Harvey Miller, 1983

Psalter Heinrichs VIII.

London, British Museum Library, ms.Roy.2a XLV, 16. Jh.
Prudentius. Psychomachie.
London, British Museum Library, Cotton mss.Titus D.XVI, 12. Jh.
Roger Salernitanus. Chirurgia.
London, British Museum Library, ms.Sloane 1975, 11. Jh.
Bardolf-Vaux-Psalter.
London, Lambeth Palace, ms.233, um 1310 – 1320
Wilton-Psalter.
London, Royal College of Physiciens, 13. Jh.

Modena:
Bibbia di Borso d'Este.
Modena, Bibl. Estense um 1453; Faks. hrsgg. v. Adolfo Venturi und Giovanni Treccani Milano: Bestetti, 1935

Montpellier:
Roger von Salerno. Chirurgia.
Montpellier, Bibliothèque de l'Ecole de Médecine, ms.89 bister, 14. Jh.

München:
Dioscurides. Materia medica.
München, Bayerische Staatsbibliothek, ms.337, 10. Jh.
Psalter aus Würzburg.
München, Bayerische Staatsbibliothek, ms.lat.3900, 2. Hälfte 13. Jh.

New Haven:
Tarock des Ercole d'Este.
New Haven (Connecticut), Yale University, Beinecke Library, Cary Collection, Ita 103, nach 1473

New York:
Stundenbuch der Bonne von Luxembourg.
New York, Metropolitan Museum of Arts, Cloisters Collection, Inv.nr. 6986, 1348 – 49
Da-Costa Stundenbuch.
New York, Pierpont Morgan Library, ms.399, 15. Jh.
Ramsey-Psalter.
New York, Pierpont Morgan Library, ms.Ramsey 303, um 1288
Meslier Hours.
New York, Pierpont Morgan Library, M.565; Paris: Jean Dupré für Denis Meslier, 14. Februar 1490.
Visconti-Sforza-Tarock.
New York, Pierpont Morgan Library, um 1445; Faks. hrsgg. v. Gabriele Mandel Paris: Vilo, 1976

Oxford:
Roman d'Alexandre.
Oxford, Bodleian Library, ms.264; Faks. hrsgg. v. M.R. James Oxford: Clarendon Press, 1933
Historienbibel.
Oxford, Bodleian Library, ms.Douce 211, 13. Jh.

Gough-Psalter.
Oxford, Bodleian Library, ms.Gough liturg.8, um 1292/1304
Psalter.
Oxford, Bodleian Library, ms.Laud.lat.114, 15. Jh

Padua:
Trattato dei cauterii.
Padua, Biblioteca della Facoltà di Medicina Pinali, cod.Fanzago, 14. Jh.

Paris:
Guillaume Durand. Pontificale.
Paris, Bibliothèque de l'Arsenal, ms.143, Ende 13./Anfang 14. Jh.
Psalter von St. Louis und Blanche de Castille.
Paris, Bibliothèque de l'Arsenal, ms.1186, 13. Jh. Faks. hrsgg. Paris: Berthaud, 1909
Psalter.
Paris, Bibliothèque Mazarine, ms.36, um 1260
Roman de Fauvel.
Paris Bibliothèque Nationale, ms.fr.146, 14. Jh.; faks. hrsgg. v. Pierre Aubry Paris, 1907
Historienbibel,
Paris, Bibliothèque Nationale, ms.fr.159, 14. Jh.
Bible moralisée.
Paris, Bibliothèque Nationale, ms.fr.167, um 1350 – 55
Ludolph von Sachsen. Vita Christi.
Paris, Bibliothèque Nationale, ms.fr.177, 15. Jh.
Quarante miracles de Notre Dame.
Paris, Bibliothèque Nationale, ms.fr.819 – 820, 15. Jh.; Faks. hrsgg. v. Gaston Paris und Ulysse Robert 3 Bde. Paris, 1876
Jean Froissart. Chroniques de France.
Paris. Bibliothèque Nationale, ms.fr.2646, 15. Jh.
Psalter des Jean de Berry.
Paris. Bibliothèque Nationale, ms.fr.13091, 14. Jh.
Sammelhandschrift: La mort de la pomme.
Paris, Bibliothèque Nationale, ms.fr.17001, 15. Jh.
Bartholomäus Anglicus. De Propriétés des choses.
Paris, Bibliothèque Nationale, ms.fr.22531, 14. Jh.
Bartholomäus Anglicus. De Propriétés des choses.
Paris, Bibliothèque Nationale, ms.fr.22532, 15. Jh.
Adam de la Halle. Jeu de la feuillée.
Paris, Bibliothèque Nationale, ms.fr.25566, um 1276 – 77
Gauthier de Coincy. Les miracles de Nôtre Dame.
Paris. Bibliothèque Nationale, ms.n.a.fr.24541, um 1330
Biblia Sancti Petri Rodensis.
Paris, Bibliothèque Nationale, ms.lat..6 (1 – 3), 10. – 11. Jh.
Psalter.
Paris, Bibliothèque Nationale, ms.lat.238, 12. – 13. Jh.
Missale und Stundenbuch nach dem Gebrauch der Minoriten.

Paris, Bibliothèque Nationale, ms.lat.757, 14. Jh.
Troparium und Prosarium Sancti Martiali Lemovicensis.
Paris, Bibliothèque Nationale, ms.lat.1118, 10. – 11. Jh.
Psalter Karls des Kahlen.
Paris, Bibliothèque Nationale, ms.lat.1152, zw. 842 und 869
Johann Columna. Chronica mundi.
Paris, Bibliothèque Nationale, ms.lat.4915, 13. Jh.
Rolandus Parmacensis. Chirurgia.
Paris, Bibliothèque Nationale, ms.lat.7340
Psalter.
Paris, Bibliothèque Nationale, ms.lat.8846, 13. Jh.; Faks. hrsgg. v. Henri Omont Paris: Berthaud, 1906
Biblia Sacra.
Paris, Bibliothèque Nationale, ms.lat.11560, 13. Jh.
Psalter.
Paris, Bibliothèque Nationale, ms.lat.11931, 13. Jh.
Psalter.
Paris, Bibliothèque Nationale, ms.lat.14397, 13. Jh.
Biblia.
Paris, Bibliothèque Nationale, ms.lat.15467, 1270
Petites Heures de Jean de Berry.
Paris, Bibliothèque Nationale, ms.lat.18014, 14. Jh.; Faks. Luzern: Faksimile-Verlag, 1988
Psalter.
Paris, Bibliothèque Nationale, ms.n.a.lat.1392, 13. Jh.
Bartholomäus Anglicus De Proprietatibus rerum.
Paris, Bibliothèque Nationale, Réserve R.359 Basel: Wenssler 1475
Le compost et calendrier des bergers.
Paris, Bibliothèque Nationale, Réserve; Paris, : Guy Marchant, 1493; Faks. hrsgg. v. Pierre Champion Paris: Quatre Chemins, 1926
Bibbia vulgare historiata (Malermi-Bibel).
Paris, Bibliothèque Nationale, Réserve, A 359; Venetia: Di Giunta, 15. Okt. 1490
Psalter lateinisch/deutsch.
Paris, Bibliothèque Nationale, Réserve, B. 27903; Augsburg: Erhard Radolt, 1494
Jacopo da Voragine. Legenda Aurea.
Paris, Bibliothèque Nationale, Réserve, H.266, 25. Oct. 1471
Tarock Karls VI.
Paris, Bibliothèque Nationale, Département des Estampes, Réserve Kh.24 – 4, 2. Hälfte 15. Jh.
Tarock des Mantegna.
Paris, Bibliothèque Nationale, Département des Estampes, Réserve, Kh.26 (S-Serie), nach 1468
Paris, Bibliothèque Ste. Geneviève, ms.1181, 13. Jh.
Psalter.
Paris, Bibliothèque Ste. Geneviève, ms.2690, 13. Jh.

Sens:
Officium festi fatuorum.
Sens, Bibliothèque municipale, ms.200, 13. Jh.
St. Gallen:
Hans Vintler. Blumen der Tugend.
St. Gallen, Kantonsbibliothek, ms.Vad. 484, 1468
Stuttgart:
Psalter.
Stuttgart, Landesbibliothek, Biblia Fol.25, 9. Jh.; Faks. hrsgg. v. E.T. De Wald Princeton, 1930
Utrecht:
Psalter.
Utrecht, Universitätsbibliothek, Cod. 32, 9. Jh.; Faks. hrsgg. v. E.T. De Wald Princeton/London/Leipzig: Univ. Press, s.d.
Venedig:
Breviario Grimani.
Venedig, Bibl. Marciana, ms.lat.I.99, um 1510; Faks. hrsgg. v. Giorgio Ferrari, Mario Salmi und Gian Lorenzo Mellini. Milano: Electa, 1979
Wien:
Dioscurides. Materia medica.
Wien, Österreichische Nationalbibliothek, Cod.Vind.med.gr.1; Faks. hrsgg. v. Hans Gerstinger Graz, 1970
Schwarzes Gebetbuch des Galeazzo Maria Sforza.
Wien, Österreichische Nationalbibliothek, Cod.Vind.1856, 15. Jh.; Faks. hrsgg. v. Otto Smital Wien, 1930
Gebetbuch Karls des Kühnen vel potius Stundenbuch der Maria von Burgund.
Wien, Österreichische Nationalbibl., Cod. Vind.1857, um 1476; Faks. hrsgg. v. Franz Unterkircher und Antoine De Schryver Graz: Akademische Druck- und Verlagsanstalt, 1969
Bible moralisée.
Wien, Österreichische Nationalbibliothek, Cod.Vind.2554, um 1220 – 30; Faks. komm. v. Reiner Haussherr Graz: Akad. Druck- und Verlagsanstalt/Paris: Club du Livre, 1973
Seelengärtlein (Hortulus animae).
Wien, Österreichische Nationalbibliothek, Cod.Vind.2706, um 1502; Faks. hrsgg. v. Friedrich Dornhöffer 3 Bde., Frankfurt am Main: Baer, 1907 – 11
Hofämterspiel.
Wien, Kunsthistorisches Museum, Graphische Sammlung Albertina, Inv. nr. 5077 – 5124, um 1450; Faks. hrsgg. v. Ernst Rudolf Ragg Wien, 1976

Abbildungsverzeichnis

Abb. 37 Der Tor verletzt ein Kind(?) mit einem Gegenstand.
Der Vormund entschädigt den Kläger.
Eike von Repgow. Sachsenspiegel, um 1350 – 70.
Dresden. Sächsische Landesbibliothek, Cod.32, fol.37

Abb. 38 Der Tor verletzt ein Kind(?) mit einem Gegenstand.
Der Vormund entschädigt den Kläger.
Eike von Repgow. Sachsenspiegel, um 1325.
Heidelberg, Universitätsbibliothek, Cpg. 164, fol.13

Abb. 39 Der Narr sitzt verkehrt auf dem Esel.
Medaillon im Randdekor des Schwarzen Gebetbuchs des Galeazzo Maria Sforza. 15. Jh.
Wien, Nationalbibliothek, Cod.Vind.1856, fol.23

Abb. 40 Parzival tötet Ither.
Wolfram von Eschenbach. Parzival, 15. Jh.
Bern, Stadtbibliothek, Cod. AA 91, fol.28v

Abb. 41 Psalm 52.
Würzburger Psalter. 2. Hälfte 13. Jh.
München, Bayerische Staatsbibliothek, Clm. 3900, fol.65

Abb. 42 Psalm 52.
Jean le Noir. Stundenbuch der Bonne von Luxembourg. 1348 – 49.
New York, Metropolitain Museum of Art. Cloisters Collection, Inv. 69.86, fol.83v

Abb. 43 Janus. Kalenderbild des Monats Januar.
Jean le Noir. Stundenbuch der Bonne von Luxembourg. 1348 – 49.
New York, Metropolitain Museum of Art, Cloisters Collection, Inv. 69.86, fol.1v

Abb. 44 Höflinge und Hofnarr. Ausschnitt.
Jan van Eyck. Fest im Liebesgarten Philipps des Guten. 1431.
Kopie. 16. Jh. Schloss Versailles, Inv. MV 5423

Abb. 45 Hofnarr Philipps des Guten.
Nachzeichnung aus dem Recueil d'Arras. Um 1523.
Arras, Bibl. mun., ms.266, fol.288. Paris, Bibl. Nat., Dept. des Est., B.40054

Abb. 46 Triboulet, Hofnarr des René von Anjou.
Francesco Laurana. Medaille um 1461 – 66.
Paris, Bibl. Nat., Cabinet des médailles, B.17502

Abb. 47 Psalm 52.
Historienbibel. 13. Jh.
Oxford, Bodl.Lib., ms.Douce 211, fol.258v

Abb. 60 Festmünze. 15. Jh. (Nachzeichnung)
Vorderseite: Moneta nova Adriani stultorum papa.
Rückseite: Stultorum infinitus est numerus.
M.J. Rigollot Monnaies inconnus des évêques des innocens, des fous (...). Paris, 1837, S. 6

Abb. 61 Die Moria als Kanzelpredigerin. Randzeichnung.
Hans Holbein. Erasmi Roterodami Stultitiae Laus. 1515.
Basel, Öffentliche Kunstsammlung, Kupferstichkabinett, Inv.1662.166, fol.B

Abb. 62 Das Narrenschiff.
Hieronymus Bosch. Tafelbild um 1490.
Paris, Louvre, Cabinet du Sud

Abb. 63 Ausflugsszene mit Narr in der Barke. Randillustration.
Seelengärtlein. Kalenderbild des Monats Mai. Anf. 16. Jh.
Wien, Österreichische Nationabibliothek, Cod.Vind.2706, fol.14

Abb. 64 Ausflugsszene mit Hofnarr.
Breviario Grimani. Kalenderbild des Monats April. Um 1510.
Venedig, Bibl. Marciana, ms.lat.I 99, fol. 7

Abb. 65 Satire auf die Genußsucht.
Hieronymus Bosch. Fragment. Um 1490.
New Haven, Yale University, Art. Gallery, Rabinowitz Collection

Abb. 66 Tod des Geizigen.
Hieronymus Bosch. Tafelbild um 1490.
Washington, National Gallery of Art, Samuel H. Kress Collection, Inv.nr.1952.5.33

Abb. 67 Luxuria. Ausschnitt aus Die 7 Todsünden und die Vier Letzten Dinge.
Hieronymus Bosch. Tischplatte. Um 1470 – 80.
Madrid, Prado-Museum

Abb. 68 Spielleute und eine Tänzerin.
Troparium und Prosarium Sancti Martiali Lemovicensis. 10. – 11. Jh.
Paris, Bibl. Nat., ms.lat.1118, fol.112v und fol.114

Abb. 69 Vaganten.
Hieronymus Bosch. Federzeichnung. Um 1500.
Wien, Graph. Sammlung Albertina, Inv. 7798

Abb. 70 Bühnenszene.
Roman de Fauvel. 14. Jh.
Paris, Bibl. Nat., ms.146, fol.34

Abb. 71 Martyrium der Hl. Apollonia als Märtyrterspiel.
Jean Fouquet. Fragment aus dem Stundenbuch des Etienne Chevalier.
Um 1460.
Chantilly, Musée Condé

Abb. 72 D'un paroissien excomenié.
Gathier de Coincy. Quarante miracles de Notre Dame. 15. Jh.
Paris, Bibl. Nat., ms.fr.819 – 820, fol.179

Abb. 73 La mort de la pomme.
Federzeichnung, 15. Jh.
Paris, Bibl. Nat., ms.fr.17001, fol.113v

Abb. 74 Theologia als Tor.
Ausschnitt aus dem Einblattdruck:
Theologia und die 7 freien Künste. Nürnberg: Peter Wagner, 1493.
Gotha, Schloßmuseum Friedenstein, Inv. Nr. 1,4–1,6

Abb. 75 Gelehrter Narr.
Albrecht Dürer. Holzschnitt.
Sebastian Brant. Narrenschiff, Kap. 1 Basel: Bergmann von Olpe, 1506.
Basel, Öffentliche Kunstsammlung, Kupferstichkabinett

Abb. 76 Narr der Löwenwappen-Spielfarbe. Hofämterspiel, um 1450.
Wien, Kunsthist. Museum, Inv.nr. 5077 – 5124

Abb. 77 Schachfigurenillustration (Nachzeichnung) 14. Jh.
Jacopo da Cessole. Solatium ludus scaccorum. Um 1275

Abb. 78 Misero. Mantegna-Tarock S-Serie. Um 1467.
Ferraresischer Meister um Francesco Cossa. Kupferstichzeichnung.
Paris, Bibl. Nat., Dept. des Est., Rés., Kh 26

Abb. 79 Il matto. Visconti-Sforza-Tarock. Um 1445.
New York, Pierpont Morgan Library, M 630-15

Abb. 80 Le mat. Tarock Karls VI.
Paris, Bibl. Nat., Dept. des Est., Rés., Kh 24-4

Abb. 81 Il matto. Tarock des Ercole d'Este. Nach 1473.
New Haven, Yale Univ., Beinecke Libr., Cary Collection, Ita 103

Abb. 82 Stultitia. Um 1305 – 07.
Giotto. Fresko.
Padua, Capella degli Scrovegni.

Abb. 83 Psalm 52.
Taddeo Crivelli, um 1455.
Bibbia di Borso d'Este Modena, Biblioteca Estense, Ms. V. 6. 12, Bd. 1, fol. 250v

Abb. 84 Psalm 52. Fragment.
Girolamo dai Libri. 15./16. Jh.
Verona, Museo di Caselvecchio, Nr. 1723

Abb. 85 Psalm 52. Holzschnitt.
Psalter lat./dt. Augsburg: Erhard Radolt, 1494.
Paris, Bibl. Nat., Réserve, B.27903, fol. XXXIIIv

Abb. 86 Psalm 52. Holzschnitt.
Malermi-Bibel. Venetia: Di Giunta, 1490.
Paris, Bibl. Nat., Réserve, A 359, Salmista, fol. bbiii verso

ABBILDUNGEN

Abb. 1

Abb. 2

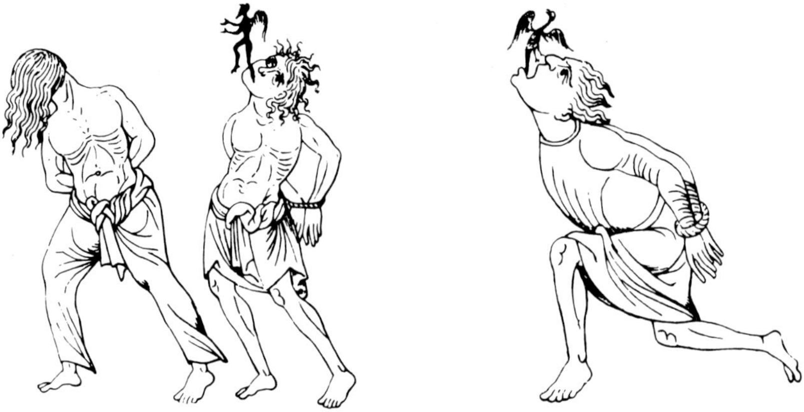

Abb. 3

Abb. 4

Dominica tercia in xl.
culi mei semper
ad dominum qr
ipe evellet de laqo
pedes meos respice in me et
miserere mei quoniam u
nicus et pauper sum ego. p
d te domine levavi ai

Abb. 5

Abb. 6

Abb. 7

Abb. 8

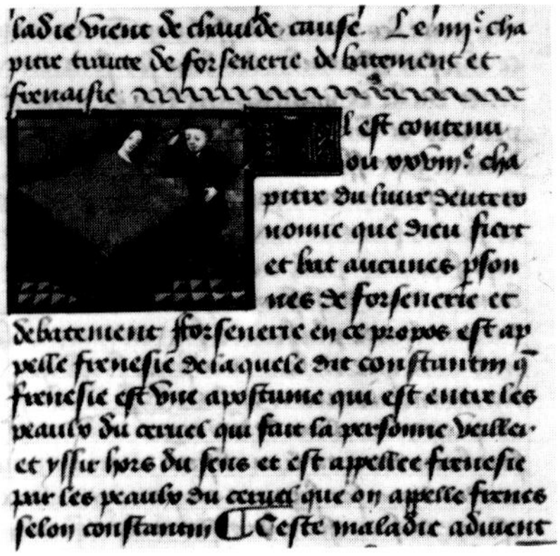
ladie vient de chaulde cause. Le iiij^e chapitre traicte de forsenerie de batement et frenaisie

Il est contenu ou xxviij^e chapitre du livre deuteronomie que dieu fiert et bat aucunes personnes de forsenerie et debatement. forsenerie en ce propos est appelee frenesie de laquelle dit constantin que frenesie est une apostume qui est entre les peaulx du cervel qui fait la personne veiller et yssir hors du sens et est appellee frenesie par les peaulx du cervel que on appelle frenes selon constantin. Ceste maladie adevient

Abb. 9

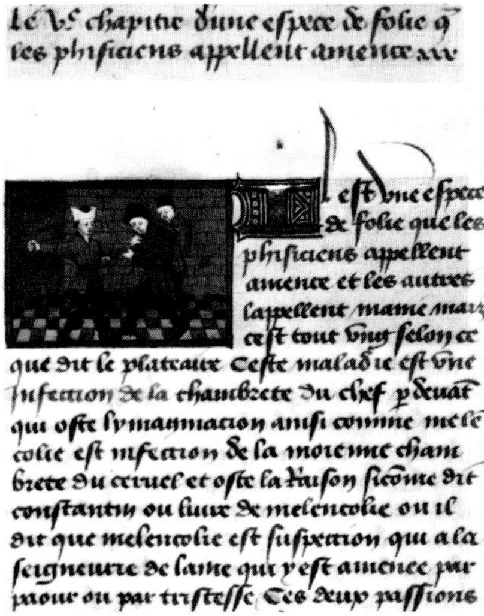
Le ve chapitre dune espece de folie que les phisiciens appellent amence xxv

Il est une espece de folie que les phisiciens appellent amence et les autres lappellent manie mais cest tout ung selon ce que dit le plateaire Ceste maladie est une infection de la chambrete du chief par devant qui oste lymaginacion ainsi comme melencolie est infection de la moienne chambrete du cervel et oste la raison si comme dit constantin ou livre de melencolie ou il dit que melencolie est suspection qui a la seignourie de lame qui y est amenee par paour ou par tristesse Ces deux passions

Abb. 10

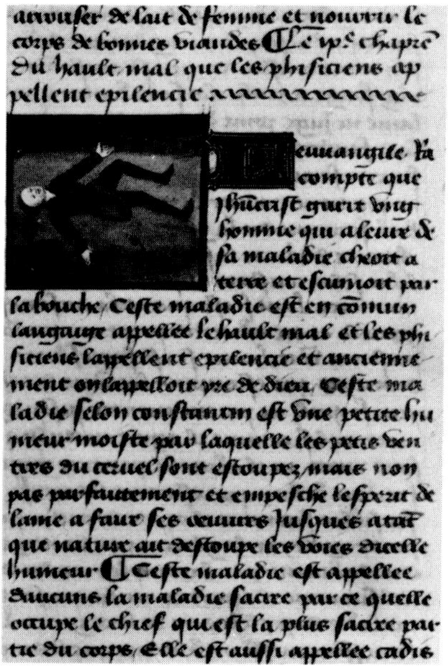
arrouser de lait de femme et nourrir le corps de bonnes viandes. Le vi^e chapitre du hault mal que les phisiciens appellent epilencie

Leuvangile fait compte que Jhesucrist guerit ung homme qui a leure de sa maladie cheoit a terre et escumoit par la bouche. Ceste maladie est en commun langaige appellee le hault mal et les phisiciens lappellent epilencie et anciennement on lappelloit yre de dieu. Ceste maladie selon constantin est une petite humeur moiste par laquelle les petis ventres du cervel sont estoupez mais non pas parfaitement et empesche lesperit de lame a faire ses oeuvres jusques atant que nature ait destoupe les voies dicelle humeur. Ceste maladie est appellee daucuns la maladie sacree par ce quelle occupe le chief qui est la plus sacree partie du corps. Elle est aussi appellee cadis

Abb. 11

Abb. 12

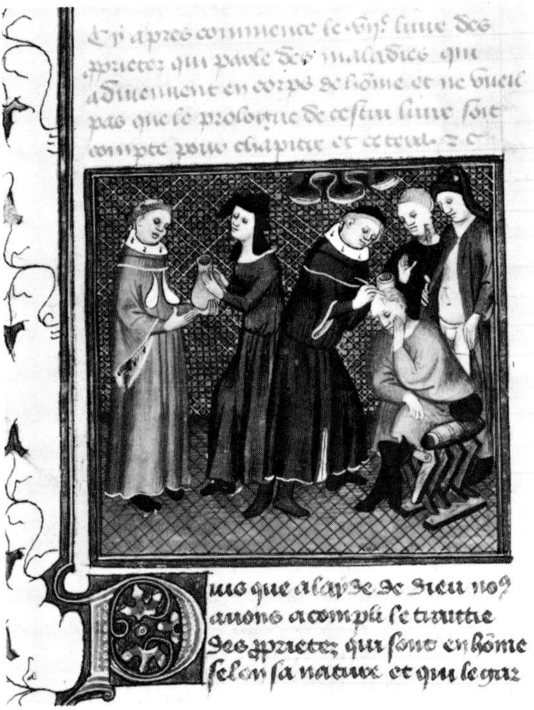

Abb. 13

527
Maestro Español del Primer tercio del Siglo XV
Adquirida por el Ministerio de Instruccion Pública en 1927

Abb. 14

Abb. 15

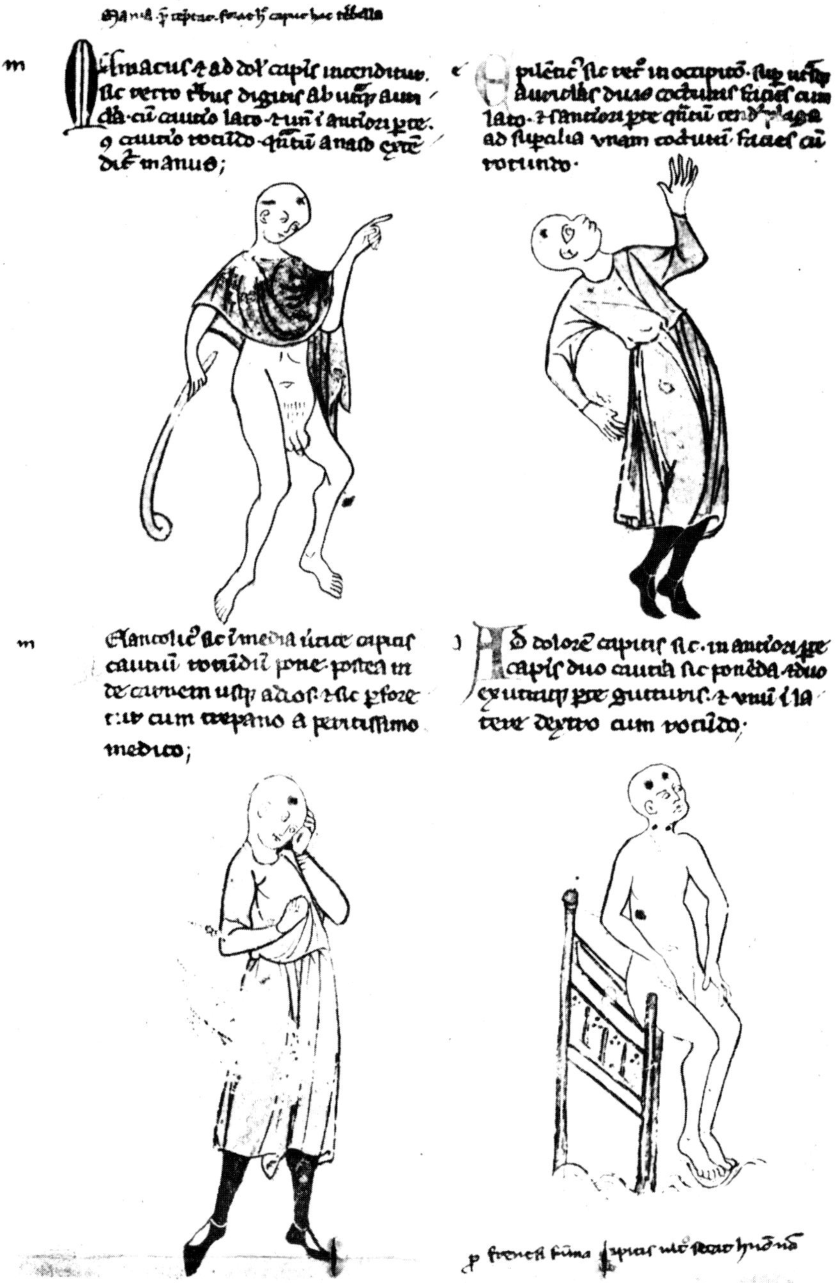

Abb. 16

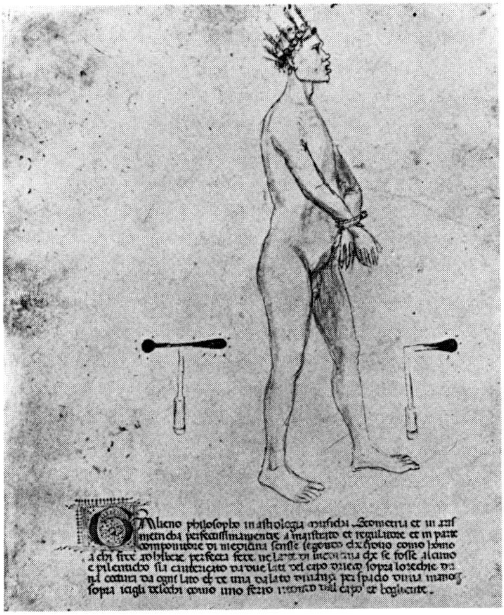

Abb. 17

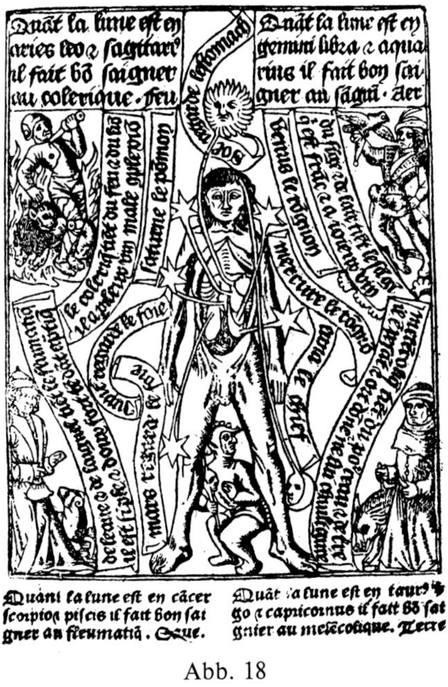
Quât la lune est en aries leo ⁊ sagittari⁹ il fait bõ saigner au colerique. Feu
Quât la lune est en gemini libra ⁊ aquarius il fait bon saigner au sāguī. Aer
Quant la lune est en cācer scorpio⁊ piscis il fait bon saigner au fleumatiq̄. Eaue.
Quât la lune est en taur⁹ virgo ⁊ capicornus il fait bõ saignier au melēcolique. Terre

Abb. 18

Abb. 19

Abb. 20

Abb. 21

Abb. 22

Abb. 23

Abb. 24

Abb. 25

Abb. 26

Abb. 27

Abb. 28

Abb. 29

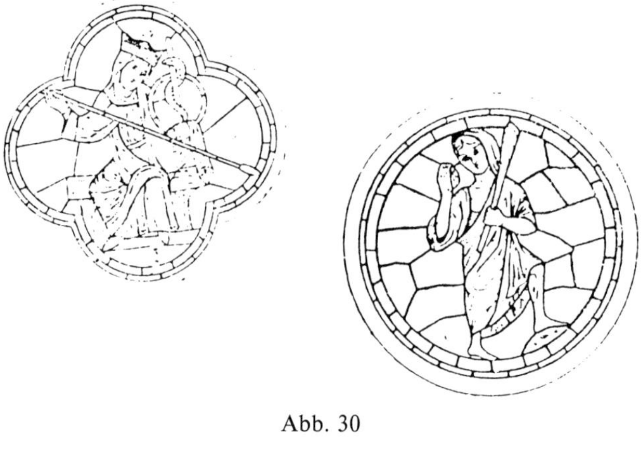

Abb. 30

Abb. 31

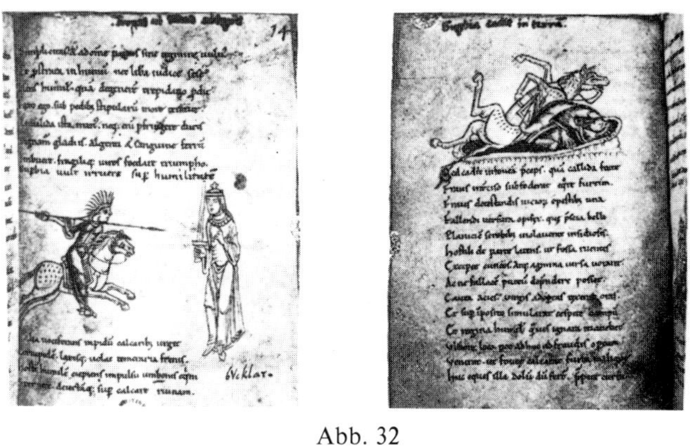

Abb. 32

S wer vntugenden an gesit.
D er streit ainn reitterleichen strit
J a haizz ich daz niht reiterschaft.
D az ain man brichet ainn schaft.
D az ist reitterschaft gar.
S wann man der vntugende schar.
A vf di erde bestrewet nider
V nde lat si niht auf chomen wider.
A lso ich ev vor han gesait.
Der vntugende schar ist prait.
J ch han ev getailet gar.
D i vntugent vnvier schar.
S wer mit den vier scharen streiten sol.
D er bedarf gotes helfe wol.
N v tv war edel reitter tv.
S i reitent allenthalben zv.
Hohvart reitter daist war.
Ze vorderist an der ersten schar.
V nchevsche vart ain brinnent sper
G irge ist gewaffent mit vner.
T rachait ist mit boeshait
vom havbet vnz an di fuzze gechlait.
D en vieren volget gar ir her.
N v wer dich edel reitter wer.
J r schal sol dich niht schrechen
D v solt dein tugent wechen.
D az si dich waffen gegen in.
D en waenen sol dir geben der sin
D az dv deiner tugende her
B elaiten chvnnest wol ze wer.
D az swert nim dv vome reht.
D az dv daz chrvmpe machest sleht.

Abb. 33

Abb. 34

Ob si nah eren wellent streben.
Als ich han hie vor gesait.
An meinem buch von der hufschait.
Daz ich welhischen han gemachet.
Ich sach daz man der minn chraft.
Mit schoenem sinn tragen sol.
Swer ane schant wil leben wol.
Der minn natvre ist so getan.
Si machet weiser den weisen man.
Vnd geit dem weisen mere narrischait.
Daz ist der minn gewonhait.
Di sporn fvrent durch di bavme.
Daz ros. daz da vert an zavme.
Alsam vert der. der ane sinne.
Wenet spiln mit der fravwen minne.
Si fvrt in hin vber di bavme.
Riht ers niht mit des sinns zavme.
Daz verwer ist nutze vnd gvt.
Swer im niht vnreht tvt.
Gewinnt da verwer vber chraft.

Abb. 35

Swes mir gebrest an der sprahe.
Ob ich an der tevsche missprahe.
Ez ensol niht dunchen widerliche.
Wan ich vil gar ain walich bin.
Man wirt es an miner tevsch in.
Ich bin von frivle geborn.
Vnde lazz gar an zorn.
Swer an spot mein geuhte.
Vn mein tevsche berzeit ihte.
Ich haizz thomasin von zerclere.
Boeser levte spot ist mir vnmere.
Han ich gaweines hulde wol.
Von iehr mein kay spoten sol.
Swer wol geveller der frumen schar.
Der muss veller den boesen gar.
Swer frumer levte lob hat.
Der mach wol tun der boesen rat.
Ist iemen frum der reht tut.
Daz dunchet niht den boesen gut.
Wan swaz der frume gutes getun mach.
Daz muz sein der boesen slach.
Tevsche lant enphahe wol.
Als ain gute havsvrauwe sol.
Disen deinen welhischen gast.

Abb. 36

Abb. 37

Abb. 38

Abb. 39

Abb. 40

Abb. 41

Abb. 42

Abb. 43

Abb. 44

Abb. 45

Abb. 46

ps· dixit insipiens in corde
Il qui nestoit pas
sages dist en son
cuer dieus nest mie
Il sont corrompu
et sont abhomina
ble en leur iniqui
tez il nest qui face
bien Dieus a re

Abb. 47

Abb. 48

Abb. 49

Abb. 50

Abb. 51

Abb. 52

Abb. 53

Abb. 54

Abb. 55

Abb. 56

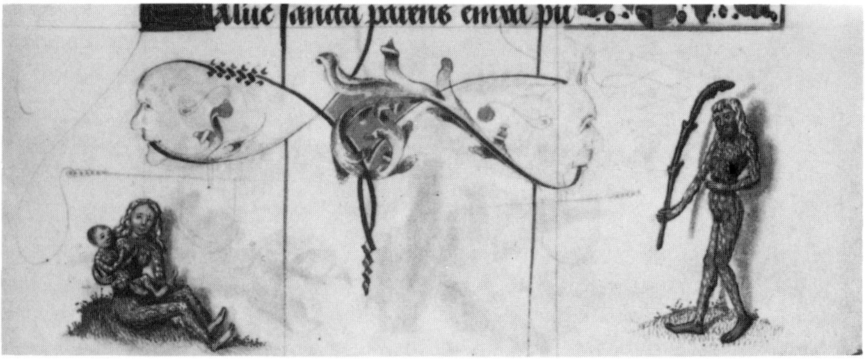

Abb. 57

Abb. 58

Abb. 59

Abb. 60

Abb. 61

Abb. 62

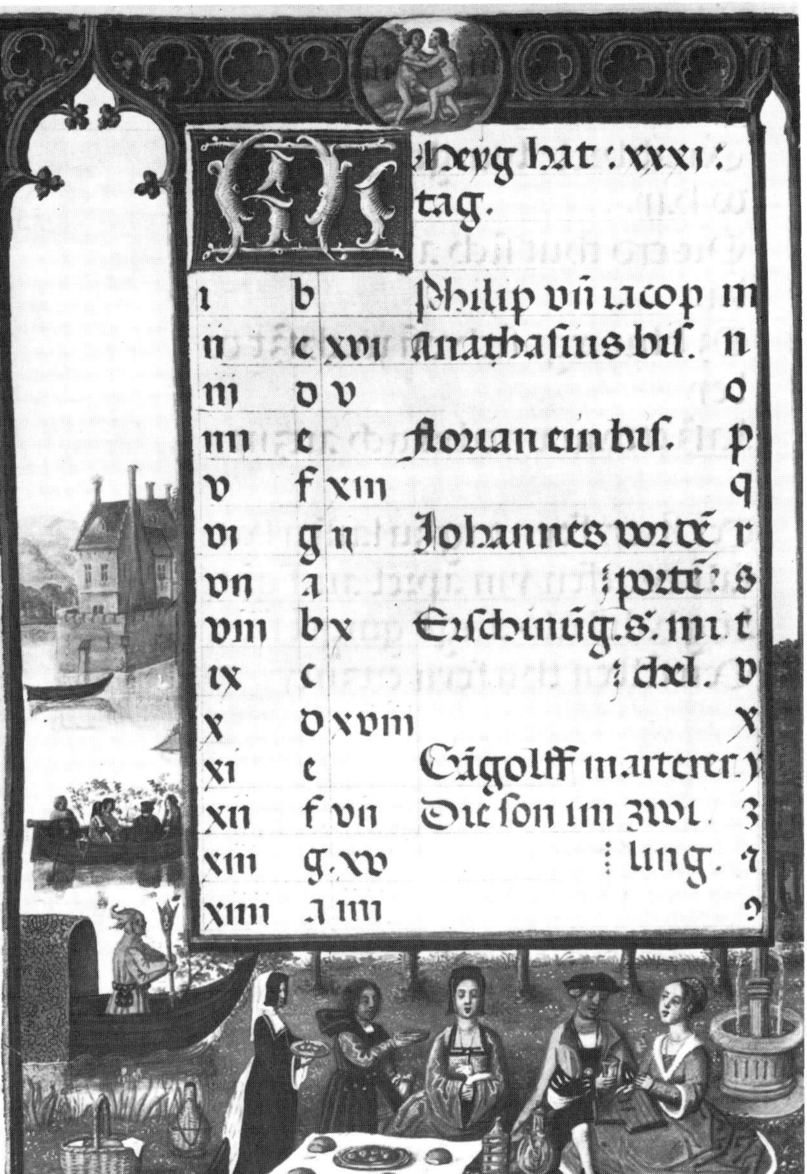

Meyg hat : xxxi :
tag.

i	b		Philip vñ iacop	m
ii	c	xvi	Anathasius bis.	n
iii	d	v		o
iiii	e		Florian ein bis.	p
v	f	xiii		q
vi	g	ii	Johannes vor dẽ	r
vii	a		porte :	s
viii	b	x	Erschinũg. s. mi	t
ix	c		chel.	v
x	d	xviii		x
xi	e		Gigolff marterer	y
xii	f	vii	Die son im zwi	3
xiii	g	xv	lung.	ꝛ
xiiii	a	iiii		ꝯ

Abb. 63

Abb. 64

Abb. 65

Abb. 66

Abb. 67

Abb. 68

Abb. 69

Abb. 70

Abb. 71

Abb. 72

Abb. 73

Abb. 74

Abb. 75

Abb. 76

De' rubaldi, scialaquatori, e barattieri, e corrieri.

Abb. 77

Abb. 78

Abb. 79

Abb. 80

Abb. 81

Abb. 82

Abb. 83

Abb. 84

Abb. 85

Abb. 86